【历史新阅读丛书】

宋朝果然很有料

第二卷

张晓珉◎著

中国工人出版社

图书在版编目（CIP）数据

宋朝果然很有料·第二卷 / 张晓珉著.—北京：中国工人出版社，2015.11
ISBN 978-7-5008-6283-3

Ⅰ.①宋… Ⅱ.①张… Ⅲ.①中国历史－宋代－通俗读物 Ⅳ.①K244.09

中国版本图书馆CIP数据核字（2015）第285357号

宋朝果然很有料·第二卷

责任编辑 葛忠雨
责任校对 董春娜
责任印制 黄 丽
出版发行 中国工人出版社
地　　址 北京市东城区鼓楼外大街45号　邮编：100120
网　　址 http://www.wp-china.com
电　　话 （010）62350006（总编室）（010）62005039（营销出版部）
（010）62379038（社科文艺分社）
发行热线 （010）62045461　（010）62005042（传真）
经　　销 各地书店
印　　刷 三河市东方印刷有限公司
开　　本 710毫米×1000毫米　1/16
印　　张 15
字　　数 248千字
版　　次 2016年1月第1版　　2025年 5 月第17次印刷
定　　价 32.80元

本书如有破损、缺页、装订错误，请与本社营销出版部联系更换

序 言

《宋朝果然很有料》系列到了第二卷。这一段历史的开头，还是从赵匡胤生前的一场饭局开始吧。

话说在一个喜庆的日子里，赵匡胤举行了一场大规模的家宴。在这个宴会中，所有人都开怀畅饮、大快朵颐。为了让大家更加尽兴，赵匡胤不失时机地端起酒杯向母后敬酒，并说出了一件惊天动地的事情。

赵匡胤骄傲地告诉全世界，他要干一件前无古人、后无来者的壮举——在他百年之后，他要传位给晋王赵光义；赵光义百年后，再传位给三弟赵光美。

赵匡胤要用此举，来成就一个母亲最高、也是最大的愿望：让杜太后不仅成为一个皇帝的母亲，而且还要成为三个天子的母亲！

杜太后被感动得热泪盈眶，她立刻让人把这段历史记载了下来，并跟赵匡胤达成了一个皇位继承的先后顺序的约定。即：赵匡胤—赵光义—赵光美—赵德昭……最后由长子赵匡胤的子孙后代世袭罔替，永远继承下去。

而这个排位顺序，注定了赵光义必将荣登大宝，接替哥哥的职务，成为宋朝第二代皇帝。

最后，就是因为这个口头协议，赵光义继承了哥哥的衣钵，他成为了宋朝第二位皇帝，并在无数的流言蜚语中登基称帝。

然而，对于这段历史，我就想用一个字形容——扯！

因为这段历史，完全是一个文人笔下的杜撰传说，更是一个“大抄特抄”

的结果。

这个故事在历史上有一个原型，叫作汉景帝祝寿。

话说在西汉年间，窦太后因为喜欢自己的小儿子梁王刘武，她不顾汉朝父子相传的祖制，希望汉景帝百年之后，传位给自己的弟弟。

当然了，窦太后的依据也合情合理，中国在殷商时期，确实有过“兄终弟及”和“子承父业”双轨制继承制度，所以传位给自己的弟弟，也完全可以。

后来，在一次家宴中，不知道是为了讨母亲欢心，还是汉景帝酒后失言，在这酒酣耳热之际，汉景帝高兴地向全世界宣布：“千秋之后，传位梁王。”

太后听了这个高兴呀，史称“太后欢”。然而，这个窦太后显然没有杜太后的心机，她忘了找人记录了，只顾着自己高兴了。

后来，在没有“人证、物证”的情况下，窦太后吃了一个哑巴亏，只能哭晕在厕所了。她眼睁睁地看着汉景帝违背誓言，立刘彻为太子，最后传位给了汉武帝。

可见，对比这个故事，这件所谓的宋朝“孔融让梨”的传位故事，就是一个后人杜撰的闹剧。

然而，这个矛盾也正在于此。

因为，记录这个故事的文献，就是宋朝最权威的笔记——《建隆遗事》。

按照史学大师顾宏义的考证，《建隆遗事》上面介绍的内容，大体是可信的，或者更接近于当时的事实。

然而，如果这段历史真实可靠，宋太宗赵光义的即位就名正言顺、合情合理了。那么，明知道自己未来就是皇帝了，赵光义还需要“杀死”自己的哥哥吗？赵光义不需要“杀死”自己的哥哥，赵匡胤又是如何去世的呢？

关于宋太祖赵匡胤的死因，咱们在上一卷已经略作分析。虽然赵光义已经登基，但是我觉得有必要再回过头来深入剖析一下这一蹊跷的事件，否则，赵光义登基后的很多谜团将无从谈起……

目录

第一章　赵匡胤的死亡之谜 / 1

千古疑问，皆出两家 / 1
砸缸的史学大师 / 3
头号嫌疑人 / 6
毒药的秘密 / 8
“斧声烛影”的由来 / 12

第二章　赵光义“简历”的秘密 / 16

千古疑团 / 16
金匮之盟 / 17
合法的皇帝，就要有政绩 / 21
另一个版本的“陈桥兵变” / 25
皇位到底是谁的 / 30

第三章 “无所不能”的皇帝 / 32

一个新的时代 / 32
登基称帝 / 33
收编军队，天下一统 / 36

第四章 文人的天堂 / 38

这就是一扇窗 / 38
大门洞开 / 40
救世宰相 / 43
录取的真正原因 / 45

第五章 帝王的手段 / 48

太平兴国 / 48
天子闹剧，贼喊抓贼 / 52
杀鸡儆猴 / 55
诛杀王继勋 / 57

第六章 大宋第一宰相——赵普 / 60

宋初三人行 / 60
分道扬镳 / 63
两件奇案，殊途同归 / 66

第七章 赵普罢相 / 69

“雷”死你没商量 / 69
一错再错 / 73
“风吹雷打”，彻底玩完 / 76

赵普罢相的真正原因 / 78
无所不能VS总有办法 / 81

第八章 南方未了情 / 85

钱家的那些事 / 85
吴越国主——钱俶 / 89
钱俶进京 / 93
漳泉纳土 / 95
蝴蝶效应 / 99

第九章 平定南方 / 103

吴越献地 / 103
钱俶投降 / 105
诗中之帝——李煜 / 107
天上人间，终于梦圆 / 111

第十章 统一天下 / 115

最后一块领地 / 115
三千打六万 / 117
大宋第一良将——曹彬 / 120
这是一个合格的“刹车” / 125

第十一章 收复北汉 / 132

朕意已决，三个“不” / 132
无敌将军——杨业 / 135
石岭关之战 / 138

攻陷北汉 / 140
冲动是魔鬼 / 144

第十二章　契丹的前世情怀 / 148

白马青牛来相会 / 148
一代枭雄——耶律阿保机 / 150
盐池之变 / 152
太祖建国 / 154
断臂太后——述律平 / 159

第十三章　辽国的今生恩怨 / 163

母子恩怨录 / 163
骨肉相残 / 166
祖孙议和 / 172
景宗中兴 / 174

第十四章　辽宋之战 / 178

胜败有凭 / 178
幽州之战 / 181
大辽战神——耶律休哥 / 184
此消彼长的结果 / 186
高梁河之战 / 189

第十五章　帝国的未来 / 196

皇子之死 / 196
赵德昭死亡之谜 / 199

辽军来袭 / 204
天下无双——平戎万全阵 / 207
大获全胜 / 210

第十六章　百年恩怨 / 215

雁门关之战 / 215
“无敌将军”诞生记 / 218
举国来袭 / 221
四大战役 / 226
尾　声 / 229

第一章 赵匡胤的死亡之谜

千古疑问，皆出两家

关于赵匡胤离奇去世的原因，历史上有无数个版本，但是下面这两个版本最为流行，也最为权威。

第一个版本，出自文莹和尚的《湘山野录续录》。

在历史记载中，这个文莹和尚出生不详，死亡原因不明，我们只知道他是宋仁宗时期的人，是荆州金銮寺的住持。此人一生慈悲为怀，是大家公认的一位得道高僧。

在当时，文莹和尚是一位具有非凡影响力的人物，虽然他“身在三界外，不在五行中”，但这个和尚依旧修身、齐家、治国，还有一个终极的目标——平天下。

秉持着这种思想，这个和尚交友广泛，还建立了一个庞大的关系网，社会关系极其复杂。按照今天的话说，这个和尚是一个黑白两道“通吃”的家伙。

由于此人影响力极大，俨然成了一个权威，他的话基本上就是“事实”。

按照文莹和尚《湘山野录续录》的记载，那一夜的故事，应该是这样的：

据说，赵匡胤在没有当皇帝前，曾与一个道士关系不错。

有一次，赵匡胤跟这个道士一起喝酒，双方喝到酩酊大醉的时候，这个道士泄露天机道："哎呀，我看您天庭开阔、印堂发亮、隆准日角、双目炯炯有神，这是一个标准的帝王之相！假以时日，当您黄袍加身后，千万不要忘了我。"

一听这话，赵匡胤大惊失色，说我现在拿着后周的俸禄，这不是诬告我造反吗？于是，他立刻把这个道士轰走，从此不再往来。这之后，这个道士也不知所终了。

后来，至开宝九年（976 年），已经建立大宋王朝的赵匡胤在一次宴会活动中，又与这个道士相遇。

看见赵匡胤后，这个道士恭恭敬敬地作揖道："陛下，别来喜安，贫道的预言可信否？"

看见这个道士后，赵匡胤大喜过望，急忙把他接入宫中，并像以前一样，开怀畅饮、不醉不归。

在这觥筹交错之间，赵匡胤问了一个迫切想知道的问题："敢问大仙，我还能活多久，请给我一个准确的时间。"

听完这个问题后，这位道士掐指一算道："回陛下，贫道刚才算出来了，只要今年十月二十日夜里，天空晴朗、万里无云，您的寿命还有一纪（两种说法，十二年或三十年）。反之，要是那天黑云密布，天上一个星星都没有，您就赶紧抓紧后事吧。"

话不多说，送别了这位道士后，赵匡胤就牢牢记住了这句话。后来，等到了十月二十日夜里，赵匡胤急匆匆地登上城楼，观察当晚的天气。只见当晚天气晴朗、繁星点点，赵匡胤内心大喜，他就准备起驾回宫了。

孰料，就在赵匡胤准备返程时，天气剧变，顿时阴霾四起，大雪骤至。看见此景后，赵匡胤这顿跳脚骂街呀，他也清楚地知道自己的结局了。

赵匡胤回宫后，他立刻颁布圣旨，急召晋王赵光义进宫，兄弟俩要好好地喝一顿酒。由于在这个酒宴中，赵匡胤轰走了所有的侍卫、宦官和宫女，人们只能从远处遥望，并无第一时间的贴身记录。

后来，人们从遥远处看见，貌似在昏暗的烛光下，赵匡胤与赵光义推推搡搡，赵匡胤让弟弟接受什么东西，而赵光义就是不干，他一直在避让和谢绝这个东西。

再后来，这对兄弟俩足足喝到午夜时分，等他们到殿外来醒酒的时候，殿外的积雪已经有好几尺厚了。就在此时，面对这些积雪，赵匡胤一边用柱斧戳雪，一边回头对赵光义说道：“好做，好做！”随后，这哥俩就回屋睡觉去了。

当天晚上，赵匡胤命赵光义留在宫中，跟自己同屋而宿。蜡烛熄灭后，人们听见屋里鼾声如雷，赵匡胤看来睡得不错。然而，等到了五更天时，这里却一片死寂，太祖赵匡胤已经驾崩了。

第二天早上，赵光义登上朝堂，他向大臣们宣读了太祖的遗诏，登基称帝了。

以上，就是宋朝第一疑案“烛影斧声”的最初原型，没有争持、没有流血，也没有任何不和谐的因素，一切都那样的合情合理。

在当时，人们对于这个文莹和尚的描述奉若神明，深信不疑。不管是徐大焯的《烬余录》，还是李焘的《续资治通鉴长编》，大家全都转载了这篇文章。

唯一不同的是，这些作者们加入了自己的“注解”，他们修改了这个道士的名字，增加了一段煞有其事的法会，还让花蕊夫人陪酒，等等。

当然了，也有反对的，甚至是嗤之以鼻的人，如宋代著名史学家司马光。

那一夜的第二个版本，就出自司马光的《涑水记闻》。

砸缸的史学大师

司马光，北宋著名的政治家、文学家、史学家。其编纂的《资治通鉴》，是一本可以与《史记》齐名的史学巨著。

虽然是一位书呆子类型的历史学家，但司马光明哲保身、回避风险的功夫，却比司马迁强得多。

司马光在编纂《资治通鉴》的时候，他就记录到了后周显德六年（959 年），也就是柴荣因病去世那一年为止。这之后的故事，至于赵匡胤是怎么欺负后周的孤儿寡母，是怎么黄袍加身的，司马光是一字不说、一句不提。

然而，司马光另外一本小说体的《涑水记闻》，却详细记录了这后面的事情。

根据这本小说的记载，那一夜里发生的故事，应该是这样的：

夜里四更的时候，赵匡胤突然离奇逝世了，他的老婆“宋皇后”当时就傻了，急忙派遣内侍都知王继恩，让这个太监去请四皇子赵德芳进宫，好让赵德芳登基称帝。

可惜的是，宋皇后的想法很好，她却忘记了一句至理名言：自己的事情，一定要自己干。

得到这个命令后，王继恩想都没想，就直接冲到了晋王府那里。

当然了，按照王继恩自己的理解，太祖一直想传位给自己的弟弟（以太祖传位晋王之志素定），因此他不能违抗圣旨，所以他第一时间去找了赵光义。

到了晋王府门口后，王继恩吓了一跳，原来在这伸手不见五指的四更天时，有一个人正坐在晋王府门口瑟瑟发抖。此人不是别人，正是医官左押衙（御医）——程德玄。

看见这个深更半夜不睡觉、没事跑到这里的“疯子”后，王继恩问道：“这是怎么回事？”

程德玄回答道：“二更天的时候，我正在自己的屋里睡觉，结果有人突然大喊一声，说晋王要召见我，我立刻起身出来，结果什么人也没有。后来，等我睡着了，三更天的时候，又有人大喊说晋王要召见我，我又出来看，还是一个人也没有。我怕晋王真的生病了，所以就跑了过来，省得晋王的使者再传呼我了。”

听完了程德玄的话后，王继恩简单说明了自己的来意，随后他立刻叩门呼人，请求面见赵光义。

时值四更天，听说哥哥已死、王继恩来此地的缘由后，赵光义先是“大惊”，随后“犹豫不敢行”，他要先跟家里人商量一下，再做决定。

面对这个犹豫不决的家伙，王继恩有点急了，他直接催促道：“还等什么，时间一久，这只鸭子就归别人了！”于是，赵光义就带着王继恩、程德玄这哥俩，三人深夜踏着积雪，直接冲到了内宫，径直走到了万岁殿这里。看见王继恩回来后，正在给赵匡胤守灵的孝章宋皇后大喜过望，他对着王继恩说道：“德芳来耶？”

“不，回皇后，”王继恩冷冷地说道，“晋王至矣。”

据《资治通鉴》记载，得知这个消息后，宋皇后的反应是“愕然”，直接给吓傻了。后来，这位完全被吓傻的皇后，只能颤颤巍巍地说了十个字：“吾母子之命，皆托于官家。”

就是说，我们全家人的性命，全都交给“官家”您了。

请注意，这里的“官家”二字，是宋朝人对皇帝的特殊敬语，有点像清朝的“老佛爷”，虽然不规范，但是宋皇后的这番话，却包含了一层特殊的政治含义。

这个女人，她已经缴械投降……

可见，宋皇后是一个聪明人，因为她清楚地知道，现在要是不表态，只能比夫君死得更难看。

至此，赵光义假惺惺地回了一句：“共保富贵，不用担心。”随后，他就流下了几滴“鳄鱼的眼泪”。第二天的清晨，赵光义就登基称帝，成为宋朝第二位皇帝了。

以上，就是司马光版本的赵光义登基的整个过程。

在这个过程中，既没有忽悠人的道士，也没有“烛影斧声”的蛛丝马迹。在司马光的描述下，赵光义之所以能够荣登大宝，就是因为跑得比四侄子赵德芳快，这才接替了哥哥的皇位，甚至没有一丁点图谋不轨的意思。

我为什么这么说呢？因为这个故事的三个细节，已经向我们透露了这个事实。

第一，得知哥哥病逝，王继恩让自己进宫时，赵光义就没打算去。后来，赵光义之所以动身，完全是王继恩催促的结果。

第二，到了宫廷后，赵光义准备在殿外等候。结果，程德玄告诉他直接进入。

第三，看到哥哥的遗体后，赵光义一句话没说，就听见嫂子直接喊他为皇帝，还让他照顾自己全家，等等。

可见，对于赵光义而言，就是进宫见大哥最后一面的，怎么就变成了一个皇帝呢？

因此，就跟当年陈桥之变，大哥“糊里糊涂”黄袍加身一样，这个赵光义也是完全被蒙在鼓里，这是上了王继恩、程德玄、宋皇后的当了，他就是一个被骗的可怜虫，他也这样“稀里糊涂”地上了这艘贼船，再也下不来了。

但是在这个问题上，赵光义是怎么登基称帝的，他比谁都清楚。

总结一下吧，这两个版本记录的故事，就是当天晚上最权威的笔记，也是后人无法更改的既定“事实”。

然而，请大家注意，在这一僧一俗的描写陈述中，他们之间有一个最根本的分歧、一个前后矛盾的观点，甚至成为了一个无法解开的谜。

按照文莹和尚的观点：赵匡胤死的那天，赵光义是奉旨在宫中的，后来等哥哥病死后，他就登基称帝了。

按照司马光的说辞：赵匡胤病死那天，赵光义是在皇宫外的，他一直老老实实地待在自己王府里，直到王继恩风尘仆仆地到来，跟赵光义说了一个天大的秘密……

现在，您看出端倪来了吗？当天晚上，赵光义到底在哪里？

换句话说，在出事的那个夜里，赵光义到底是在后宫陪酒，还是在家里，二者只能取其一，只有一个标准答案。

要知道，此是则彼非，彼是则此非，是非之间，系皇统社稷于一身，岂能草率处理？如果赵光义想堵住芸芸众生之口，结束这铺天盖地的流言蜚语，他就必须得两者取其一，要清清楚楚地告诉世人：那天晚上，我到底在哪里？

这一下子，世人彻底晕菜了。在他们眼中，文莹和尚的《湘山野录续录》，是神圣无比的资料；而司马光的《涑水记闻》，也同样神圣不可侵犯。当这二者出现矛盾的时候，我们应该听谁的，如何才能解释这个问题呢？

到了南宋时期，在那本“宋朝历史资料第一巨头、融汇百家于一体”的鸿篇巨著中，我们才找到了答案。

这是一个前后一点也不矛盾的答案。

因为那天晚上，赵光义无处不在，他既在后宫，也在家里，且一点也不冲突，甚至非常合情合理。得出这个结论的书名叫作——《续资治通鉴长编》。

头号嫌疑人

公元1127年，金国第二次攻宋，导致“靖康之耻”，北宋灭亡。随后，赵构在南京应天府（今河南商丘）登基称帝，建立南宋。

由于战火纷飞，很多资料被毁，这让当时的官员李焘痛不欲生，他发誓要恢复这些历史书籍。

后来，李焘悉力钻研，凭借一己之力，收集天下百书，仿司马光《资治通鉴》样式，最终“断自宋太祖赵匡胤建隆，迄于宋钦宗赵桓靖康，记北宋九朝一百六十八年事”，完成了这本史学巨著——《续资治通鉴长编》。

根据业内评论，《续资治通鉴长编》史料丰富，价值极高，是研究辽、宋、西夏历史的基本史籍之一。换句话说，要是没有读过《续资治通鉴长编》，你都不好意思跟别人聊《宋史》。

在这本宋朝的权威图书里，“那一夜”的故事，是这样记录的：

开篇一样，李焘完全照抄了《湘山野录续录》里面赵匡胤与道士的故事。

后来，当赵匡胤看见天降大雪后，他闷闷不乐，就邀请晋王一起喝酒。当然了，这场酒宴还是就他们俩，周围没有一个人，唯一不同的是，赵匡胤和赵光义根本没有出屋，他们所有的行动和争执，都是在屋内进行的。

根据这本书的描述：在那天夜里，人们借助若隐若现的烛光，看见赵光义三番五次地起身，好像在避让什么东西。随后，赵匡胤举起了斧头，并猛戳地面对晋王大喊道：“好为之！”

结果，三字错千年！

在文莹和尚《湘山野录续录》里，这段对话叫作“好做！好做！”这个比较好理解，就是“好好去做”！但是，这个“好为之”的意思，就太模糊不清了，它可能是“好好做”，也可能是“好好活”，甚至是赵匡胤说得太快了，他少了一个重要的主语。

我个人理解，这个“好为之”的意思，很可能是“好自为之”。

当然了，“好自为之”什么意思？这四个字是褒义，还是贬义？就看您怎么理解了。

根据《续资治通鉴长编》记载，说完这三个字后，这顿酒宴就散了，赵匡胤就睡觉了，而赵光义也回家了。后面的故事，则跟司马光的《资治通鉴》接上了。

后来，赵光义正在家里睡觉，王继恩和程德玄就冲了进来，他们催促着赵光义赶紧进宫，去接替王位，而宋皇后看见赵光义后，她依旧说出了那句缴械投降的话。

至此，一切都那么的合情合理了。

可见，对于那两段最权威的历史记录，李焘采用的态度是：既不全部否认，也不全部肯定，只是将这两本书融合折中，让其更加合情合理。

事实证明，李焘这么一修改，确实改得不错。但是，无论李焘怎么改，这段历史都有三个既定事实，无法作出合理解释。

这三个既定事实是：

第一，赵匡胤是暴毙，瞬间死亡，且没有任何的征兆。

第二，赵匡胤没有指定继承人，因此想要这个皇位的人非常多。而赵光义之所以能够胜出，主要是因为自己跑得快，且朝中有人。

第三，不管怎么遮掩，赵光义都是自立为帝的。

这个原因很简单，要知道，在中国两千多年的封建历史中，一旦出现了政权交接的情况，无非就是两种解决办法：

第一，由老皇帝指派的大臣宣读圣旨，以遗嘱的形式交代自己的后事。

第二，依据老皇帝生前立的储君圣旨，由太子即位登基。

然而，在赵匡胤猝死的那个夜晚，大宋的下一任君主赵光义，他是在既无先帝遗嘱，也没有储君圣旨的情况下，最终继承了这个皇位。

换句话说，赵光义继承的这个皇位，根本就是名不正、言不顺。如果这事往大了说，赵光义就是一个改朝换代、谋朝篡位的乱臣贼子！

因此，根据这个既定事实，就引发了一个千古之谜：

假设，如果赵匡胤不死，那么继承这个皇位的人，还会是赵光义吗？反之，赵匡胤是怎么死的？这与最大的受益者赵光义之间，到底有没有什么必然的联系呢？

答案就一个字：有。

按照刑侦理论，赵匡胤属于非正常死亡，作为其生前唯一接触的人，赵光义有时间、有动机去谋害自己的哥哥，他理应被当成“第一嫌疑人”被盘问。

然而，如果你怀疑赵光义杀了哥哥，那么他也一定会反问道：“你说我杀了大哥，那我是怎么杀的？给个说法先？”

是呀，这个问题，确实值得商榷。

毒药的秘密

在一场谋杀案中，如果想判犯罪嫌疑人有罪，无非就是要找到三个证据，解决三个难题：

第一，作案时间；

第二，作案动机；

第三，作案工具。

在这三条中，赵光义有足够的作案时间。

在那个深夜，这兄弟俩在密谈之时，他们的身边可没有一个侍从，如果赵光义想动手，他完全有足够的时间完成自己的目的，他甚至还有时间跑回自己的家里，从此装成什么事情都没有发生过，等待着自己最终受益。

除了有作案时间外，赵光义也有足够的作案动机。

根据史料记载，赵匡胤确实有传位给弟弟的想法，但是赵普坚决反对，他认为应该"子承父业"，您有三个大胖儿子，没事传给赵光义干什么。

最后，虽然赵匡胤接受了赵普的意见，但他却把赵光义册封为"开封府尹"。要知道，按照五代十国的标准惯例，担任首都市长的人，那就是未来皇位的继承人。

因此，我们绝对有理由相信，正是赵匡胤这种暧昧不清的态度，不知道是传位给儿子还是传位给弟弟的心态，让这位苦苦等待的赵光义终于按捺不住了，索性动了杀机……

当然，在这场假设的谋杀案件中，不管赵光义有多么完美的作案时间，多么无懈可击的作案动机，要是找不到他的作案工具，不知道他是怎么杀掉赵匡胤的，这一切都是白搭。

那么，在这起案件中，赵光义用的是什么作案工具呢？

关于这个问题，历史上一直有两种不同的观点。

第一种观点：毒酒。

第二种观点：斧头。

先说毒酒。根据文莹和尚《湘山野录续录》记载，赵匡胤在就寝时，曾经"鼻息如雷"，而其死后，他的尸体颜色又"玉色莹然如出汤沐"。这样的体色变化与声音异常足以说明，赵匡胤就是被毒死了，而且中毒还不是一般的毒。

那么，假设赵匡胤是被毒死的，谁是下毒的人呢？是赵光义吗？

说实话，没有任何证据显示赵光义就是那个下毒的人。但是，历史却对赵光义颇为青睐，甚至一口咬定，他就是那个谋杀者。

这个原因非常简单，历史上的赵光义，他真是一个"恶贯满盈"的主，而且还就好这一手。

公元965年，后蜀末帝孟昶“暴病”身亡，一种说法认为，这就是赵光义下毒的结果。

公元978年，南唐后主李煜离奇逝世，很多人认为，他死于赵光义所赐的“牵机药”。

公元988年，吴越国王钱俶过六十大寿，结果在赵光义赐酒后，这位仁兄就与世长辞了。

可见，为了清除这些绊脚石，投毒已经成了赵光义最喜欢的伎俩了。因此，有了这么多的例子，如果赵光义想毒死赵匡胤，实现自己弑兄夺位的阴谋，这也完全合情合理。

何况，在当时赵光义的身边，就有这么一位杰出的好帮手。

这个人，就是程德玄。

虽然在史书中，程德玄给人一种傻乎乎的形象。但其实这些都是蒙人的，全是程德玄一手制造的假象。这位仁兄之所以在这里，是因为他有更重要的使命，就是在等宫中的王继恩。

看晕了吧，实际上换一个角度去思考，你就会茅塞顿开了。

这个程德玄，他就是毒死赵匡胤的罪魁祸首！

根据《宋史·程德玄传》记载，程德玄善医术，精通各种药性，专治各种疑难杂症。因此，凭借这一手独门绝技，程德玄想要替赵光义解决“心病”问题，这个完全可以。

我们绝对有理由相信，赵光义当天晚上毒死哥哥的毒药，就是程德玄生产和提供的。

如果按照这条线索推理下去，您就会明白了：

为什么这位仁兄三更半夜不睡觉，他不畏严寒，没事跑到晋王府门口，且一口气从三更等到五更。这期间，他既不敲门，也不询问，就这样痴痴地等，你程德玄也忒敬业了吧！

如果排除程德玄是一个傻子这种情况，对比程德玄这种紧张、忧郁的表现，只有一种解释，我们才能理解程德玄这种不寻常的举动了。

答案是——这位仁兄之所以深夜不睡觉，非要跑到晋王府门口站岗放哨，他的脑子根本没有毛病，他就是在等待着一件事情，等待着那个他希望的结局。

毕竟，在那个深夜，程德玄是无法亲临现场的。而且，这件事情一旦失败，那就是株连九族、满门抄斩的大祸。因此，为了那个结果，程德玄也必须要等，这跟他脑子是不是有问题，耳朵是不是有幻听，根本没有一丁点的关系。

最后，在看见王继恩后，程德玄的心终于踏实了。因为，他终于等到了那个想要的结果——赵匡胤如期而死。

要知道，如果不这么想的话，您没法理解：

程德玄身为一个小小的医官，赵光义却如此器重他，还把他带在身边，让他参与了这场永载史册的“进宫三人组”行动。

要知道，如果不这么想的话，您没法理解：

程德玄一介小吏，他居然在没有任何准备的情况下，就敢在皇宫说出那种强硬凶狠甚至大逆不道的话：“便应直前，何待之有！”

要知道，如果不这么想的话，您没法理解：

纵观程德玄的一生，他明明就是一个贪婪成性、人品极其恶劣的人渣，赵光义却对其恩宠有加，并且包庇了他所有的行为，还给他加官晋爵，最后还颐养天年。

种种迹象表明，程德玄就是一个同谋者。他跟赵光义的关系，就是一根绳子上的蚂蚱，一损俱损、一荣俱荣。而赵光义对他恩宠有加，也没有别的意思，就是让他永远保守这个秘密。

因此，整理清楚了整个事件的前因后果，还原那天晚上的故事，应该是这样的：

赵匡胤心里郁闷，所以找赵光义喝酒，结果赵光义早就想取而代之了，他就趁哥哥不注意，在酒杯里下了毒。后来，喝着喝着，赵匡胤发现不对劲了，觉察出来弟弟要害自己。于是，赵匡胤用斧头狠劲敲地，想要呼叫自己的“援军”。

那么，什么叫作“好为之”呢？就是赵匡胤在告诉这个弟弟：你小子真不是东西，别高兴得太早，好自为之吧，早晚有人收拾你！

当然了，不管上述的这些推测多么言辞确凿、多么无懈可击，它也只是推测而已。

因为单凭程德玄个人的怪异表现，赵光义只会用鄙视的眼神瞥我们一眼，然后冷冷地说出那三个字：“莫须有。”

没有办法，毕竟没有任何史料能够证明，在那个案发现场，赵光义用毒药害死了赵匡胤。

除此之外，按照史学家的定义：

赵匡胤的死，跟毒酒没有一点关系，他是被弟弟用斧头劈死的，史称“斧声烛影”。

“斧声烛影”的由来

探寻赵匡胤死亡之谜时，我们都要面对一个神奇的场景：在若隐若现、模糊不清的烛光下，我们看见赵匡胤举起了斧头，并且挥舞不止。

因此，在探寻赵光义的行凶工具时，这样一把带有杀戮色彩的斧头，自然就成为了首选的作案工具。

那么，这里有两个问题。

第一，这把斧头，到底是一个什么样的？

第二，这把斧头，到底能不能置人于死地？

先说第一个问题。

如今我们一提到“斧声烛影”，第一反应就会联想到战场上的杀人斧，比如程咬金的宣花斧，李逵的大板斧。然而，这里有一个天大的误区，赵匡胤的这把斧头，是礼仪场所使用的“柱斧”，就是用水晶、玉器制成的小斧子，且为了美观漂亮，再加上一些装饰物而已。

史书记载，赵匡胤对这把斧头的喜爱程度，简直到了爱不释手的地步。乾德三年（965 年），在攻陷成都、俘虏孟昶后，王全斌把南疆的地图送到开封，并向赵匡胤请示道：“是否继续南下用兵？”

对于这个问题，赵匡胤想了一下，随后，他用这把柱斧在地图上沿大渡河划了一条线，并对左右说道：“此外非吾所有也。”

于是，就在赵匡胤这一斧下，大渡河以南中国大片故土，就全都被扔出了版图，从此大理国合法建立。

这个故事，就是历史上大名鼎鼎的“宋挥玉斧”事件。

通过这一事件，我们发现赵匡胤真是片刻不离这把柱斧，就连这种军国大事，他都要用这把柱斧代替笔墨。对这把柱斧，赵匡胤真是爱到了极点！

那么，第一个问题解决了，咱们再说第二个问题。

这把斧头，到底能不能置人于死地？

根据史料记载，赵匡胤用这把斧头伤人的记录，一共有两次。

第一次，有一天赵匡胤在后院拿弹弓打鸟。他玩得正起劲呢，结果有个大臣请求面圣，声称有“十万火急”的事情要觐见。

一听这话，赵匡胤哪里敢怠慢，立刻放下了手中的弹弓，匆匆忙忙地去听汇报。结果呢，赵匡胤听见的都是一些稀松平常的小事，甚至普通得不能再普通了。

赵匡胤这个气呀，说人家玩得正在兴头上，你偏偏要来败我的兴，真是岂有此理！然而，面对这位雷霆之怒的君主，这位官员却一点不在乎，他还说了一句火上浇油的话：“微臣说的事情再不是，也比打鸟玩乐重要（臣以为尚亟于弹雀）！”

想象一下吧，当你听见这种“不知死活”的话后，你会作何感想？但见赵匡胤武人本性大爆发，他抡起手中那把心爱的斧头，就这样直接砸了过去。

结果，赵匡胤直接干掉了对方的两颗大门牙。

以上，就是赵匡胤第一次用斧头打人的全过程。

第二次，屯田员外郎雷德骧在审理案件时，他发现大理寺官员与宰相赵普狼狈为奸，他们擅自增减刑罚。

雷德骧火冒三丈，不等太监引见，直接冲到了赵匡胤的面前，开始痛骂赵普的不是。

雷德骧告诉赵匡胤，宰相赵普就是一个混蛋，表面上廉政公平，实际上就是一个道貌岸然的伪君子。身为国家一级干部，赵普带头不奉公守法、收取贿赂，还仗势欺人，欺负那些手无缚鸡之力的老百姓，巧取豪夺他们的土地房产。因此，雷德骧请求赵匡胤秉公执法，把赵普给办了。

按理来说，说出这番话的雷德骧，他跟赵普没有私仇，这些话也说出了当时很多人的心声。且对于赵匡胤而言，他也喜欢这种直言不讳的大臣。所以说，对比前面那位“嬉耍”皇帝的大臣，雷德骧最坏的结果，就是被赵匡胤骂一个诬陷国家大臣了事。

可惜的是，虽然雷德骧的初衷是好的，但是他选错了时间，也就活该倒霉了。

由于攻击北汉（讨伐刘继元）时受阻，导致前线损兵折将，赵匡胤的心里那叫一个憋屈，这位皇帝正准备御驾亲征呢，他哪有闲工夫管这些屁事！

于是，在雷德骧激情讲解的时候，他根本就不知道这位听众的心态，已经发生了翻天覆地的变化。此时此刻的赵匡胤，他的怒火已经烧到了极点，这个人死死地握着那把斧头，眼睛也一直不怀好意地盯着对方的大板牙。

“咔嚓”一下，结果可想而知。由于是第二次操作了，但见他抬手一挥，雷先生都不知道是怎么回事，他的两颗大板牙就不翼而飞了。

以上，就是赵匡胤第二次用斧头打人的全过程。

通过这两个案例我们知道，虽然这把斧头不像战争中的武器那样，具有极强的杀伤力。但是，要想用这把斧子让对方挂点彩，留下一些深刻的记忆，这个完全可以做到。

那么，这把能打掉对方大板牙的斧头，它到底能不能置人于死地呢？

对于这个问题，我跟很多人都讨论过。客观来说，能打掉对方门牙的斧头，还是具有一定的杀伤力的。因此，如果用这个玩意儿置人于死地，貌似也完全可以。

但是，这里要有一个前提——费劲。由于武器先天不足，你必须不停地打，这样才能完成目的。殊不知，这个矛盾也正在于此！

首先，假设你是赵匡胤，当弟弟赵光义在不断地“折腾”你时，你会无动于衷？你不会大声呼叫，呐喊救命？还是说，你也会跟史料上记载的那样，鼾声如雷？

其次，假设赵光义真的这么干了，赵光义要怎么收拾这一片狼藉的犯罪现场？要怎么处理这血肉模糊的受害人尸体？更要怎么对付那些闻讯前来护驾的御林军？

再假设一下，如果赵光义有能力摆平这所有的问题，那他还回家干什么？权力都大到这个份上了，还要回家等着天上掉馅饼？

最后，咱们千万不要忘记，在这场“巅峰对决”中，虽然赵匡胤已经到了知命之年（50岁），但他依旧武功高强、体力充沛，且绝不是一个文弱书生。

面对这么一个拥有极强攻击力和防御力的主，年轻的赵光义就算真敢下手，他就一定能占上风吗？

所以说，在历史书上被人反复记载，所有人耳濡目染的“斧声烛影”，其实就是一个杜撰的故事，它甚至比上面毒酒害人的故事，还更加的不靠谱、不可信！

实际上，大家争执了上千年，赵匡胤是死于毒酒、斧头，还是正常归西，一直都无法定性，即使是最厉害的史学大师，也无法给人一个最信服的解释。

如今，赵匡胤的死亡，俨然成为了一个千古之谜。

我们唯一知道的是，当天晚上，赵匡胤离奇逝世，他的弟弟继承了皇位，仅此而已。

第二章 赵光义『简历』的秘密

千古疑团

通过前面的那些陈述，我们得出了一个结论：

在赵匡胤离奇逝世这个事件上，虽然没有直接证据证明：太祖之死，就是出自赵光义之手。但是，根据事发前后赵光义一系列反常的举动，他不但没有扯清自己与太祖之死的关系，反而让人们越发怀疑，他就是那个真正的凶手。

更令人惊讶的是，外人怀疑赵光义，这也就算了。然而，赵光义的那些直系子孙们，他们居然也怀疑自己的老祖宗，也相信赵光义“弑兄夺位”这一事实。

南宋的开国之君宋高宗赵构，由于一直无子，所以他决定找一个本家亲戚的孩子来继承皇位。结果，对于这个问题，朝野上下议论纷纷，他们都说这是皇帝遭到了“报应”。

那么，赵构遭到了什么“报应”呢？对于这个问题，大家全都心知肚明，只是不挑明了而已。

在选择继承人的时候，宋高宗赵构煞费苦心，他剔除了那些现成的本家亲戚，专门从民间找回了宋太祖的七世子孙赵昚，并让这个太祖的子孙继承了皇位，史称宋孝宗。

可见，通过这件事情我们知道，对于祖先取得江山的途径，宋太宗的子孙们也表示了深深的怀疑，因此他们不惜把这大好江山拱手相让，算是为祖先赎了罪，进而请求上天原谅自己。

这叫什么事！

对于赵光义而言，谋害自己哥哥的事情，这根本就是给了自己一个莫须有的罪名！

试想一下，如果赵光义真的杀了自己的哥哥，那他就是一个杀人凶手了，他应该杀人偿命才是，何来继承王位，还有一个“名正言顺”的结局？

因此，为了堵住天下人之口，赵光义必须要“洗牌”了，他要把黑的洗成白的，把邪恶的洗成正义的，只有这样，他才能达到自己的最终目的。

因此在未来的岁月里，为了洗清自己身上的嫌疑，赵光义拿出了一张最大的王牌，并且昭告天下道：

“我的皇位，名正言顺；我的为人，也光明磊落；我既没有弑兄，也没有夺位，我是完全按照‘遗嘱’合法继承的皇位，以后谁再敢质疑我，格杀勿论！”

这个遗嘱，就是众所周知，却真假难辨的“金匮之盟”。

书写这个遗嘱的人，就是赵匡胤和赵光义共同的老妈——杜太后。

金匮之盟

俗话说：“龙生龙，凤生凤，老鼠的孩子会打洞。”但是，您想过没有，如果把这些话颠倒过来呢？

会打洞的孩子，他的父母一定是老鼠吗？生出一条龙的妈，也一定是条龙吗？

对于这个问题，刘邦、刘秀、朱元璋的母亲们，她们就表示非常遗憾了。然而，赵匡胤与赵光义的这位母亲，她则名正言顺，甚至众望所归了。

在宋朝历史上，这位嫁给赵弘殷先生的杜太后，她绝对非同凡响，甚至堪比女中之豪杰。

根据史料的记载，当赵匡胤黄袍加身的消息传到京城后，赵匡胤的老婆都吓傻了，全家都惊慌不已。唯独这位杜太后，她不慌不忙地说道：“我的儿子心中一直有一个远大的志向，今天果然干了，大家担忧什么？”

吾儿素有大志，今果然，何忧也？

——《宋史·杜太后传》

能够泰然自若到这个份上，这位杜太后的身体里，得有一颗多大的心脏呀。

后来，等赵匡胤登基称帝，成为名副其实的皇帝后，在文武百官的祝贺声中，这位老太太却不高兴了，史称杜太后“愀然不乐”。

看见母亲这样后，赵匡胤就得问问是咋回事。杜太后这才说道：“哀家知道为君难的道理，天子统治着天下百姓，若治世有道，则受百姓尊崇，反之，若治世无道，就做不回一介匹夫了，所以哀家担忧不已。”

天子置身兆庶之上，若治得其道，则此位可尊；苟或失驭，求为匹夫不可得，是吾所以忧也。

——《宋史·杜太后传》

顺，不妄喜；逆，不惶馁；安，不奢逸；危，不惊惧。古人所谓的“镇定自若”者，也就不过如此了。

这个老太太，她还真是一个“人中龙凤”呀！

当然了，这么一个有胆有识的狠角色，临死前除非得了脑溢血啥的，否则只要剩下一口气，就一定会留下一个非同凡响的遗言，且内容意义深刻、耐人寻味。

只有这样，才能不枉此生！

果不其然，根据宋朝的官方记载，建隆二年（961年），杜太后在弥留之际，她宣布要召见赵匡胤和赵普。借着回光返照的力量，杜太后在临死前突然问了赵匡胤一句莫名其妙的话：“儿子，你是怎么当上皇帝的？”

一听这话，赵匡胤真是哭笑不得，他只能说了一堆官方的套话，这是祖宗积德，以及您的福分之类的话。

听完后，杜太后一边摇头，一边语重心长地说道：“不对，儿子呀，我来告诉你这个答案。”

“你能当上皇帝，只有一个原因，周世宗的儿子太小，这才让你有了可乘之机。要是后周有一个年长的君主，这个天下还能轮到你吗？因此，等你百年之后，一定要传位给自己的弟弟，这样才能江山永固，不再给别人可乘之机。”

史料记载，听完母亲的这番临终教导，赵匡胤哭泣着叩头拜谢，并发誓道：“一定不会忘记太后的教诲。”

当然了，说出这番话的时候，这是赵匡胤敷衍了事的推辞，还是他发自内心的誓言，我们就不得而知了，而且对于他的这个回答，杜太后也貌似不信。

看见皇帝答应后，杜太后毫不放松警惕，她立刻趁热打铁，马上来了一个“双保险”。

但见这位太后对赵普说道：“赵普，你立刻把刚才的话写下来，让皇帝签字画押，不得反悔。”

这一下子，赵匡胤彻底没招了。

后来，赵普在太后的授意下，他在太后的床前将誓书写好，并在末尾签上了“臣普书”三个字，然后他们把这封太后懿旨打包，装进了皇宫专用的盒子，也就是“金匮”里，最后由谨慎可靠的宫人代为保管，等到需要的时候，再宣读这份懿旨。

以上，就是北宋初年两大疑案之一，即“斧声烛影”后另一个疑案“金匮之盟”的全部内容。

那么，在宋朝历史上，到底有没有这个故事呢？

对于这个问题，不同的时间、不同的人，都会给您一个不同的解释。

首先是宋朝，在漫长的两宋期间，没有一个人怀疑这件事情，即使是当时最著名的司马光、范仲淹、朱熹等人，也对这件事情深信不疑。

后来，历经了元、明两朝，不管是多么较真的史学家，也对这个故事视若神明，且从无异议。最后，等到了清朝中叶时，学者恽敬在读完这段故事后，他终于提出了异议，并给出了自己的质疑。

随后，在后世学者的不断研究中，这个历经了千年、从来没有一个人怀疑过的“金匮之盟”，它终于从一个根深蒂固的事实，变成了一个错漏百出的故事，还真让我们找出了不少破绽。

如今，学者对“金匮之盟”的质疑，主要有以下四点：

第一，杜太后让赵匡胤书写遗诏的时间，非常不合理。

如果太祖赵匡胤已经到了花甲之年，身体也每况愈下，那么让他书写这样的遗嘱，将是一件无可厚非的事情。但问题是，杜太后是建隆二年（961 年）六月去世的，当时赵匡胤才 35 岁，正是年富力强的年纪。

对于这个年纪的人，赵匡胤怎么可能会写这份遗嘱，这太让人匪夷所思了。

除此之外，面对一个青春鼎盛的赵匡胤，杜太后为什么不盼这个儿子好，还让他写遗嘱呢？看这个架势，杜太后真是未雨绸缪，恨不得儿子赶紧去“陪伴”自己了。

事实上，赵匡胤死的那年，虽然赵光义 38 岁，确实更适合当皇帝。但是，当时的赵德昭已经 26 岁了，赵德芳也已经 18 岁了，他们都到了成人的年龄，完全也可以继承王位，登基称帝了。

因此，杜太后根本不知道未来的事情，她又怎么可能未卜先知，预测太祖死的时候，赵德昭等人还是儿童呢？

这个问题，根本就解释不通。

第二，太宗颁布遗诏的时间，也非常不合理。

根据史料记载，太宗即位之时，他没有第一时间公布太后的遗诏。而是直到八年之后，等太平兴国六年（981 年）时，由罢相多年的赵普秘密上奏，赵光义才公布了这份遗诏。

这一下子，看出端倪了吗？

对于赵光义而言，在“斧声烛影”的背景下登基称帝，已经引起了很多人的质疑，如果真有“金匮之盟”这个遗诏，那么赵光义理应第一时间公布，这将是他合法即位的最有利证据，也是堵住天下之口的最好武器。但是，他却整整等了八年，没法不让人起疑。

另外，对于赵普而言，如果赵普真是这个盟约的参与者，那么在太祖皇帝驾崩后，赵普理应第一时间颁布这个遗诏，这样才能尽忠太祖赵匡胤，完成自己的君臣之道，更能讨这位新皇帝的欢心。

然而，赵普整整等了八年，最后才偷偷摸摸地秘奏了这件事情，这对于官场老油条的赵普而言，他居然犯了这样低级的错误，这根本让人无法理解。

第三，这场“金匮之盟”为什么要秘密进行呢？

纵观太祖的一生，都是一个响当当的男子汉，即使要谋朝篡位、改朝换代，太祖也要明着来！因此，既然太祖坦荡无私地接受了母命，他又为何将这封诏书密封，还要派专人秘密保管呢？他完全可以昭告天下，承认有这么一件事情！

退一万步说，如果把这个“金匮之盟”理解为国家的机密文件，需要妥善保管的话，这种解释也合情合理。但是，身为第一撰写者的赵普，他为什么在公布这件事情的时候，却采用秘密上奏的方式呢？这样做，里面有没有什么猫腻，有没有什么暗箱操作的可能呢？

因此，单凭这三个疑惑，历史上到底有没有“金匮之盟”这件事情，我只能用一句话来形容了：公道自在人心。

第四，记载“金匮之盟”的文件，也非常的可疑。

记录“金匮之盟”这件事情的文件，主要来源于《宋史·太祖实录》。

殊不知，这本宋朝的官方文献，根本就是一本错漏百出的闹剧。因为，这本文献在历史上的定义，一直是一个老大难的问题！

为什么？

您看一下这本书记录的“陈桥兵变”，就会知道这个原因了。

合法的皇帝，就要有政绩

一位皇帝死后，即位的皇帝要给前任编写传记，这种官修史书称为《实录》。因此，太祖赵匡胤死后，赵光义就给哥哥编修了一本传记，史称《太祖实录》。

史料记载，在修完这本传记后，因为对这本《太祖实录》不满意，赵光义一共进行了三次大规模的编纂，除了增加“金匮之盟”这种崭新的内容外，这个修改过程更是旷日持久。从太平兴国三年（978 年）开始修改，一直到他的儿子宋真宗咸平元年（998 年），这本书才最终修订完成。

宋朝编纂的《太祖实录》有两个版本。第一个版本，是太宗时期的原始版本，叫作《旧录》；另一个版本，是三次修改后的版本，叫作《新录》。

那么，问题来了，既然有“金匮之盟”这件事情，且还是一个极其重要的事情，为什么《旧录》里没有这个内容，反而还需要《新录》来增加呢？

这个问题，不说自明。

可惜的是，由于战乱不断，如今《旧录》《新录》全都失传了，我们已经看不见了，但是幸运的是，宋朝的史学家李焘看见了，他还把这两个版本的历史文献全都记录到了自己的《续资治通鉴长编》里。

在《续资治通鉴长编》记录里，我们终于明白了：为了迎合圣意，负责编纂《新录》的史学家们，他们真是无所不用其极，对原有的《旧录》进行了大规模的修改和掩盖。

现在，就让我们参考《续资治通鉴长编》的记录，来还原那段“赵光义修书”的历史。

开宝九年（976年），宋太祖在“斧声烛影”中神秘逝世，虽然死因不明，但是记录赵匡胤一生的《太祖实录》的编纂工作，却被提上了日程安排，开始紧锣密鼓地进行了。

太平兴国三年（978年），赵光义命令翰林大学士李昉、扈蒙等修编《太祖实录》，收集当时的所有史学集料，并对那些“不符合当时历史”的文献予以销毁，绝不保存。

所以，当时记录那段历史的原始文献，就全都被赵光义销毁了。

然而，即便把历史“修改”成了这样，赵光义对这次编纂的图书，还是非常不满意。

淳化五年（994年），赵光义对宰相们说道：“太祖朝的事情，这才刚过去几天呀，你们看看《实录》中的记载，又粗糙，又简略，该写的没有写，该记的没有记，还是让史官们重新编纂吧。”

随后，赵光义润了润喉咙“语重心长”地说道：

“太祖是承受天命，最后登基称帝，这可不是要阴谋、玩诡计的结果。他也不是曹操、司马懿那类天天处心积虑篡夺皇位的奸雄，而且太祖对周室忠心耿耿，这个地球人都知道，所以咱们不能这么写历史。”

“特别是‘陈桥兵变’这件事情，更不能如此草率记录，应该好好收集资料，重新增补完整。”

俗话说“听锣听声、听话听音”，赵光义的这番话，虽然表面上是说文献太少，资料不全，但实际上，傻子都知道他意欲何为！

“我哥哥顺应天命，登上皇帝宝座这样的大事，怎么能少了我？这个里面，怎么能没有我的功劳？”

这，才是赵光义的真正心声。

前面介绍了，由于史料匮乏，《旧录》《新录》的丢失，当时《太祖实录》如何记载的陈桥兵变这件事，我们已经不得而知了。但以今日所见之文献，最早记录“陈桥兵变”这件事情的文献，是司马光的《涑水记闻》。

在司马光这本史学笔记中，关于陈桥兵变的故事，我们在第一卷里面，已经详细阐述过了，这里不再多言，我们唯一知道的是：

在《涑水记闻》的记录里，“陈桥兵变”时确实出现了赵光义的影子，只是不太重要而已，赵光义仅仅就一场戏，也就四个字：入白太祖。

结合上下文，这四个字的意思是说：

当年，大军在陈桥驿驻扎时，所有将士哗变，大家准备造反，拥护赵匡胤为皇帝。第二天黎明时，这些将士冲到了赵匡胤的营帐门口，把当时的门卫赵光义吓了一跳，他立刻“入白太祖”，就是进入了太祖的营帐，把士兵哗变的事情告诉哥哥，请他赶紧思考对策。

可见，在这段史料记载中，赵光义就是一个打酱油的小角色，这让人情何以堪！

除此之外，根据王禹偁的《建隆遗事》记载，更是能让赵光义愤怒得七窍生烟！

原来，这本文献是这样记载的：

陈桥兵变那一天，赵光义根本就没有随军出发，他只是在开封留守，正陪着自己的母亲杜太后。后来，当听说自己的哥哥黄袍加身后，赵光义立刻骑上一匹马，出城迎接自己的哥哥去了。

> 上初自陈桥即帝位，进兵入城，人先报曰：“点检已作天子归矣！”时后寝未兴，闻报，安卧不答，晋王辈皆惊跃奔走出迎。
>
> ——《邵氏闻见录》卷七引《建隆遗事》

可见，如果这段史料记载是真的，赵光义压根就没有参与“陈桥兵变”，他也跟这件事情没有一丁点关系。

那么，这里就要分析一下了，这本《建隆遗事》是一个什么性质的书？它所记录的事情，又有多少的可信度呢？

根据史料记载，《建隆遗事》的作者叫王禹偁，生于后周显德元年（954年），宋太宗太平兴国八年（983年）进士，卒于咸平四年（1001年），死时年仅48岁。

可见，这是一个出生于后周、成长于太祖朝、成名于太宗朝、卒于真宗朝的人，王禹偁亲眼见证了这段历史。这就在很大程度上，保证了此人的可信度。

此外，根据史料记载，在第三次编写《太祖实录》的过程中，由于没有领会到领导的意思，再加上自己秉笔直书的个性，结果王禹偁被冠以“背后非议、诽谤领导”的罪名，被贬到黄州去了。

在被贬期间，王禹偁愤然持笔，写了《建隆遗事》这本书，最初名为《箧中记》。“箧”指的是箱子，“箧中记”的意思就是箱子里的书，暗指难登大雅之堂的事。

由于这本书是专门记录太祖朝的，所以后人就取了太祖的第一个年号“建隆”，称这本书为《建隆遗事》了。

对于这本书的内容，以及自己写此书的目的，王禹偁在自己的《叙》中，说得非常直白：

“太祖英明神武，旷世无双，自受命以来，励精图治，国家欣欣向荣，这是一件功德无量的事情，这些也是我王禹偁亲耳所闻、亲眼所见的。但是，现在有些史官在编纂历史时，他们多有忌讳，不敢真实记载，最近圣上又在大规模修改《太祖实录》，我怕这样长久下去，很多事情就会不为人知，不会流传于后世了，所以我把这些事情整理了出来，一共十几件事情，也算是为历史做了一份贡献了。”

可见，王禹偁在这个《叙》中的言外之意，不言自明。

比较可惜的是，对于这么一本禁书，政府是不可能不理不睬的，没过多久，这本书就被彻底销毁。

那么，对于这本已经亡佚的《建隆遗事》，它又有多少的可信度呢？

根据当代宋朝研究者的考证，虽然《建隆遗事》这本书已经失传了，但是，其他书籍还是引用了不少《建隆遗事》的故事，有十一件之多。现代史学家们对这十一件事情进行了详细的考证，最后得出了一个令人信服的结论：

《建隆遗事》上面介绍的内容，大体是可信的，或者更接近于当时的事实。

——顾宏义《王禹偁考》

所以，按照王禹偁的说法，赵光义压根就没有参与陈桥兵变，他甚至都没有随军出征。因此在这件事情上，也没有他一丁点的政绩。

退一万步说，即使赵光义参与了陈桥兵变，其作用也没有我们想象的那么大。

因此，如果王禹偁记录的是真的，咱们就能理解赵光义当时的心情了。

这个心情，才是赵光义一而再，再而三地修改《太祖实录》的真正原因。

那么，对于这位皇帝而言，他要如何篡改“陈桥兵变”这段历史，来达到自己的目的呢？

另一个版本的“陈桥兵变”

对于陈桥兵变这件事情，后人津津乐道的最大政绩，不是赵匡胤改朝换代、建立了一个全新的王朝，而是这位皇帝约束手下、市不易肆，让百姓没有遭受战乱之苦，由此开创了一个文明与理性的新时代！

说到这里，很多人就会嗤之以鼻了，说约束部队、管教手下，这是军队最基本的素质，怎么能称之为最大的政绩呢？

这番话虽然没错，但是却犯了历史唯物主义的错误，咱们千万不要忘了，当时是一个什么时代？

那是一个诸子百家思想完全失控的时代，那是一个只相信强权的时代，那是一个中国大分裂的时代！

在那个时代里，城破、兵变之后烧杀抢掠，中饱私囊，这是再正常不过的事情，甚至可以说，这是士兵作战的唯一动力，你要不让士兵这么干，这些士兵根本不跟你混！

远的不说，就在陈桥兵变前十年，那个号称“一代明主”的郭威发动政变后，他就曾经下令：攻陷开封城后，士兵可以在里面肆意活动三天，想干啥就干啥，我也绝不阻拦。

史料记载，在这位新科皇帝的授权下，开封城立刻沸腾无比，满大街都是亢奋过度的后周士兵。这些士兵见人就杀，见财物就抢，见妇女就奸淫。直杀得开封城尸骸塞路，哀鸿遍野，汴河水都变成了红色……

后来，这种活动刚刚持续了一天，郭威的部下王殷、郭崇、赵匡胤等人就实在看不下去了，他们联名报告——再这样搞下去，咱们也不用称王称霸了，因为开封城一个百姓也没有了，这就是一座空城了。

于是，郭威赶紧下令收兵，宣布活动提前结束。但是，所有参与者全都意犹未尽，他们怎肯听从这个命令？后来，直到郭威亲手宰杀了几个还在兴致勃勃干事的将领，所有士兵才悻然而止，这才一步三回头地走回自己的大营。

可见，作为历史的见证人，当年开封城血流成河的尸体、哀号不绝的百姓，以及彻底疯狂的乱兵抢匪，这些都给赵匡胤留下了无比深刻的印象。因此，赵匡胤比谁都清楚，如果他不约束自己的士兵，到时候局面将不堪设想！

根据司马光《涑水记闻》记载，在“稀里糊涂”地黄袍加身后，为了约束这些士兵，赵匡胤立刻与诸位将领立下盟约，颁布了那著名的《约法三章》：

第一，咱们都是少帝和太后的臣子，不能欺负他们孤儿寡母。

第二，后周王朝的文武百官，那都是咱们的好同志，不许欺辱他们，更不许滥杀一人。

第三，大军进入京城之后，一切行动听指挥。

听从我这些命令的人，事成之后，重重有赏，不服从者，一律灭门九族！

在三军将领全部同意后，赵匡胤这才率领军队返回开封城，没让当年那场屠城事件重演。

佛家有云：救人一命，胜造七级浮屠，而赵匡胤此举，可拯救无数黎民百姓，堪称普度众生、功德无量也。

仅此一项，赵匡胤足以载入史册，位列明君之位。

当然了，为了提高自己的政绩，凸显自己在陈桥兵变中功劳最大，赵光义要是不把这件事情扣在自己的头上，那才叫新鲜呢！

在三次修改《太祖实录》的过程中，赵光义在这件事情上做足了文章，他不仅增加了一个“叩马进谏”的情节，他还抢了很多赵普的戏。

于是，在赵光义的重新演绎下，这场陈桥兵变的故事就“脱胎换骨、转世重生”了。

现在，就让我们回到那天晚上，看看赵光义是怎样“重新演绎”这段历史的：

正月初三，我以内殿祗候、供奉官都知的身份，跟随我哥北上抗击外敌入侵。这一天内，大军井然有序、纪律严明，除了天上出现了“二日互殴”的奇景外，也没啥可以记录的事情。

正月初三晚，大军在陈桥驿安营扎寨后，我刚刚要休息，就看见都押衙李处耘风尘仆仆地跑过来，他告诉我：“刚刚大家做了一个艰难的决定，要立你哥当皇帝！”

一听这话，我当时脑袋就蒙了，心想这个问题太严重了，此事关系重大！于是，我带着李处耘跑到了赵普那里，想让这个长者给我们出出主意。结果，我刚跟赵普商量此事，那些“密谋造反”的将领们就都冲了过来。

面对这些准备谋反、拥立我哥当皇帝的人，我跟赵普的第一反应是：不干！而且，我还清清楚楚地告诉大家：“我哥是一个赤胆忠心的臣子，他一定不会背叛大周王朝，也不会饶恕你们这些乱臣贼子的（太尉赤胆，必不汝赦）！”

听到这句话后，大家想想也是：天上不会掉馅饼，如果真掉了一个馅饼，那也不是馅饼，而是陷阱。咱们将心比心一下，突然让一个人莫名其妙地当皇帝，换成是谁，这个人也得急。

最后，在我跟赵普的好言相劝下，这些将领们就各自散去了。但是，开弓哪里有回头箭，大家已经挑明了让赵匡胤当皇帝，这就等于是谋朝篡位了，即使赵匡胤不办他们，回头柴宗训也得收拾他们！

于是，大家又重新聚集了起来（想明白了），他们对着我跟赵普亮起了兵器，并发狠话道：“军中偶语则族。今已定议，太尉若不从，则我辈亦安肯退而受祸。”

一听这话，我跟赵普只能继续和稀泥道：“这是天大的事情，咱们不能这么鲁莽行事，不如先去打仗，等打败了契丹人再说。”

但这些将领们依旧不答应，他们告诉我跟赵普：“按照军规，军中有聚众谋反者，立刻以灭族论处，如今我等要拥立太尉当皇帝，估计都活不到明天日出了，你还跟我谈什么去打契丹人，现在太尉不接受册立的话，大军就绝对不前进了！”

可见，话都说到这个份上了，赵普就乖乖就范了。而我则告诉大家：“兴王异姓，虽云天命，实系人心。汝等各能严饬军士，勿令剽掠，都城人心安，则四方自定，汝等亦可共保富贵矣。”

总之一句话，你们要听我的，要严肃军纪，不能纵兵抢劫，否则咱们全都玩完。只有先做到这一点，咱们才能劝我哥改朝换代。

等我说完这句话后，大家都很信服我，也同意了我的这个请求。于是，我跟这些将领们许诺，等天亮了以后，我就劝我哥当天子。而诸将们听完我这个承诺后，他们也就各自散去了。

第二天天刚亮，我就跟赵普来到了我哥的大营，告诉了他昨天晚上发生的事情，结果我还没有说完，这些将领们就冲了进来，他们把一件龙袍披在了我哥身上，然后对他三跪九叩、高呼万岁，我哥就这样“被逼无奈、勉为其难”地当上了天子。

后来，等我哥当上天子，要率军班师回朝。我第一时间跑了过去，不仅拉住了我哥的坐骑，还恳请我哥下令，回到京城后一定要禁止烧杀抢掠，否则我绝不放手。

相与扶太祖上马，拥逼南行。匡义立于马前，请以剽劫为戒。

——《续资治通鉴长编》

一听这话，我哥醍醐灌顶、茅塞顿开，他立刻跟手下《约法三章》，大军这才纪律严明地回到开封城，兵不血刃、市不易肆地完成了改朝换代。

这件事情，就是我津津乐道的“叩马进谏”的剧情。

最后再说一句，整个过程赵普最清楚，不信问他……

以上，就是采取了《新录》的资料，李焘在《续资治通鉴长编》中记录的“陈桥兵变”的全过程。

现在明白了吧，为什么王禹偁没有深刻领会领导的意思，被贬到黄州去了吧？你要是一个不愿意睁眼说瞎话，或者是怕违背良心挨雷劈且内心有愧的人，你也得被贬！

这马屁拍的，味道也太浓郁了点吧？

但不管这个马屁的味道如何，赵光义是多么无耻，反正他的目的达到了。

在“陈桥兵变”这件事情中，当完成了“叩马进谏”这件功德无量的大事后，赵光义就从一个打酱油的小角色，一跃成了一个至关重要的人物，并在历史书上留下了一个高大上的光辉形象。

除此之外，更加重要的一点是，通过这种编造、杜撰、移花接木的办法，能够凸显赵光义雄才伟略、德高望重的能力，更能够通过暗示告诉他的臣民：

“由于在‘陈桥兵变’的杰出表现，从那个时候起，太祖就已经打算把皇位传给我了，所以我就是这个皇位合法的继承人！”

就这样，在赵光义多次暗示和指使下，在史官们昧着良心的夸张编纂下：一个栩栩如生的高大上的赵光义，就这样出现了；一个在“陈桥兵变”中雄才伟略的赵光义，就这样出现了；一个太祖刚刚即位就打算传位给他的赵光义，就这样出现了；一个命中注定要做皇帝的赵光义，就这样出现了！

谎言重复一千遍，就成了真理。对此，宋太宗一直深信不疑。

我们也要理解这位皇帝。赵光义之所以要这样篡改历史，并不是他吃饱了撑的，而是作为全国至高无上的皇帝，赵光义要是没有一些光辉事迹，他怎么能统率万民，成就属于自己的威望呢？

可惜的是，在历史这个公正的“裁判”那里，赵光义却彻底失败了，他只是欺骗了自己，却没有骗到后来的人。

因为真正的历史，不在那些欺骗世人的谎言中，也不在那些后世杜撰的历史书里，更不在那些顶礼膜拜的庙堂之内，而是在天下人的心里！

这个证据，就是《续资治通鉴长编》。

虽然在书写这段历史时，李焘采用了《新录》的资料，完整地演绎了“叩马进谏”这个故事，并塑造了一个高大上的赵光义。但是，在写这段文字的时候，李焘却不怀好意地加上了一段注释，直接赋予了这段历史一个全新的定义。

这段注释的意思，大概是这样的：

根据《旧录》的记载，禁止士兵回京烧杀抢掠的事情，这是太祖自己约束士兵的行为，跟其他人没有任何关系。而我之所以这么写，是根据《新录》里的定义。

据此，如果说李焘泄露了天机，貌似也绝不为过。

可见，连自己的臣民都欺骗不了，赵光义又怎么欺骗未来，堵住芸芸众生之口呢？

等历史的车轮到了元朝后，当时的史学家袁桷，他就直言不讳地说道：“宋太祖的实录，一共有新、旧两本，其中这本《新录》，无非就是史学家们添油加醋、无中生有，拍太宗的马屁而书写的东西。因此这本书上的历史，没有任何利用价值。”

因此，袁桷在编修《宋史》的时候，他没有这种忌讳，就删除了赵光义“叩马进谏”这个情节，也彻底把赵光义高大上的形象打回了原形。

至此，赵光义费尽心力，连续修改三次，自己到死都没有看见的《太祖实录》，却换来了一个自欺欺人的结局。

这也应验了明代心学大师王阳明的那句经典台词——人人自有定盘针，公道自在人心。

皇位到底是谁的

通过新版本的“陈桥兵变”，咱们就能知道了：赵光义绝对有篡改历史的好习惯，并且还乐此不疲。

因此，对于这么一个人，非要说他下令修纂的《太祖实录》合情合理，那个“金匮之盟”真实可信，那才叫没有道理！

然而，虽然我讲了很多“金匮之盟”不合理的地方，也不太相信历史上有这件事情。但是，所有的史学家们也承认，从某种意义上讲，你还没办法反驳这个“金匮之盟”。

因为，它确实有存在的道理。

纵观当时的历史，如果没有杜太后的遗嘱，赵匡胤就能力排众议，非要册封弟弟赵光义为“首都市长”，让他成为这个国家唯一的接班人。

要知道，五代十国有一个不成文的规定，谁是“首都市长”，谁就是未来的皇位继承人，这俨然变成了一个约定俗成的惯例。看看后周的柴荣，南唐的李煜，北汉的刘继元，这些都是标准案例。

所以，在当时人的眼中，赵光义俨然就是皇位的下一任继承人。而他登基称帝后，册封自己的弟弟为开封府尹，让赵廷美成为了皇位继承人，这也就间接承认确实有这么一个“金匮之盟”的东西。

如果“金匮之盟”是伪造的文件，那么上述现象，又该如何解释？

除此之外，我们更加无法理解，如果没有老妈撑腰，赵光义在当开封府尹期间，他会那样嚣张跋扈、有恃无恐地结党营私，最后培养出了一股举足轻重、不可小觑的可怕力量？

当然了，不管怎样，自古以来，在皇帝的眼前显摆自己的权力，这都是一件极其危险的事情。说好听点的，赵光义没有一个足够的觉悟，他连积水潭在哪都没搞明白，就敢下水游泳；说难听点的，赵光义这是要引火烧身，嫌自己活得太长，急着去投胎转世！

然而，我们也要清楚地知道，以赵光义的权谋、心计，这些岂能不知？但是，即使知道这样做的危险性，赵光义还是在不遗余力地去做，这只能说明什么？

如果没有老妈的那个遗嘱，赵光义岂敢这样地不知深浅、有恃无恐？如果没有老哥的“默认”，这个未来的皇位继承人能这样地肆意妄为、结党营私？

实际上，到底有没有“金匮之盟”这个东西，对于赵匡胤而言，已经不重要了，这个皇帝真正需要注意的是——因为自己的放权，导致赵光义的势力与日俱增，最后到了尾大不掉、功高震主的地步。

势力已经如此根深蒂固的赵光义，他要如何巩固自己的势力，沿着自己的路线继续行走下去，让这只煮熟的鸭子不飞走？

我们拭目以待！

第三章 『无所不能』的皇帝

一个新的时代

开宝九年（976 年），这是赵匡胤与赵光义斗争最为激烈的一年！

看看这一年中，这哥俩斗争的“血泪史”吧。

二月，太祖派皇子赵德昭去迎接前来觐见的钱俶。在此之前，这类任务都由赵光义来主持接待，且从无例外。

三月，赵匡胤封皇子赵德芳为检校太保、贵州节度使，并命其镇守京城。随后，赵匡胤就带着弟弟晋王等人，一起去巡视洛阳了。按照以往的惯例，太祖离京的时候，都是由赵光义镇守京师。

四月，赵匡胤下令迁都洛阳城，但是在赵光义的劝说下，赵匡胤最终打消了这个念头，他率军怂怂地回到了开封城。

六月，赵匡胤下令重新督建晋王府！

七月，在百忙之中，赵匡胤竟然一个月内“三幸光美府第”，开始扶植一股新的势力。

种种迹象表明，对于赵光义而言，这一年真是灾事连连，堪比年关。而赵匡胤的意图更是明确，提升赵光美、赵德昭、赵德芳的地位，打击、压制赵光义的势力。

因此，我们绝对有理由相信，在这种背景下，势力盘根错节，甚至具备继承皇位的资格，但是却没有正式下诏，随时可能“竹篮打水一场空”的赵光义，他终于坐不住了。

为了让这个时局继续向自己有利的方向发展，晋王终于开始有所行动了！

于是，处于事业巅峰时期的赵匡胤，在毫无任何征兆的情况下，突然离奇逝世了。

还是那句话，开宝九年(976年)十月二十日的那个夜晚，到底发生了什么？

对于这个问题，我说了很多很多。但是，直到今天，也没有一个人知道这个答案……

至此，太祖的这一页，终究成为了历史。一个新的时代，已经来临；一个新皇帝，也已经横空出世。

登基称帝

开宝九年（976年）十月二十一日，一个永载史册的日子。

这一天清晨，当万岁殿敲响了上朝的钟鼓，文武百官纷纷进宫朝拜时，他们却惊讶地发现：

昨天还活蹦乱跳、有说有笑的皇帝，如今却躺在了一口棺材里，变成了一具冰冷的尸体！而站在这口棺材旁边的人，则是那位一言不发、一脸铁青的晋王赵光义。

一瞬间，在每个人的脑海里都画上了无数的问号。昨天晚上，到底发生了什么？赵匡胤到底是怎么死的？为什么赵光义要站在那里？他站在那里，到底意欲何为？

意欲何为？每一个人的心里，都清楚无比！

就在下一刻，这个站在金銮宝殿正中央的男人，就将成为自己新的主人！

于是，在群臣的簇拥下，赵光义登基称帝。

在登基称帝的同时，为了表示自己的皇位合情合理以及对哥哥的感恩和尊重，赵光义颁布了自己的第一份诏书《即位大赦诏》，并宣布了哥哥的遗言：

猥以大宝，付与冲人，凡开物务，尽付规绳，予小子伋绍丕基，恭禀遗训。仰承法度，不敢逾违，更赖将相公卿，左右前后，恭遵前旨，同守成规，庶俾冲人，不坠鸿业。

就是说：赵光义告诉大家，在太祖的眼中，我就是一个不懂事的小孩子，哥哥却把神器交给了我，各位公卿大臣，你们一定要紧密团结在我的周围，好好地帮助我，我也一定会沿着哥哥的脚步，一如既往地走下去。

这份诏书中"猥以大宝，付与冲人"这句话，可是一句极有分量的话。太祖把皇位交给了这个不懂事的小孩子，这就等于向全天下宣布，赵光义登基称帝，是他哥哥赵匡胤的意思，这个毋庸置疑！

虽然这位"冲人"，当年已经38岁了。

当然了，所有的人都明白，这句话完全是赵光义的一厢情愿，甚至是他伪造的遗书！

这个原因很简单，假设赵匡胤有这个遗言，宋皇后就不会冒天下之大不韪，就不敢派人去传赵德芳。

但是，就是这么一份伪造的遗嘱，却没有一个人提出质疑，包括宋皇后、皇次子赵德昭、皇四子赵德芳以及御弟赵光美。他们只能全票通过，就这样默默地看着，看着这个加冕仪式继续，看着赵光义戴上那顶至高无上的皇冠，最后登基称帝。

这些人的表现再次证明，在开封城里，赵光义确实能量巨大，无所不能！

然而当你面对一群充满仇恨的人时，你会怎么办呢？

对于赵光义而言，就一个字：封。

封——先帝赵匡胤的皇后宋氏，封为开宝皇后；

封——原皇长子赵德昭，封为永兴节度使、兼侍中、武功郡王，位列宰相之上；

封——原皇次子赵德芳，封为山西南道节度使、同平章事，位列宰相之上；

封——原皇三弟赵光美，改名赵廷美，由永兴节度使升为开封府尹，兼中书令，封齐王，位列宰相之上。

与此同时，先帝赵匡胤的儿子以及齐王赵廷美的儿子，全部称为皇子，享受跟现任皇帝赵光义儿子一个级别的待遇。两者的女儿并称为皇女，也跟赵光义的女儿一个待遇，以示君臣一体，永无二心。

在处理了本家亲戚后，赵光义的下一个问题，就是如何消除朝廷官员的疑惑。

对于这个问题，赵光义完全借鉴了哥哥的经验，就四个字：加官晋爵。

简单来说，能加官的，全部加官；不能再升官的，也要晋爵。

宰相薛居加封左仆射；沈伦加封右仆射；参政卢多逊加封中书侍郎、平章事，他终于如愿以偿地进入了大宋最高的权力圈；枢密副使楚昭辅转正，升为枢密使；潘美、曹彬等人虽然不在家，一样加官晋爵。

至此，人人都有赏，个个发大财，对于这么一个顶头上司，谁还能有半句怨言？

就这样，一个“仁德至上，友爱尤笃”（《续资治通鉴长编》卷十七原文）的皇帝就此诞生！

佛曰：这个世界上，没有无缘无故的爱，也没有无缘无故的恨。

我曰：这个世界上，没有无缘无故的忠诚，更没有无缘无故的誓死跟随。

当然了，对于赵光义而言，虽然他摆平了自己的家人，摆平了满朝的文武官员，但是局面依旧不容乐观。环顾四周，还有一股力量等待着他去解决。

要知道，这是一股从北面席卷而来的飓风，它可怕且敏感，而且只效忠赵匡胤一个人。在当时，如果赵光义一步走错，就有可能酿成巨祸，到时候自己不仅身首异处，而且这个天下也会瞬间四分五裂，后果根本不堪设想。

这股力量，就是除了赵匡胤之外，没有任何人能够调动的大宋皇家禁军。

还记得当年郭威、赵匡胤是如何登基的吗？您信不信，现在的这支军队里，就有这么一个跃跃欲试、对这些英雄顶礼膜拜的枭雄？

自古权力交替，都不是一件容易的事情，君不见当年赵匡胤改朝换代的时候，那“二李”的叛乱？如今这个名不正、言不顺的皇帝，他又怎么能让这些将领们释怀？

至此，赵光义一生最大的危机彻底降临。但是，赵光义还是那个赵光义，他依旧用实际能力证明了，自己始终配得上那四个字——无所不能。

收编军队，天下一统

很多人说，赵光义选择在开宝九年（976年）十月二十日“下手”，这绝对是他深思熟虑的结果。

为什么？因为此时此刻，开封城兵力空虚，赵匡胤根本无法自保。

开宝九年（976年）八月，赵匡胤命党进等人率军讨伐北汉，十月的时候，大宋的皇家禁军正跟北汉死磕。也只有这个时候，京城的兵力相对空虚，忠于赵匡胤的死党也都在外地，所以这是一个夺权的最好时机。

如果赵光义错过了这个机会，那么北汉被平定后，天下就基本上统一了，加上哥哥对辽国姑息养奸的绥靖政策（后面再说），宋朝就将不会有大规模的出兵机会了，到了那个时候，赵光义就真的没法下手了。

因此，机不可失，时不再来，为了这最后的机会，赵光义终于下手了！

如此之心智，如此之能力，赵光义想不成功都难。

然而，对于这些将军而言，誓死效忠赵匡胤，或者是在这个乱世里分一杯羹，这已经是他们的使命，这些将军们只需要一个借口，甚至是一份伪造的证据，他们就能杀回开封城，杀了这个“乱臣贼子”赵光义，最终拥立一个新的皇帝，挟天子以令诸侯，甚至改朝换代。

但根据当时的史料记载，整个宋朝的军队平静得像一潭死水，他们没有留下一句牢骚的质疑。

他们不能反，因为他们全家老小都在开封城内，他们不能让赵光义用亲人的脑袋去祭旗。除此之外，还有一个更加重要的原因，让这些将领们不能造反，也没法造反！

为什么？

这个原因很简单，两点足矣。

第一，经过了太祖赵匡胤一朝的大洗礼，武将的地位已经今非昔比。

第二，自宋朝建立后，武将已经树立了彻底服从天子的权威，前朝武将们飞扬跋扈、不可一世的精神，已经荡然无存。

没想到吧，宋朝武将的地位，就是这么怂，而且，这仅仅是一个开始，他们以后会越来越怂，一直怂到中国武将历史的最低谷。

至此，天下已定，赵光义终于可以名正言顺地登基称帝了。

当然，即使安抚了宗室、收买了群臣、收编了军队，赵光义还远远不能掉以轻心，为了继续巩固自己的权力，这位皇帝还要再进行一系列的动作，这样才能达到自己的最终目的。

第四章 文人的天堂

这就是一扇窗

“如果让我选择，我愿意活在中国的宋朝里。”这是被誉为“近世以来最伟大的历史学家”汤恩比说过的一句话。

那么，到底是什么原因，让这位远在千里的英国学者产生了要生活在宋朝的想法呢？

这个原因非常简单，因为所有人都知道。

宋代，是文人的天堂！

那么，这是一个什么样的天堂？

简单来说，就是把自己的梦想可以变成现实的地方。或者说，在宋朝这片土壤里，成功取决于自己的才能和努力，而不是家世和背景。人人都拥有平等的权利，任何人都可以通过自己的勤奋、创意、勇气和决心，加上不懈的努力奋斗，获得自己想要的生活，最终实现宋代“中国梦”。

那么，何为宋代“中国梦”？

出人头地，光宗耀祖，衣锦还乡……

对于这个梦想，很多人会不屑一顾，认为这是一种陋习，是一种“沐猴而冠”的愚昧之举。但是，从当事人的角度讲，中国人还是很讲究这一套的。

毕竟，当穿着官服、鸣锣开道、衣锦还乡后，向那些瞧不起自己的人显摆，看着他们那些后悔、羡慕、崇拜的表情，心理就一个词可以形容——倍儿爽！

那么，怎么实现这个宋朝“中国梦”呢？

一个办法——参加科举考试，金榜题名。

在中国历史上，隋朝创建了科举制度，唐朝开始实行这种选拔人才的科举考试。但是，我很遗憾地告诉您，不管伟大的唐朝人喊出多么响亮的口号，如广开才路、豪庶平等、一视同仁、众生一样等，这个科举考试依旧是富人的游戏，跟穷人没有一丁点关系。

有学者做过这么一个统计，有唐一朝，共状元 251 人，其中在历史留下丰功伟绩、烙下自己印记者，共 139 人。

在这 139 人中，能查出家室档案的共 74 人。而剩下的人，则是一群在历史上仅仅留下名字，却始终不知道籍贯、出身的人。

在这 74 人中，其中出身官僚家庭、世代为官者，共 69 人，占 93%；其中家室显赫、家财万贯者，共 59 人，占 79.7%；其中白手起家，完全出身寒门者，仅仅占了 7%。

这就是唐朝的科举制度，说白了，就是一场上层社会分配权力的游戏。在这场游戏中，广大劳苦百姓别说沾个边了，就连闻香味都没有！

这让白手起家，平民出身的赵匡胤愤怒不已，他发誓要改变这一切。

他确实做到了！

站在历史的角度上讲，有专家认为，虽然从五代十国开始，中国的璀璨文明开始下跌，但是从选拔人才这个方面，却完全相反，甚至开始暴涨。

在这个时代，持续数百年的“九品中正制”被彻底废除，那些天生就含着金勺长大，无比骄傲、自豪的富二代们也被一一打翻。取而代之的，是出自民间，完全靠双手打拼的世之豪杰们，他们也是我们发自内心尊重的英雄！

比如，刘知远、郭威、柴荣、赵匡胤，这些都是白手起家，最终驰骋天下的真英雄！因此，这些人也清楚地知道，为了能让国家长治久安，祸国殃民的豪族门阀是靠不住的，去提拔那些有理想、有道德、有知识、有纪律的平民百姓，这才是治国的正道！

史料记载，有宋一朝，从太祖赵匡胤开始，所有的科举考试，都不许宗室、豪强、官宦的子弟参与，更不许他们上考场，这就从根本上杜绝了官官相护、徇私舞弊、约定门生的可能。当然了，至于这些官员有没有其他暗箱操作的事情，史料上并没有记载。

在《宋史》的记载中，唯一一次官与民争利的事情发生在北宋的末年，当时宋徽宗的儿子赵楷突发奇想，他隐姓埋名参加了当年的科举考试，结果一举夺魁，直接被钦点为了状元。等真相大白后，这个状元还是被换了下来，由第二名取而代之。

可见，这就是宋朝的科举考试，虽然也有瑕疵，但是跟别的王朝相比，宋朝的科举绝对是最公平、最公正、最公开的考试。

英雄不问出处，富贵当思缘由，在宋朝这个公平公正的时代里，只要你有本事，谁都可以凭借自己的双手，去开创一个属于自己的辉煌未来！

大门洞开

有人说，赵匡胤是可敬的，他击碎了五代十国的选拔制度，为广大贫苦百姓打开了一扇通往天堂的大门。

然而，历史却无情地告诉我：

赵匡胤虽然打开了这扇大门，但并不保证这扇门足够大，因为竞争异常激烈。

为什么？因为宋太祖一朝的开科取士，考试巨难，录取极严，基本上就是“千军万马过独木桥”，你根本就过不去。

根据史料记载，赵匡胤在位 17 年，开科取士 15 次，一共才录取了 189 人。其中最少的一次，仅仅录取了 6 人；最多的一次，也就仅仅录取了 39 人而已。

可见，每一个人都知道，宋朝是文人的天堂，但是赵匡胤时期这屈指可数的入场名额，却还远远没有到达“天堂”的定义。

那么，这扇天堂大门的打开者，到底是谁呢？

毋庸置疑，历史自有答案。

太平兴国二年（977 年）正月，刚刚登基才区区两个月的赵光义，就迫不及待地打开这扇天堂的大门，开始科举取士了。

除此之外，在这一次科举考试中，赵光义还骄傲地告诉全天下——文人们，放声高歌一曲吧，你们的春天，真的到了！

为什么？四点足矣。

第一，录取人数多。

咱们前面讲过了，赵匡胤在位 17 年，开科取士 15 次，一共才录取了 189 人。那么，太平兴国二年的这次科举，一共录取了多少人呢？

一共录取了 109 人！

换句话说，赵光义一次的录取人数，就能顶上哥哥 12 次甚至是 13 次录取人数的总和了。

然而，这个数字还没完！

根据史料记载，在这次科举考试中，赵光义还录取了 207 人，作为替补官员。

除此之外，赵光义还特别下旨，命礼部翻阅历年科举档案，找出那些参加了所有太祖朝 15 次考试，却没有被录取的人，一并录取。

这批始终不得志的人，史料记载为 184 人，再加上这次科举考试录取的 316 人……这样一算的话，赵光义这第一次的科举考试，一共录取了整整 500 人！

第二，赏赐荣誉高。

史料记载，在录取了这整整 500 人后，赵光义下令，每人赏赐一套“绿袍靴笏”的新衣服，并在开宝寺设宴，他要好好宴请一下这群新的员工。除此之外，在这个宴会中，赵光义还赏赐了每人二十万贯钱，以作见面礼。

这一下子，面对这井喷式的扩招，前朝的举子们全都不干了，首席宰相薛居正更是直言不讳道：“陛下，取人太多，用人太骤，还望三思，且行且珍惜。”

且行且珍惜？面对这些质疑，赵光义只是微微一笑，这算什么？不就多录取了一些人吗？老子接下来要干的事情，才是真正的惊世骇俗，前无古例！

第三，起授官职级别高。

根据史料记载，宋太祖赵匡胤时期，官员录取不仅严格，初期授予的官职也低，晋级也非常慢。

比如，那位宋太祖建隆三年（962 年）的状元马适，从司寇参军（负责地方刑狱的七品小官）干起。谨小慎微地做了十几年，大事小事没少干，到开宝六年（973 年）时，他才成为通判，这都算是佛祖保佑、祖坟冒青烟了。

马适这个例子，大概就是太祖朝官员的晋级情况了。那么，太宗朝的官员，又是一个什么样的晋级情况？

啥也别说了，马适连死的心都有了！

史料记载，太平兴国二年（977 年）这次科举的状元，人家的起步点就是通判！

真是长江后浪推前浪，直接把马适拍死在了沙滩上，你让他心中怎能释怀？

第四，提拔速度快。

史料记载，宋太宗赵光义这次科举考试，不仅录取人数多，起授官职高，而且升职也非常快。

有人做过统计，太宗一朝，官场晋级速度堪比火箭上天，那叫一个快！其中，40 岁就能当上宰相者，竟然有四人之多；30 就能成为枢密使、尚书、节度使者，更是不计其数。

这种情况不仅太祖朝没有出现过，就是放到其他朝代，也绝无仅有，仅此一家。难怪《续资治通鉴长编》就这样写道：宠章殊异，历代所未有也！

这种提拔速度，对于一个王朝而言，真的合适吗？是不是太快了点？

这绝非危言耸听，虽然年轻人聪明、热情、渴望建功立业，没有沾染上各种官场陋习，这是他们的优点；但是，年轻人缺乏阅历，没有工作经验，更抵御不了各种诱惑，一旦把持不在，这些人就会变成神奇的“四变青年”了。

何为“四变青年”？一变急功近利，二变贪功求名，三变投机取巧，四变不择手段！

现在，知道为什么宋朝，出现了那么多历史上赫赫有名的奸臣了吧。例如，蔡确、吴处厚、邢恕、吕惠卿、章敦、曾布、安敦、蔡京、蔡卞（蔡京弟）、蔡攸、蔡翛、赵良嗣、张觉、黄潜善、汪伯彦、秦桧、万俟卨、韩侂胄、丁大全、贾似道，等等。

终其原因，可能就在于此。

当然了，这些都是后话。书归正传，咱们继续聊赵光义的这次科举考试。

总之，太平兴国二年（977 年）的这次科举考试，它不仅在宋朝科举历史上留下了浓郁的一笔，更是成为了中国科举考试的一个标志！

什么标志？

大门洞开，幸福到来；文人的春天，终于实现！

然而，面对这井喷式的扩招，闪电般的用人，所有的大臣们都不干了！而面对这些官员的质疑，赵光义的回答就两个字“弗之”，翻译成白话文就是：不搭理你。

那么，到底是什么原因，让赵光义这样固执己见地玩命扩招呢？

根据史料记载，这次赵光义玩命地扩招，是因为一个人。

救世宰相

史料记载，这个人叫张齐贤。

张齐贤何许人也？答案，一介布衣。

说实话，虽然这个张齐贤是一个无权无势的小人物，但若仔仔细细地研究他的一生，完全可以被他的一生经历所折服。

事实也正是如此。

跟现在的农村苦孩子一样，张齐贤的一生无非就是读书、考试、进城、当公务员，最后位居高位，光宗耀祖，永载史册。

但是，跟这些标准流程的苦孩子不同，张齐贤不仅敢挑战各种困难，而且在没有困难的情况下，他还会制造困难，最终战胜自己制造的困难。

有困难，要上；没有困难，先制造困难，再上！——这句话，就是张齐贤一生的写照。

这到底是怎么回事呢？

话说当年，当宋太祖巡幸洛阳，准备迁都洛阳时，张齐贤以一介布衣的身份，沿街拦马进谏，要求面见太祖皇帝，声称有“治国良策”要进献给赵匡胤。

看见有人拦轿后，赵匡胤非常好奇，就把张齐贤带到了行宫，听听这小子到底要说啥。

史料记载，在这次会谈中，张齐贤以手画地，他一条一条阐述自己的治国良策，包括如何选贤任能，如何富国强兵，如何改革赋税，如何收复北汉，等等。一共说了十条，史称“画地十策”。

等张齐贤详细陈述后，太祖甚是高兴，说你这里面的四条很好，朕很是满意，朕决定录用你了。

请注意，十条当中录用四条，这就是40%的采用率，已经非常高了。要知道，皇帝在日常的办公中，如果采纳了大臣20%的处理意见，就能让大臣受宠若惊、感激流涕了。

然而，就在这个时候，这个张齐贤不知道是怎么想的，他开始给自己制造困难了。

根据《续资治通鉴长编》记载，得知仅仅采纳四条后，张齐贤竟然与太祖争辩了起来，说我这十条都很好，你必须全部采纳，缺一条都不行。

这样的结果，可想而知。

张齐贤这种喋喋不休、固执倔强的态度，彻底惹恼了太祖。赵匡胤下令把这个不知好歹的小子拖出去，连同他那十条国策，也一起扔了出去。

完蛋了，彻底的完蛋了，张齐贤的一生，算是到此为止了。但是，根据史料记载，回到开封城后，赵匡胤高高兴兴地对弟弟说道："我在洛阳找到一个治国能臣，很好很强大，但是我不用，留给你当宰相吧。"

> 我幸西京，惟得一张齐贤，我不欲遂官爵之，汝异时可收以自辅也。
>
> ——《续资治通鉴长编》

等赵光义登基称帝后，他想起了哥哥这句话，准备录用张齐贤。结果，也不知道是主考官理解错了太宗的心思，还是张齐贤没有发挥出自己的水平。太宗一看这个成绩单，张齐贤位列150名以外，说什么也没法录取了。

太宗这个气呀，说我还怎么录用你！然而，虽然皇帝没法改变这个既定的成绩单，但是皇帝却可以使用其他的招数，最后达到自己的目的。

这个招数就是——玩命扩招，破格升级。

因此，太平兴国二年（977年）这一次的科举考试，之所以录取人数多，起步台阶高，升级速度快，都是为了张齐贤。

那么，这个故事到底有多少可信度呢？

四个字形容：真假难辨。

历史中的张齐贤，他绝非那种投机取巧、耍小聪明的政客，他是一个有真才实学，拥有"治国安邦之策"，可以"扶大厦于将倾"的能臣，更是一个救国宰相。这个名称众望所归，且实至名归。

在未来的那场大战中，宋军一败涂地，帝国更是危在旦夕。当时，如果不是张齐贤的临危受命，这个王朝的历史很可能就戛然而止了。

纵观张齐贤一生的表现，这部分的历史记载可能是真的。于是，为了得到这个超级牛人张齐贤，太宗下令扩大录取人数，提高起点官职，加快晋级速度，这个也完全合情合理。

然而，从另一个方面讲，这件事情又有点不对劲。因为这个张齐贤，他是太祖推荐给太宗的，这太牵强附会了，甚至逻辑不通。

第一，虽然太祖对太宗说过“我得到一个贤臣，未来给你当宰相”之类的话，但是这些话可信吗？假设太祖不死，他又活了十几年，难道张齐贤也一直苦苦等待吗？

第二，咱们前面讲过，当年赵匡胤西巡的目的是什么？就是为了不传位给赵光义！那么，在这种背景下，太祖为什么还会说出“你将来可以收为己用，让他当你宰相”之类的话呢？这根本就毫无道理呀！

所以说，赵匡胤之所以说出这番话，这完全是赵光义假借哥哥之口，证明自己的皇位合情合理罢了。当然了，这样的故事在《宋史》里多如牛毛，根本数不过来。

可见，为了一个张齐贤，赵光义就开科了一场疯狂的考试，这个虽然有可能，但绝不是根本原因。

作为一个国家的最高统治者，仅仅因为一个毫不相干的人、一个仅仅献过“画地十策”的人，就去变更一项重要的国家制度，这根本就说不过去！

因此，如果没有其他原因的话，太宗是绝对不会大刀阔斧地改革制度的。

那么，让赵光义这样大刀阔斧地改革，到底是一个什么原因呢？

录取的真正原因

赵光义改革的原因，一共有三条。

原因一，国家需要，必须扩招。

咱们都知道，宋朝篡夺了前朝的江山，赵匡胤更是全盘接受了后周的官员。因此在这种情况下，宋朝并不缺少官员，所以太祖也没有进行大规模的录用。

然而，伴随着宋朝不断地统一天下，兼并的割据政权越来越多，官员数量不足的问题就凸显出来了。

看看这张兼并天下的数据表吧：

建隆四年（963 年），宋灭荆南，得 3 州；同年（963 年），宋灭湖南，得 14 州；乾德三年（965 年），宋灭后蜀，得 46 个州；开宝四年（971 年），宋灭南汉，得 60 州；开宝九年（976 年），宋灭南唐，得 19 州。

根据《宋史·地理志》记载，在灭掉上述政权后，到宋太祖末年，宋朝共有 297 个州，1086 个县，而太祖一朝一共录取了 188 个官员，平均每州不到一人。因此，太宗登基即位的时候，全国的官员根本不够，边疆的官吏更是严重缺乏。

所以太宗皇帝玩命扩招，是由当时的现状所决定，这并不是什么草率之举。

人员缺乏，是赵光义玩命扩招的第一个原因。

原因二，兴文抑武，文人治国。

咱们都知道，赵匡胤在建立宋朝后，他使用了杯酒释兵权、调地方精壮部队入京、实习更戍法、完善枢密院等政策。这些政策虽降低了武人的地位，抬高了文人的地位，但是统一天下的战争还没有结束，所以太祖还是需要武人，因此在选拔人才时，宋太祖还是以武将为主。

有一个例子，就能很好地反映太祖对人才的选拔标准。

话说开宝八年（975 年），赵匡胤在殿试的时候，他告诉这些举子们："我出三道题，你们谁先答完，且没有错误，谁就是金科状元。"结果呢，有两个举人同时交卷，内容也完全正确。

由此胜负难定，无法区分两人名次。

要知道，这种事情如果放到别的朝代，大不了重考一次，或者让他们并列冠军，这都是可以的。然而，赵匡胤是怎么解决的呢？

根据《王照新志》记载，赵匡胤下令：你们两人打一架，谁赢了，谁就是金科状元！

大家好好地想象一下吧：堂堂大宋王朝神圣不可侵犯的金銮宝殿，就在赵匡胤的这道圣旨下，瞬间变成了殊死肉搏的擂台了，真是让人看得瞠目结舌。

纵观中国五千年历史，真是闻所未闻，见所未见也。

后来，王嗣宗最终胜出，他也成为了中国历史上最神奇无比的一个状元。

这个故事充分反映了宋太祖对文人的态度，虽重文轻武，但还是希望武力占优，所以说，文人的春天，还远未到来。但是，等到了太宗时期，太宗进行了井喷式的扩招，基本上把全国的官员换了一次血，并把这些“武力尚存”的官员，全部替换了一遍。

至此，全国上下，由中央到地方，由地方到边疆，文人完全取代了武人，他们不仅向世人宣布了一个“兴文教，抑武事”的思想，更开创了一个文治的时代！

这，就是赵光义玩命扩招的第二个原因。当然了，下面这个原因，才是赵光义井喷式录用人才的根本原因。

第三个原因，培养亲信，笼络人心。

宋太宗这样大张旗鼓地扩大科举考试规模，除了录用更多的文人外，还有一个非常直白的目的——收买人心。

事实也正是如此。

通过这次科举考试，赵光义开始了对宋朝的改造，他要让每一个人都高喊自己的名字，永远对自己感恩戴德，并从内心深处去掉太祖时期的阴影，且在这个国家的每一个角落，永久烙上只属于自己的印记。

除此之外，为了让读书人继续对自己感恩戴德，赵光义还下令，以后每次考中的进士们，都要从东华门雄赳赳、气昂昂地走出去，并以唱名的方式昭告天下，以显示皇恩浩荡，重文轻武、荣耀文士，并由此成例。

至此，宋朝文人们的春天，终于隆重来临；武人们寒冷的冬天，也就此开始。

这样真的好吗？

几十年后，当帝王的勋章、战士的胸膛，根本比不过文人一篇臭文章时；当宋朝一代臭嘴韩琦，对一代名将狄青叫嚣“东华门外，以状元唱出者，才是好男儿”时；我真的不知道，当时的那种局面，是好还是坏。

历史自有定论。

第五章 帝王的手段

太平兴国

开宝九年（976 年）十月二十一日，宋太宗赵光义正式登基即位，两个月后的十二月二十二日，赵光义就换了一个新的年号，改元为太平兴国元年。

虽然在现代人的眼中，改元这种事情，无非就是换一个年号，相当于公司换一个招牌，重新开张而已。因此，这就是一件微不足道的小事。然而，在古代改元可是一件极其重要的事情，它更具有重大的政治意义和象征意义，绝不可马虎而行。

按照古代的惯例，如果新的皇帝不是用非常手段夺取帝位的，他都要遵守前一任原有的年号，直到第二年才能改元称帝。

这可是中国古代的一条立国之策，未来以外族身份征服中原的清朝爱新觉罗家族，他们也规规矩矩地遵守着这个规矩，给崇祯皇帝守了一年孝。就连那位中国历史上著名的“干掉老爹、诛杀大哥”的隋炀帝杨广，也没有胆量破这个例。

可见，如果照这个惯例说下去，这位还只剩下八天就能过了这个年关，届时就可以名正言顺改元称帝的赵光义，他为什么要这样迫不及待地改元呢？

赵光义难道连八天时间都等不及了吗？还是说，这里面有什么不可告人的秘密呢？

纵观中国的历史，越是心里有鬼的皇帝，越是想名正言顺地做皇帝，换年号就越勤奋，也最迫不及待。

比如，中国历史上换年号最勤奋的皇帝，即那位唯一的女皇武则天，她在位 16 年，总共换了 17 个年号！

那么，宋太宗的这次改元事件，到底跟武则天是不是一个性质呢？

是？还是不是？还请您自己定夺。

对于宋太宗不遵循旧例改元这件事情，南宋名臣，著名的文学家、史学家洪迈，他这样解释道：

意当时星辰历象，考卜兆祥，必有其说，而国史传记皆失传。

——《容斋续笔》卷第十

这段话的意思是说：

太宗之所以选择改元，是因为当年十二月二十二日那天是一个好日子。至于怎么好，文献上没写，我也不知道，总之就是非常好！

对于这种解释，基本上可以用“胡搅蛮缠”四个字来形容了。

对比这位黔驴技穷的史学大师，南宋的另外一位大师朱熹对于这件事情的评价，又会是一个什么样子呢？

这是开国之初，一时人材粗疏，理会不得。当时艺祖所以立得许多事，也未有许多秀才说话牵制他。到这般处，又忒欠得几个秀才说话。

——《朱子语类》卷一百二十七

这段话的意思是说：

开国时期，人才水平不高，没有人懂这档子事，即使有几个秀才知道这件事情，他们也不敢进言。以至于到了现在，没有一个人说得明白了。

那么，他们为什么不敢进言呢？

这还用问吗？

可见，朱熹不愧为一代圣贤，他太清楚太宗皇帝的所作所为了，所谓的改元，不过是太宗皇帝的一个借口而已，赵光义的真正意图只有一个：迅速摆脱哥哥的影响，开创一个只属于自己的新时代。

简单来讲，赵光义的目的就八个字：全面接手，去太祖化。

下面的这两个例子，可以充分说明赵光义去太祖化的动力和决心。

第一件事情：改名。

咱们都知道，古代君主如果想要改朝换代，最典型的标志就是改年号、改名字、改旗帜、改都号、改官名。在这个方面，上到三皇五帝，下到乱臣贼子，他们都是此道的忠实拥护者，当然也包括这位赵光义。

首先，为了达到自己的目的，赵光义下令：帝国所有的人名、官名、州县名，都要以避讳的名义改名。

避什么讳？改什么名？你们千万别忘了，老子现在是大宋天子，我的名字叫作——赵、光、义！

因此，所有带“光”和“义”的东西，都要统统改名！

在这种背景下：人名方面，太宗的弟弟改名为赵廷美；宋军大将李光睿改名为李克睿；宰相沈义伦改名为沈伦；节度使刘光义改名为刘延训；节度使祁延义改名为祁延训。地方方面，十二个带“义、光”字的州县全部改名，驻军名称也全部更改，如彰义军改名为彰化军，义成军改名为武成军，等等。

总之一句话，帝国的臣民们，大家放声高歌一曲吧，以后你们的生活，不是走“光”，就是无“义”了，大家好好地感恩戴德吧。

这叫什么事！

这里多说一句，古代皇权至高无上，因此让老百姓避讳，就是为了体现对皇帝的一种敬意，这也是无可厚非的事情。但是，也不是每个皇帝都这么喜欢劳民伤财的。

比如，那位乾隆皇帝，他认为自己的儿子叫“永”，这个字太常见了，这要是避讳起来，不定出多少乱子呢。所以到了最后，乾隆皇帝就把皇太子“永琰”这个名字，改写成了“颙琰”，也就是未来的嘉庆帝。

可见，对于一个皇帝的评价，公道自在人心。

其次，为了维护自己的权力，等改完了这些名字后，赵光义连自己的名字也改了。

根据史料记载，宋太宗本名为赵匡义。赵光义这个名字，就是为了避讳太祖的名字而起的。

为了“去太祖化”而到处改名的赵光义惊讶地发现，原来自己的这个名字，就是太祖时代最大的“阴影”。于是，为了彻底摆脱太祖时代的深深烙印，赵光义毅然决然地改了自己的名字，从此改名为——赵炅。

“炅”这个字非常棒，它上面是一个“日”，下面是一个“火”，取“日下之火，光辉万丈”之意。因此，赵光义很是满意，这个名字，也成为了他摆脱太祖影子的最好证明。

可惜的是，直到今日，我们依旧叫他赵光义，而彻底忘记了他这个名字。

不得不说，这真是赵光义一生的悲哀。

当然，对于赵光义而言，如果想重新塑造一个新皇帝，改名是远远不够的，必须要“拨乱反正”哥哥当年的一些错误政策，赦免那些有罪之人，让这些人对自己感恩戴德，才能建立自己的功绩。

这就是赵光义去太祖化的第二件事情：赦免。

这里所谓的“赦免”，虽然字面解释跟咱们理解的一样，但是帝王之术的“赦免”，却完全不是一个道理，这里面可孕育了极其深刻的政治意义。

简单来说吧，凡是敌人拥护的，我们就要反对；凡是敌人反对的，我们就要拥护。且为了这个目的，太宗皇帝甚至不惜姑息养奸，放弃一些基本原则。

案例一，太祖罢免的官员，我却要重用。

当时，为了方便运输食盐，太祖分别在川路、峡路两处设立转运使，让他们通力合作。结果呢，这两个转运使互相看谁都不顺眼，他们只会互相拆台，导致西川居民全都断了盐，让当地百姓叫苦不迭。

太祖对此气得咬牙切齿，他下令把这两个转运使押解到京城，老子要亲自砸了他们的大门牙！后来，这两个转运使刚刚被押入囚车，太祖就离奇逝世，这起案件也就没有下文了。

宋太宗登基后，对于哥哥定下的这个案子，他没有一丝一毫的犹豫，就赦免了这两个转运使，让他们继续回去运输食盐了。

案例二，太祖重用的官员，我却要罢免。

根据史料记载，在入住哥哥的万岁殿后，赵光义在整理老哥遗物的时候，他偶然发现了一个精致的小盒，里面放着一本包装精美的小册子。

一看见收藏如此隐秘，且装饰这样精良的书籍，赵光义以为这是啥重要祖训什么的，结果他打开这么一看，差点看得七窍流血。

原来，这是一本讲述生理卫生的限制级图书！

此外，这本书的作者还非常高调。但见这本书的封面上，赫然醒目地写着五个大字——臣孔承恭著。

这一下子，太宗这个恨呀，他以用词不当，传播淫秽黄色书籍为由，就送给了孔承恭一个字：滚。

当然了，没过多久，太宗就又找了一个借口，让孔承恭偷偷摸摸地官复原职了。

以上是赵光义为了尽快摆脱太祖的影响，建立自己的绝对权威，不惜进行的一系列“改名、赦免”事件，真可谓无所不用其极。

为了这个目的，赵光义不仅颠倒黑白、本末倒置、混淆是非，他甚至还运用不寻常的手段，哪怕是故意杀人！

这，又是怎么回事呢？

天子闹剧，贼喊抓贼

宋朝的都城开封城，是当时世界上最繁华的城市。

在这座雄伟的城市中，男人们“相聚游戏，悲歌慷慨”，女人们则“弹弦跕屣，鼓琴瑟，游媚富贵”。在这里，靡靡之音与娱乐活动比比皆是，到处都是一派灯红酒绿、霓虹闪烁的气象。

这么一座繁荣昌盛的城市，肯定会吸引各种社会人士前往。上到达官显宦，下到地痞无赖，那真是三教九流，诸色人等，无一不有。这么多形形色色的人居住在一起，各种社会矛盾就无法避免。

根据《铁围山丛谈》记载，当时的开封城内，就发生了这么一件稀奇古怪的事情：

话说某一天，开封城内的某家店铺门前，一个乞丐没有得到店主人的赏赐。结果这个乞丐做无赖相，他堵在店门口破口大骂，骂得这叫一个爽！

乞丐骂得精彩，听众自然就多；听众越多，乞丐骂得就越给力。最后店主人急眼了，这么一尊瘟神堵在门口，我还怎么做生意？

于是，为了打发走这个瘟神，店主人玩命道歉赔不是。然而，店主人越道歉服软，这个乞丐就越得寸进尺。到了最后，这个乞丐挑明了告诉店主人："要我闭嘴可以，但你给的东西要合我心意，而且数量要大大的！"

这一下子，群情激愤！你个小小的乞丐，也敢这么得意！于是，大家矛头一转，开始痛骂起这个乞丐了。然而，乞丐就是乞丐，反正一无所有，光脚的不怕穿鞋的。骂他的人越多，他回击得越厉害，在场听众的所有祖宗十八代，都被这个乞丐骂了一遍。

这时，但见人群中突然蹿出一个持刀者，这个人以迅雷不及掩耳之势，照着这个乞丐的心窝就是一击……

乞丐永远闭嘴了，人群却彻底慌了，这个杀人者也扔下凶器，逃之夭夭了。

虽然这个乞丐该死，这件事情也大快人心，但是这件事情也没法隐瞒了。

这个原因很简单，天子脚下，皇城根前，居然有人光天化日之下故意杀人，还有这么多的目击证人，这让开封府尹情何以堪？于是，赵廷美不敢隐瞒这件事情，他只能如实上奏给了哥哥赵光义。

然而，赵光义的表现，却完全出乎了这个新任开封府尹的预料。

按照赵廷美的定义，帝国有那么多的事情等着哥哥去处理，死的又是一个嘴欠且无权无势的乞丐，哥哥还能怎么样？然而，得知此事后，赵光义勃然大怒，他甚至威胁地说道："岂有此理！大白天就敢在京城故意杀人，这是五代时期留下来的陋习，今天岂能姑息养奸、不闻不问？尔等立刻给我严查，抓不到凶手，你们给这个乞丐赔命！"

天子动怒，这件事情就算是上纲上线了，有关部门哪还敢推诿怠慢？在大家全力办案下，这起案件很快就水落石出了。

作案凶手：店主人。

作案动机：被乞丐骂急了，气不过。

作案工具：一把普通的刀。

作案结果：杀人偿命。

以上判决，由大宋开封府尹赵廷美审理，本案已复核终结，维持原判，上述被告人犯罪事实成立，剥夺政治权利终身，立刻执行死刑。

得知这个结果后，太宗皇帝大喜过望地说道："爱卿能如此办案，真合朕的心意。只不过，人命关天，你们最好复审一遍，千万别冤枉了好人。对了，记得下次来的时候，把凶器一块儿带来。"

当然了，对于宋太宗的这番"意味深长"的话，这些官员压根就没听进去。

几天后，这些官员就带来了复审后的供词以及那把作案行凶的刀。最后，他们再次告诉赵光义：人赃俱在，此案已了结。

对于这么一个"清楚明了"的案件，赵光义却再次不怀好意地问道："复查清楚了？"

办案官员回答道："回皇上，复查清楚了！"

赵光义："真的复查清楚了？"

办案官员："是的！"

好吧，既然你们还执迷不悟，那就莫怪我手下无情了！但见赵光义对一个太监大喊道："取吾刀鞘来！"

就这样，在这些办案官员众目睽睽下，小太监拿来了一把刀鞘，赵光义把"杀人刀"拿了起来，咔嚓一声，直接插入了这个刀鞘内，严丝合缝、分毫不差。

这一下子，这些办案官员看得目瞪口呆，赵光义则痛骂道："这样办案，怎么能够不冤枉好人？"说完，赵光义拂袖而去。

至此，这些官员才彻底明白了，这场杀人案件，完全是这位皇帝一手炮制的闹剧！

原来，在这起杀人案件中，这位皇帝是这样"导演"的：他先是派人去杀人，随后下令有关部门去破案，再随后叮嘱有关部门认真复审，最后再戳穿这些办案人员屈打成招、草菅人命的把戏！甚至可以说，那个遇刺身亡的乞丐，就是赵光义亲自找的主要演员！

那么，赵光义为什么要干这些事情呢？

一举多得。

首先，太宗可以明白无误地告诉手下的那些官员：我的眼睛是雪亮的，你们那点小伎俩，我是清清楚楚的，以后谁也不许跟我耍花招！

其次，发出信号，给所有的人提个醒，如今时代变了，我已经不再是那个好糊弄的晋王了，如今的我，是天下之主，全都要给我摆正了心态，别再给我整出这种冤假错案。

最后，赵光义还要通过这件事情，好好地震慑一下自己的弟弟——赵廷美。

赵廷美何官职也？他是开封府新一代的掌门人！当然了，咱们也都知道，宋太宗登基称帝后，为了证明自己不是篡权，以及有“金匮之盟”这个约定，他很快就提拔了自己的弟弟，让他坐上了开封府尹这个位子。

然而，虽然赵廷美自己觉得“挺美”，但是铁的事实证明，这只不过是赵光义的权宜之计，他压根就没打算传位给自己的弟弟。在不久的将来，他就找了一个由头，就把这个弟弟干掉了。当然了，这些都是后话。

书归正传，在这起杀人案件中，赵光义之所以选择故意杀人，就是为了给赵廷美一个提醒，甚至是一个警告：“别看你在开封府闹得欢，但你得小心办案。再这么稀里糊涂地办案，别怪哥没给你打预防针……”

可见，用一个乞丐的命，赵光义就能换来这么多好处，简直就是妙不可言！然而，要整顿官吏，贯彻“罚上立威”这一基本原则，单凭弄死一个区区的乞丐，还远远不够。宋太宗必须找一个大官下手，才能彻底威震天下。

杀鸡儆猴

对于新领导赵光义而言，他该拿哪个有分量的大官开刀，来达到“杀鸡儆猴”的目的呢？

这个倒霉的大官，他的名字叫作王继勋。

根据史料记载，王继勋是宋太祖赵匡胤孝明王皇后的弟弟，是货真价实的皇亲国戚。当然了，像这种皇亲国戚，无非就两种表现：

第一种是特狂妄、特嚣张，另一种则是特低调、特谦虚。

不幸的是，王继勋正好属于第一种，飞扬拨扈、嚣张无比。

未来的岁月里，在这位“花花太岁”王继勋身上，发生了太多的故事。在王继勋这些“光辉”的履历里，有四件事情需要表述一番。

第一件事情，策动禁军内讧群殴。

根据史料记载，王继勋依仗自己国舅爷的身份，天天仗势欺人、欺辱将士，以至于禁军将领们都躲他远远的，生怕招惹上这个瘟神。然而，有一个禁军将领却不吃这一套。

这个人叫作马仁瑀。

在当时，马仁瑀跟王继勋在同一个部门任职，他们其中的一个是龙捷左厢都指挥使，另一个是龙捷右厢都指挥使。正所谓“抬头不见低头见”，要处理好这两个人的关系，就成为了一个老大难的问题。

由于看不惯王继勋的做派，马仁瑀好几次都想抡胳膊、挽袖子揍他，但一到这个时候，王继勋就赶紧认输，乖乖认怂。

当然了，怂归怂，这个恩怨算是彻底结下来了。

有一次，赵匡胤下令：在开封城外举行一次军事演习，借此好好地练练兵。得知这个消息后，王继勋觉得报仇的机会来了，于是，他命令士兵购买大量的棍棒，准备在演习的时候，狠狠地揍马仁瑀一顿。

由于保密工作没有做好，王继勋刚刚开始收购棍棒，马仁瑀那边就得到消息了。于是，为了防止王继勋对付自己，马仁瑀也命人收购各种棍棒，准备来场群殴。

后来，由于这两个人的动静太大，导致开封城里的棍棒都供不应求了。他们的所作所为，终于被赵匡胤知道了。

听说有这么一件事情后，赵匡胤气得浑身冒烟，说在这众目睽睽之下，两位朝廷重臣就要上演“全武行”了，这还了得！于是，赵匡胤果断地取消了这次军演，并把他们狠狠地骂了一顿。

当然了，骂归骂，为了自己的皇后，赵匡胤还是要护护“犊子”的。到了最后，赵匡胤把马仁瑀轰出了朝廷，但是对这个不成器的小舅子，却没有一丝一毫的惩罚。

第二件事情，纵容士兵抢劫女子。

乾德三年（965 年），四川爆发了一场大规模的叛乱，战火迅速弥漫了十七个州县。为了平叛，赵匡胤让王继勋招兵买马，准备西征。

在招募兵马前，赵匡胤语重心长地嘱咐道：“此次招募的士兵，都是要去巴蜀之地远征的，他们的前途未卜，很可能就有去无回了。因此，朕特别优待他们，如果这些士兵有心仪对象，且两情相悦（记住这一点），因为没钱无法迎娶的，他们不需要准备聘礼，只需要准备酒肉就行。”

可见，不需要花费昂贵的聘礼，就能奉旨用酒肉“换取”一个黄花大闺女，对于那些贫穷且想成家立业的士兵而言，赵匡胤的这条政策确实不错。然而，不知道是怎么搞的，王继勋完全领会错了赵匡胤的这条政策。

史书记载，王继勋告诉这些士兵：“皇帝特别下旨，只要你们看上的女子，都可以用酒肉去换！”

结果可想而知，开封城内立刻乱翻了天！满大街都是四处逃难的百姓，以及各种“奉旨”强抢民女的皇家禁军。

可想而知，赵匡胤在得知这件事情后，他气得语无伦次、七窍生烟。为了平息这场动乱，愤怒的太祖下令斩杀了数百人，开封城这才平定下来。

数百人是一个什么概念？赵匡胤夺取天下的时候，除了倒霉的韩通一家外，总共也没死几个人。而这一次，拜这个王继勋所赐，太祖一口气就杀了这么多人，这让赵匡胤情何以堪？但是，由于孝明王皇后刚刚去世，太祖追念自己的爱人，他还是没有治王继勋的罪。

死罪可免，活罪难逃。经过这件事情后，太祖下令罢免了王继勋的官职，让他回家闭门思过去了。然而，赵匡胤根本没有想到，即使下岗回家了，这个小舅子也没有任何收敛，他反而愈演愈烈，甚至酝酿出了一起人间惨案。

这，就是王继勋干的第三件事情，脔割奴隶为乐。

诛杀王继勋

王继勋下岗回家后，他没事可做，必须找一个爱好打发时间。

史料记载，为了打发时间，王继勋就切割奴隶身上的肉，把他们身上的肉一块一块地割下来，看这些奴隶痛苦的表情，听他们哀号的声音，并以此为乐。

后来，这些奴隶实在不堪忍受，在一个下大雨的夜里，他们集体逃跑了。这些奴隶跑到皇宫门口，去告御状了。

得知此事后，宋太祖大吃一惊，说我这个小舅子，还能干出这种惨绝人寰的事情，这还让我怎么罩着你！于是，赵匡胤也不念旧情了，他立刻颁布诏书：削其爵位，勒归私邸，发配登州，永世不得进京。

然而，太祖赵匡胤毕竟是一个念旧情的人，别看这个判决书挺厉害，这件事情最终还是“雷声大，雨点小”了。

史料记载，王继勋还没有到登州，赵匡胤就收回成命，把他轰到了宋朝的西京（今河南洛阳），让王继勋去那里闭门思过，当一个右监门率府副率去了。

当然了，赵匡胤根本想不到，就跟吸毒的人还得复吸一样，没过多久，王继勋又上演了一场惨绝人寰的人间大悲剧！

这，就是王继勋干的第四件事情：舌尖上的洛阳城。

自从到了西京后，王继勋惊讶地发现，从此天高皇帝远，姐夫再也管不了我了，老子还不尽情干！

史料记载，在西京期间，王继勋变得比京城时还要残暴不仁，他掠夺当地百姓供其差遣，稍不如意，就把他们全部吃掉。

对！就是全部吃掉！大快朵颐后，王继勋把他们的尸体装进小棺材里，扔到荒郊野外，供给那些虎豹豺狼“二次消费”。

后来，由于王继勋吃的人太多了，以至于当地产生了一条神奇的产业链：人贩子卖人→王继勋吃人→卖棺材的上门收人。所有人都乐此不疲，以至于很多的人贩子和卖棺材的都发了一笔不义之财。

最后，拜这个“吃人魔王”所赐，西京洛阳民心尽丧，好多人宁愿背井离乡，也不愿意在此地多待上一天。

看见自己管辖的区域内流民四起、百姓苦不堪言后，洛阳的各级官员就不干了，他们联名上书弹劾王继勋。

然而，虽然太祖是一个明事理的好皇帝，但是因为孝明皇后这层关系，赵匡胤居然任由王继勋胡作非为，让他每天吃得不亦乐乎、逍遥自在。

这叫什么事！

然而，等到了开宝九年（976 年）后，皇帝变了，时代变了，王继勋的好日子，也该变一变了。

根据《续资治通鉴长编》记载，赵光义还在当开封府尹的时候，他就想收拾这个王继勋了，只是碍于自己哥哥的面子，赵光义才一直没有动手。现在好了，老哥没了，你的保护伞也消失了，老子再不收拾你，更待何时！

除此之外，收拾这个王继勋，太宗更能向世人表达两个意思，并强化自己的绝对权威。

第一个意思，王继勋是太祖的亲人，太祖“恩宠有加”，但这跟我无关！

第二个意思，王继勋是皇亲国戚，那又怎么样？他犯了罪，老子一样秉公办理，照样办！

总之一句话，以后谁再敢嚣张，自己看着办！

这，就是赵光义杀一儆百的目的。在太宗最迫不及待、需要扬名立万的时候，这个王继勋的确是一个合适的人选，也活该他最终玩完了。

史料记载，太宗皇帝刚刚登基，他就派人把王继勋缉捕归案了，而且还查明，从王继勋在西京任职开始，短短四年之内，他共斩杀、食用了127人。

罪证确凿后，太宗下令把王继勋斩首示众，并游街三天。结果，由于他恶名远扬，他刚被斩杀，大家就冲过来争抢他的尸体，分食他的肉身，最后王继勋连块骨头都没有了（骸骨无一存）。

自古以来，多行不义必自毙，王继勋是咎由自取、罪有应得，这才应该是他最终的结局。

虽然赵光义斩杀了这个吃人魔王，既大快人心，也增加了自己的威望，但是，要震慑天下，达到唯我独尊的目的，光凭这件事情还远远不够，赵光义还必须找一个“超级大官”开刀，这样才能达到自己想要的目的。

那么，这个“超级大官”是谁呢？

还记得中国那千古不变的唯一准则吗？一朝天子一朝臣，只要新皇帝掌握实权，第一个倒霉的人，就是旧皇帝的第一红人。

亲爱的两朝元老、大宋第一重臣、当朝首席宰相赵普，您准备好了吗？我来了……

第六章 大宋第一宰相——赵普

宋初三人行

开宝九年（976 年）十月二十一日，赵光义接替了哥哥的衣钵，他在万岁殿登基称帝。当然了，不管是自欺欺人也好，还是自我安慰也罢，总之得到了这个皇位，这才是硬道理！然而，不管赵光义如何处理自己继位的合法问题，他也要处理好另外一个问题：

如何论功行赏，排除异己，完成一朝天子一朝臣的伟大壮举。

咱们都知道，不管是一个国家，还是一个公司，在换了一个领导人后，如何处理新领导和元老旧臣之间的关系，这都是一个老大难的问题。

毕竟，这些人手持公司大量的股份，要是不由分说地把他们一脚踢开，这倒是不好收场了。何况这个旧臣，他还是一个两朝元老，是赵光义的老大哥——赵普。

根据史料记载，赵普与赵匡胤一家亲密无间的关系，可以追溯到后周显德三年（956 年）。当时，周世宗为了完成自己的统一大业，率军讨伐南唐，而在这次军事行动中，赵匡胤也一举攻陷了滁州城。

在攻陷了滁州城后，赵普以军事判官的身份来到了赵匡胤的身边，从此开启了这对“黄金搭档”为期十几年的军政之旅。

后来，赵匡胤的父亲在滁州养病，赵匡胤想照顾重病的父亲，却又要带兵打仗，在赵匡胤君命难违、父命难舍的情况下，赵普第一时间站了出来，他信誓旦旦地对赵匡胤说道：“将军，战事要紧，请把令尊交给我，您就放心地走吧……”

赵匡胤听从了赵普的建议，在对这位长兄深深地拜谢后，赵匡胤就率军出征了。这之后，赵普尽心尽力地伺候赵老爷子。

可惜的是，虽然赵普尽心照顾、朝夕侍奉，但是赵老爷子最终还是病逝了。

虽然父亲走了，但是赵普替赵匡胤尽到了作儿子的孝道，所以赵匡胤很感激赵普，由于他们都姓赵，赵匡胤就待赵普一族为宗室，称赵普的妻子为嫂子，赵家人也没有把赵普当外人，杜太后更是把赵普当成了自己的干儿子。

可见，赵普与赵匡胤之间的关系，是彼此信任、亲密无间的。那么，赵普与赵光义之间的关系，又会是什么样呢？

两件事情，就能反映赵光义与赵普之间的关系了。

第一件事情，出门形影不离。

根据《续资治通鉴长编》记载，赵光义每次出门的时候，他的母亲杜太后都会谆谆教导道：“一定要赵书记陪行。”对于这个建议，赵光义从来不敢违背，且始终执行。

光义每出，辄戒之曰：必与赵书记偕行乃可。仍刻景以待其归，光义不敢违。

从这里就可以看出，赵家人根本没把赵普当外人，赵普在赵家也很受尊重。这也说明了，赵普与赵光义关系非常好，他们形影不离，交往也非常紧密。

第二件事情，携手抗敌。

建隆元年（960年）五月，李筠宣布叛乱。同一时间，太祖宣布御驾亲征，率军讨伐这个反贼。

在出征前，赵普想随太祖一起出征，想通过出征建立一些战功。但是，赵普毕竟是一个文臣，这些话他不好说，因此赵普找到了赵光义，希望这个弟弟能够代劳，帮老大哥一把。

知道了老大哥的请求后，赵光义二话不说，他也没有任何的顾忌和避讳，就这样直接跟太祖请示报告了。

听完这番话后，赵匡胤笑着回答道："赵普是一介文弱书生，恐怕连穿甲胄都费劲，还是老老实实在家待着吧。"

后来，赵匡胤想了想，他又对赵光义说道："此次出征，我要是胜利了，就什么都不说了。万一我要是失败了，你就命令赵普驻守河阳，再做打算。"

再后来，当太祖凯旋后，赵匡胤赏赐众将，他特意说道："赵普虽然没有出征，但有征讨的功勋，应格外赏赐。"于是，赵匡胤提拔赵普为枢密副使，而举荐之人弟弟赵光义，他也得到了相应的赏赐。

可见，至少在那个时候，赵匡胤还是非常信任赵普和赵光义的，而通过这件事情，我们也能知道他们之间的关系了。

于是，在大宋朝建国的过程中，我们频繁能够看见赵匡胤、赵光义、赵普这三个人的身影，到了最后，他们俨然组成了一个关系紧密的"铁三角"，不仅关系硬，还很铁。

从那以后，但凡宋朝的重大国策，都会有这"铁三角"闪烁的身影，如那场改朝换代的"陈桥兵变"，那场平息叛乱的"二李之祸（李筠、李重进）"，那场收回权力的"杯酒释兵权"，以及那个历史上大名鼎鼎的"雪夜定策"，都是出自这个小集团之手！

当然了，在这个小集团里，赵光义到底是一个陪吃陪喝的小角色，还是一个豪气冲天的天下英雄，我们不得而知。毕竟在这位皇帝的多次篡改下，真正的历史已经面目全非了，估计连赵光义自己都说不清楚了。

我们唯一知道的是，至少在宋初这段时间里，这个"铁三角"还是非常紧密无间且合作密切的。

但是，再坚硬的钢铁，也禁不住时间的磨炼，这个"铁三角"没有持续多久，他们就分道扬镳了，而且在未来的岁月里，他们最终分裂成了两大明争暗斗的政治集团，并且殊死肉搏，誓要对方的项上人头。

分道扬镳

在历史的记载中，为了各自的面子问题，不会光明正大地记载赵光义与赵普分裂的原因。但是，通过一些蛛丝马迹，还是能够发现他们决裂的原因。

第一件事情，乾德四年（966 年）的冯瓒案件。

在这一年中，由于赵匡胤那个“自作孽”的决定，导致平定后蜀的军队在四川闹翻了天，这些人日夜抢劫财物、鱼肉百姓，把四川搞得民不聊生。最后，蜀地十七个州联合造反，且根本停不下来。

在这种情况下，太祖赵匡胤决定派一个精明能干的官员去稳定和治理四川。这个被派遣的官员，就是枢密直学士、右谏议大夫——冯瓒。

那么，为什么要重用这个人呢？

原来，太祖曾经对赵普说道：“冯瓒这个人，当世罕有，真奇人也。”听完这句话后，赵普立刻附和道：“您说的对，所以我们要重用他，立刻给他加官。”

就这样，当四川发生大规模的叛乱后，赵普毫不犹豫，立刻撺掇赵匡胤给冯瓒加官晋爵，并把他轰到了四川，去收拾那个烂摊子去了。

现在知道赵普为什么“夸奖”冯瓒了吧。这，就是传说中整人的最高境界——先夸后骂，玩死你没商量。

为了自己的荣华富贵，您这个潜在对手的“真奇人”，还是滚得远远的吧。

对于冯瓒而言，平白无故收到这么一个烂摊子，让他如何是好？然而，这仅仅是一个开始。

当冯瓒上任一年后，突然有一天，京城来了一个告密的官员，他状告冯瓒贪污受贿，结交朝廷近臣。

这一下子，事情彻底炸锅了！

纵观中国历史，一个官员不可能一生不犯错。但是，在统治者眼中，国家有那么几根“高压线”的。大臣们可以犯错，但绝对不能碰这个玩意儿，一触必死。

在这些“高压线”中，擅自入京算一个，收买士卒算一个，结交朝廷近臣更算一个。

为什么？因为这些行动隐含着一个意思——图谋不轨。而一旦被定性，那就只剩一个结果了——杀你全家！

于是，赵匡胤高度重视这件事情，他马上把冯瓒召回了京城，让他跟这个告密的官员当场对质。

史书记载，这场对质的结果是什么呢？公说公有理，婆说婆有理，告密官员没法证明冯瓒贪污受贿，冯瓒也没法证明自己清正廉洁。最后，因为缺乏足够的证据，太祖就判冯瓒获胜，他也就被无罪释放了。

您看，这个案件到此为止了，赵匡胤的下一步行动，就该惩罚这个诬告冯瓒的官员了。但是，就在这个时候，一直在旁边事不关己高高挂起的赵普，他突然卷了进来，并开始热衷地查办此案了。

正所谓“老将出马，一个顶俩”，赵普出手，果然非同凡响，一拿一个准。

没过多久，赵普就从冯瓒的包裹里找到了证据，这是一些准备送进京城的金银珠宝，还有一条昂贵的金带。收件人也找到了，这是一个叫作刘嶅的官员。

人证、物证俱在，太祖下令罢免了冯瓒的官职，把他流放到沙门海岛去养老，准备让其老死在那里。对于刘嶅的处罚，太祖罢免了他的官职，却没有把他发配边疆，而是最终让刘嶅在老家郁郁而终了。

可见，这两个官员算是罪有应得了，这个案件也该完结了吧？

非也，这个案件的蹊跷之处，现在才刚刚开始。

首先，根据《宋史·冯瓒传》记载，这个被削除官籍、发配边疆、永世不得为官的冯瓒，当宋太宗登基称帝后，他却重新走上了仕途之路。对于这么一个触犯了“高压线”却啥事没有的官员而言，这岂不是一件咄咄怪事？

除非这里面，有什么不可告人的秘密。

其次，根据《真宗实录》记载，天禧四年（1020年）四月，刘嶅的母亲居然告了御状，她上表真宗皇帝，说自己儿子曾在晋王府当幕僚，如今三十多年过去了，子孙没有一个出将入仕的，还望皇帝可怜可怜他们，给他们家族个一官半职。

看着新鲜吧，一个“罪证确凿”的贪官污吏，居然上书朝廷要官职，真是古今未有之怪事。然而，令人瞠目结舌的是，真宗皇帝竟然同意了，刘嶅的后代真的得到了官职！

至此，彻底晕菜了吧，可见这起案件背后的真相，要比您想象的还要严重得多。

现在，让我们重新审视一下这个案件，看看这里面的疑点，找出这个案件的真相。

在这起案件中，总共有三个疑点。

第一个疑点，赵匡胤赏罚不公。

在这起案件中，冯瓒是行贿人，而刘嶅是受益者，按理论，刘嶅的罪名应该更重。结果呢，冯瓒被罢官，分配边疆去改造；而刘嶅仅仅是罢官，他什么罪也不用受。这种区别对待的事情，让我们很难理解。

第二个疑点，冯瓒的认罪态度。

刚开始的时候，对于这个告密官员的诬告，冯瓒据理力争，绝不认罪，太祖也认为此事属于诬告。然而，就在这个时候，赵普却找到了决定胜负的证据，随后冯瓒就乖乖认罪了。

殊不知，这个矛盾也正在于此。

回顾一下，从四川往回调人，再到处收集证据，整了这么大一个阵势，都没法判冯瓒的罪。结果赵普一出马，冯瓒就乖乖认罪了。然而，这么多天过去了，如果赵普真有罪证的话，他为什么不早点拿出来？如果是最近才找出来的，那么冯瓒在干什么，他不知道销毁证据吗？

一个号称“当时罕有，真奇人也”的冯瓒，为什么会犯这样低级的错误？一个每天处理无数事情的宰相，为什么会专门咬着这件事情不放呢？一个堂堂的一国之君，为什么会为这件“贪污受贿”的事情抓狂，还留下了这么一个让人匪夷所思的判决呢？

这，根本就让人无法理解！

第三个疑点，这里的“金带”，是个什么东西？

顾名思义，金带就是用金子做的腰带。在等级森严的古代，只有帝王、嫔妃，那些封疆大吏的一品官员，才有资格佩戴。

因此，在这个案件中，这位官级不大、地位不高的刘嶅，他竟然敢收贿金带，不怕招来杀身之祸，最后被满门抄斩、株连九族吗？

或者是说，如果冯瓒行贿的这条金带不是给刘嶅的，那么又是给谁的呢？

现在，看出这起案件的端倪了吧。

别急，等看完了下面这个更加神奇的案件，我再公布答案。

两件奇案，殊途同归

宋开宝四年（971年）十一月，在接连数日强暴雨的作用下，黄河在澶州决口。一时间，沿岸的山东、河南、河北三省全部告急，数十万人无家可归，全部沦为了灾民。

得知黄河泛滥后，赵匡胤勃然大怒，他立刻追究了当地官员的责任，最后判决的结果是：澶州知州杜审肇，知情不报，罢官充军；澶州通判姚恕，治河不利，斩首弃市。

这还不算，姚恕被斩首后，他的尸体还被扔进了泛滥的黄河里，彻底去喂了鱼。

对于赵匡胤的这个判罚，到底是轻，还是重呢？

一个字形容：重。

再补充一句：何止是重，简直是重得不可理喻，甚至毫无道理！

根据《续资治通鉴长编》记载，在北宋168年的时间里，黄河决口不下160次，几乎每年一次。而仅澶州这里，黄河决口就不下十次。因此，要是每次黄河决口后，皇帝都要把官员扔进水里去喂鱼，恐怕治理黄河这件事情，就没有官员再敢去做了。

因此，太祖的这个判罚，何止是重，简直重得匪夷所思、不可理喻！

然而，即使所有的人都知道这是一件冤案，大家也不敢上疏替姚恕求情，且知道这件事情的人，都是有多远躲多远，生怕沾惹上这件事情，最后一起被判刑。

为什么？因为大家都清楚地知道，姚恕虽然罪不至死，但他得罪了一个人，且因为这个原因，他就必死无疑了。

这个姚恕绝对不能得罪却得罪的人，就是赵普。

史料记载，当刘熬下岗回家后，接替他的人，正是这个姚恕。后来，姚恕在这个位置上干得非常好，颇得皇帝欢心，赵匡胤对其也甚是满意。

殊不知，没有一人能够想到——大错，已经铸成。

咱们都知道，有一些员工有一个不好的毛病，一旦被大老板夸奖后，自然就会春风得意，马上骄横了起来。这种人也会飞扬跋扈、目中无人，谁都不会放在眼里了。

说句难听点的，这类人根本不懂职场第一法则——谦虚谨慎。

所以姚恕的厄运到了。

有一次，姚恕去宰相赵普家商量事情，结果很不巧，赵普正在家里大摆筵席，因为高朋满座，赵普就没有第一时间招待姚恕，结果姚恕不高兴了。

说句实在话，赵普是当朝一品宰相，姚恕不过是一个后起之秀，宰相肯出门接待你，这已经是最大的恩赐了，你姚恕就等那么一会儿，又能怎么地。结果，在门口等了一会儿后，姚恕就拂袖而去了。

得知姚恕愤怒离开后，赵普立刻派人去追，追上了还一个劲地道歉。当朝宰相都服软了，姚恕还不顺坡下驴、彻底消停吗？

然而，谁也没有想到，姚恕这个人竟然名不副实，虽然他叫“恕”，但却一点“宽恕之心”都没有。在这大庭广众之下，他拒绝接受宰相的道歉，随后扬长而去。

根据《续资治通鉴长编》记载，姚恕的这种做派，让赵普丢尽了颜面，从此之后，这个梁子就算是彻底结下了。

后面的事情，大家也都能猜出来了。当澶州通判出现空缺后，赵普毫不犹豫就把姚恕轰到了那里，结果两年之后，黄河泛滥决口……

可见，姚恕之死说明了什么？

是这个人咎由自取、自作自受？还是赵普小肚鸡肠、睚眦必报？

虽然从表面上看，这个宰相确实没有能撑船的肚皮。但是，如果结合上面“冯瓒受贿”的案件，这又能说明什么？

说到这里，也许会有人反驳我了，说这两件事情有什么关系？连时间都差那么远，这根本就是两件“风马牛不相及”的事情。

然而，正是这两件“风马牛不相及”的事情，却存在一个必然的联系。

这个联系就是这些人的官职。

在当时，姚恕和刘嶅的官职是——开封府通判。

何为开封府通判？就是赵光义的好亲信、好死党。

对于这两个案件背后的秘密，是不是茅塞顿开了？

因为这两个案件，根本就不是赵匡胤要惩罚冯瓒、刘嶅、姚恕这三个官员，而是赵普有目的、有策略、有针对性的一场政治攻击，而被打击的对象，就是开封府尹赵光义。

自古以来，在清除敌人首脑前，都要先消除掉对方的亲信和帮手，这样才能孤立敌人，最后达到自己的目的。

如果这么想的话，您就会明白了：

冯瓒送的那条金带，压根就不是给刘熬的，这件礼物真正的收件人，其实就是赵光义。后来，由于东窗事发，赵光义只能弃车保帅了，他让刘熬去顶替了自己。所以，多年之后，刘熬的家人才敢去上诉，去真宗那里告御状，且还得到了一官半职。因为从一开始，刘熬就是一只“替罪羊”，他压根就没罪！

至于姚恕，他压根就罪不至死，可惜最终也变成了政治斗争的牺牲品。

通过这两起案件，咱们就能清楚地知道：

那个曾经亲密无间、彼此信任的“铁三角集体”，已经彻底瓦解。从这一刻起，他们至少分裂成为了两个明显的阵营，一个阵营是开封府赵光义集团，另一个则是宰相赵普集团，太祖赵匡胤则游离在这两个集体之间，让他们此消彼长，鹬蚌相争，自己好渔翁得利。

第七章 赵普罢相

“雷”死你没商量

随着时间的推移，赵光义与赵普的战斗不断升级，到了宋朝开宝年间，终于到达了最高点。

现在，让我们通过一张简单的表格，来看一下当年到底发生了什么事情吧。

时间：公元971—973年。

地点：范围非常广，上到三省六部二十四司，下到地方节度使，都有各级官员各为其主、殊死肉搏的场面和身影。

参赛者：赵普、赵光义，以及他们所有的战友和亲信。

裁判员：大宋最高统治者赵匡胤。

起因：争夺更大的权利。

经过：双方都往死里打……

结果：赵普惨败，黯然离京。

对于这个结果……怎么说呢？如果说，当赵普被赶出京城后，他才知道自己彻底失败的话，那么，这就太鄙视这位大宋开国元勋、两朝绝对元老、独断朝纲整整十年的大宋第一宰相了。

实际上，在这场战役开始前，就有无数的迹象表明，在这场斗争中，虽然赵匡胤畏忌自己的弟弟，但他更不想让赵普赢！

秉持着这种心态，赵匡胤略施小计，重用了一个人，就把赵普彻底“扳倒”了。

这个“扳倒”赵普的人，他是谁呢？

还记得那个仗义直言、心直口快的“霹雳火”吗？就是那个查出了赵普擅自增减刑罚、直接跑到皇帝那里去告御状的雷德骧。

虽然雷德骧的初衷是好的，但是他选错了时机——不等太监通报，直接闯殿上奏；也挑错了时间——攻击北汉受阻，太祖怒气未消；结果，雷德骧的这种做派直接激怒了太祖，赵匡胤不仅打掉了他的两颗大门牙，还要砍掉他的脑袋。

事后，怒气消散的太祖收回了成命，雷德骧这才保住了项上人头。但是，死罪可免、活罪难逃，太祖还是给他定了一个“阑人罪”，就是未经许可，擅自惊扰皇帝的罪名。雷德骧被贬到了商州（今陕西商洛），去那里做一个仓库管理员（司户参军）。

因为在中央当过官，所以雷德骧初到商州的时候，地方上的官员对其礼遇有加、颇为器重。但是，几年后，这里换了一个叫作“奚屿”的刺史后，雷德骧的日子就开始不好过了。

史书记载，为了巴结当朝宰相赵普，奚屿一上任，就对雷德骧傲慢无礼，并在大庭广众之下让其对自己行参拜之礼。

其实，身为下属，对上级行参拜之礼，这也无可厚非，也是应该去做的事情。然而，以雷德骧的性格，他当年都敢顶撞皇帝，如今你个小小的商州刺史，那就是个屁！因此，对于参拜这个问题，老雷拒不执行，他还狠狠地把奚屿骂了一顿。

奚屿这个恨呀，他心中的复仇之情，也就可想而知了。

为了报复雷德骧，奚屿立刻派人收集资料，列举了雷德骧数十条罪状。

这些罪状上至通敌卖国，贪污受贿，克扣军饷；下到酒后狂言，生活腐败，所有坏事一应俱全。这么算来，雷德骧从出生到现在，就没有干过一件好事。

除此之外，奚屿还下了一剂超级“猛药”，他说雷德骧自从丢了门牙后，整个人就一直怀恨在心，他写了很多的诗词诽谤、讽刺当今圣上，还有文章为证。

当然，这些文章到底是从哪里冒出来的，我们就不得而知了。

不出奚屿所料，当看到这些劲爆的文章后，赵匡胤雷霆大怒，他立刻下令，把雷德骧捆绑上枷，押送京城。

看这个架势，赵匡胤这是要敲碎他的脑袋。然而，在朝廷正义之士的求情下，赵匡胤醒悟了过来，他最终赦免了雷德骧，只是取消了他的公务员资格，把他发配到更远的灵武（今宁夏宁武）去了。

对雷德骧的这种不公平待遇，点燃了一个人复仇的火种，并最终变成了一把燎原冲天的烈焰。

这个全身被复仇火焰包围的人，就是雷德骧的儿子——雷有邻。

目睹了父亲被发配边疆，遭受种种非难，雷有邻就认准了一件事情：今日父亲之耻，必将让赵普加倍奉还！

说实话，害他父亲罢官、发配边疆的人，是商州刺史奚屿，跟赵普有什么关系？结果呢，雷有邻却迁怒别人，还是毫不相干的人，这叫什么事！

当然了，对于雷有邻而言，他筛选的这些敌人，也是极其正确的。

毕竟奚屿这样做的原因，就是为了巴结当朝宰相赵普。而且，如果把这个奸相干掉了，“英明神武”的皇帝就不会再被蛊惑，也会回心转意了。到了那个时候，自己父亲的冤情才能沉冤昭雪、重见天日。

为了报仇，雷有邻可谓卧薪尝胆、忍辱负重，他不惜打入敌人内部，跟赵普的党羽称兄道弟，跟这些仇人推心置腹、对酒当歌。

就这样，功夫不负有心人，在潜伏了数年后，雷有邻终于找出了赵普的一些不法之事，并开始大举进攻。

开宝年间，雷有邻愤然上书，他列举了赵普三件不法之事。

赵普不法之事一：纵容手下中饱私囊、贪污受贿。

雷有邻上疏皇帝，说凭借自己多年在相府的有利条件，他找到了赵普两个下属胡赞、李可度贪污受贿的证据，而且人赃俱获，准确无误。

为什么？因为在这起贪污受贿的买卖中，雷有邻就是他们的中间人！因此，雷有邻清楚这里面所有的内幕，并且为了掩人耳目，他还吃了不少的中介费！

可见，为了报仇，连“杀敌一千自损八百”的招数都用上了，雷有邻真是杀红眼了。

赵普不法之事二：包庇下属、欺君犯上。

当时，有一个叫赵孚德的官员，他是负责皇室内部事务的部长（宗正丞）。这个职务绝对是一个美差，因为能够天天看见皇帝，且职场精英们都明白，身在职场，甭管成绩如何，混个脸熟才是正道。

当然了，皇帝也不是好伺候的，正所谓“伴君如伴虎”，你要是业绩不错，让皇帝看上了，一下子就能平步青云了；反之，你要是混得不好，掉脑袋也是轻而易举的。所以怎么干，还得看自己。

乾德年间，四川十七个州揭竿而起、联合叛乱。面对这场大规模的叛乱，赵匡胤忙得焦头烂额，当时只要是个人，还能用，就送到四川去平叛。

在挑选这些人选时，赵匡胤眼前一亮，说这个赵孚德不错呀，认真负责、业绩不错，是一个合适的人选。

于是，赵匡胤大笔一挥，就命令赵孚德任职四川了。而接到这封圣旨后，赵孚德为了远离那个狼烟四起的是非之地，永远留在这繁华富庶的京城，于是求救于宰相赵普，希望以身体欠佳为由，不去四川上任（称疾不上任）。

那么，这件赵普包庇下属的事情，又怎么会让雷有邻知道了呢？

原来，雷有邻的顶头上司，就是赵孚德，而且这个人，还是自己亦师亦友的老大哥！

对于雷有邻而言，为了能够完成自己的目的，什么同僚、上司、伙伴，一切皆可抛！于是，当得知这个事情后，雷有邻没有一丝一毫的犹豫，他就把这个老大哥出卖了。

当然了，对于报仇心切的雷有邻而言，一个上司算什么？即使是最亲密无间的兄弟，也绝不例外。

赵普不法之事三：卖官鬻爵、伪造履历。

除了状告胡赞、李可度贪污受贿外，雷有邻还状告当时的上蔡县主薄刘伟，说这个人履历造假，官位不正。

原来，按照宋朝当时的有关规定，在一个地方连任三年并履历证件齐全者，可以向国家有关部门申请转正，从此正式就业。

在这个问题上，刘伟确实在上蔡县连任了三年，且政绩不错，理应转正就业。但是，不知道是什么原因，刘伟的个人证件不全，他始终无法顺利转正。

为了能够顺利得到官职，刘伟就找到了当年一起考试的师兄王佺（后周第一宰相王朴的儿子），让其托赵普打点一下这件事情。最后，在赵普的帮助下，刘伟终于得到了一份伪造的履历，由此顺利转正。

当然了，这种属于国家一级机密的事情，怎么能让这个雷有邻知道了呢？

原来，告诉雷有邻这件事情的人，正是刘伟自己！原因很简单，刘伟之所以这么干，是因为他自信地认为：他跟雷有邻，是那种无话不说、推心置腹的八拜之交。

所谓八拜之交，指的是管鲍之交、知音之交、刎颈之交、舍命之交、胶漆之交、鸡黍之交、忘年之交、生死之交。

然而，刘伟还是太自负了，他压根就不知道，对于雷有邻而言，哪怕是八拜之交的兄弟，那又能怎么样？兄弟是什么？兄弟，就是用来出卖的商品！

您看，虽然有为父报仇的因素在里面，但是人家对你推心置腹，你却以怨报德，这确实有点说不过去。甚至可以说，雷有邻就是一个陷害朋友、口蜜腹剑的无耻小人，这也绝不为过。

这也注定了此人未来悲惨的结局。

史料记载，在揭发了刘伟的罪行、导致其身首异处后，雷有邻就得了精神病。大白天的，他就能看见刘伟不甘心的冤魂，天天缠着他，用杖抽打他的脊背，跟他索命，不管是请医问药，还是抓鬼跳神，均于事无补。

后来，雷有邻实在受不了这种刺激，没过多久，他居然一命呜呼、驾鹤西去了。

善恶到头终有报，不是不报，而是时候未到——这真是一句大实话。

上述这些是题外话，咱们继续聊这个案件。

一错再错

开宝五年（972 年）春，在收集了足够的证据后，雷有邻挝登闻鼓，狠狠地告了一把御状，他状告赵普、胡赞、李可度、赵孚德、刘伟五人，收取贿赂，贪污腐败、无恶不作，希望皇帝秉公执法，把这些人都给法办了。

刚开始的时候，对于雷有邻的这个告状，赵普只是微微一笑，他甚至抱着一种看热闹的心态，根本就不惊慌。

原因很简单，对于赵普而言，一个被贬到边疆的芝麻小官的儿子，也敢来这里寻滋闹事，你不想活了？遥想当年，我连你老子都不怕，我会怕你？你们这姓雷的一家子，也太高看自己了吧？

然而，事情未来发展的结果，却远远超出了赵普的预料。

史书记载，看到这封状纸后，赵匡胤龙颜大怒，立刻命令有关部门调查此事，务必将这些犯人缉捕归案。

后来，因为证据确凿，案件很快就水落石出了，而他们每个人的处理结果，也都公布于天下了：

刘伟，伪造履历罪名成立，斩首示众；

胡赞、李可度、赵孚德三人，贪污腐败罪名成立，杖刑三百，发配边疆，永世不得为官；

赵普，监管不力，罚俸一年，以儆效尤。

雷有邻，慷慨上书，有功！赵匡胤大笔一挥，就授予了其“秘书省正字”一职（文书校对一类的官职）。

得知这个判决后，赵普彻底傻眼了。

要知道，以赵匡胤的聪明才智，他不可能不知道手下官员的那点猫腻。如果他要想法办这些官员，根本不需要雷有邻去告御状，也不需要什么准确无误的证据。

那么，为什么在雷有邻之前，赵匡胤不下手呢？

因为，赵匡胤需要这个雷有邻去牵头、去顶雷、去扛炸药包，这样赵匡胤才能置身事外，并达到自己敲山震虎的目的。

除此之外，赵匡胤还释放了一个超级危险的信号。这个信号就是：赵普在赵匡胤心目中的地位，开始一落千丈。而且，当赵普与其他人发生矛盾的时候，皇帝不会百分之百地站在他这一边，赵匡胤的庇护也不再将属于他一个人……

《续资治通鉴长编》上记载：“上始有疑普意矣。”应该就是从这个时候开始的。

可惜的是，赵普好像没有明白这个道理，他一错再错，最终错到地狱。

开宝六年（973 年）九月的一天，当赵普高高兴兴地准备上朝面圣时，他突然惊讶地发现，在这个等候的长春殿内，好像少了一个人。

这个人就是赵普的好朋友、枢密使——李崇矩。

一瞬间，赵普的脑袋产生了无数的问号，这个老朋友哪去了？是生病了，还是请假了？

后来，当赵普得知李崇矩一没有生病，二没有请假，只是奉命去另外一间屋子休息后，赵普如五雷轰顶一般，他直接傻眼了。

为什么？不过是换一个房间休息，赵普需要这么紧张吗？

殊不知，虽然这件事情很小，但却足以致命。

赵普之所以这么紧张，是因为他清楚地知道，自己已经犯了赵匡胤的大忌——结党营私！而一旦这个罪名成立，那就万事休矣。

原来，就在前不久，李崇矩的女儿嫁给了赵普的儿子，从此两家结秦晋之好，这对夫妻更是举案齐眉、相敬如宾，可谓皆大欢喜。

大家都很高兴，然而，在所有人笑容灿烂的背后，有一个人却始终不高兴，他也没法高兴！

这个不高兴的人，他就是大宋皇帝——赵匡胤。

那么，赵匡胤为什么对人家的喜事不高兴（上闻之，不喜）呢？

这个问题，就得问这对儿女亲家的官职了。

北宋时期，国家官僚机构分三省，中书省管行政，枢密院管军事，三司管财务。其中，中书省和枢密院是国家最重要的两个部门，两者合称为“二府”。

如今，这两个国家机关的最高负责人，即中书省的赵普和枢密院的李崇矩，他们居然结成了儿女亲家！这样“强强联手”的结果，就是要操纵中央、架空皇帝的节奏，你让赵匡胤心中怎能释怀？

因此，事情到了这步田地，您要是皇帝，也得动手了。

按照以前的惯例，宰相、枢密使在上朝前，他们要在长春殿等候应答，是在一个地方统一休息的。但是，经过了这件事情后，赵匡胤毅然下令：从此以后，李崇矩挪窝，再也不许他们一起上班了。这才出现了之前赵普五雷轰顶的表现。当然了，对于赵匡胤而言，这仅仅是一个开始。

没过多久，李崇矩就被人告发贪污受贿，结果赵匡胤连调查取证都省了，他直接罢免了李崇矩枢密院的官职，把他轰到地方当节度使去了。这还不算完，仅仅过了半年，李崇矩又“犯案”了，而太祖也就直接罢免了他的官职。

在这次案件中，到底给李崇矩定一个什么罪名，历史上一直没整明白，李崇矩自己也不知道，赵普更是一脑子浆糊，估计就连赵匡胤本人，也未必清楚。然而，有一件事情大家都清楚无比，那就是经过这件事情后，李崇矩这辈子就算是完了，而这位当朝宰相赵普，他也彻底失宠，且再也没有缓过劲来。

至此，这位昔日位高权重、一人之下万人之上的宰相，终于变成了一条摇尾乞怜、惶惶不可终日的狗，还是一条落入水中的狗！而一般到了这个时候，就会出现那么一个手拿打狗棒、痛打落水狗的人。

这个痛打落水狗的人，他叫卢多逊。

“风吹雷打”，彻底玩完

卢多逊（934－985 年），怀州河内（今河南沁阳）人。后周显德初年进士，历任秘书郎、集贤校理、左拾遗、集贤殿修撰。

北宋建立后，卢多逊历任祠部员外郎、权知贡举、兵部郎中、知太原行府事、翰林学士、中书舍人、吏部侍郎、中书侍郎、平章事、兵部尚书等职，最后官居一品宰相。

要知道，卢多逊之所以能获得这么多的官职，得到赵匡胤这么多的信任，全凭借投机取巧的小聪明、小把戏。

史料记载，卢多逊知道太祖喜欢读书，每天都会从国家图书馆（史馆）借阅图书。于是，卢多逊就事先买通了图书馆的工作人员，让他们告诉自己，太祖每天都借阅什么图书，然后他也借阅一本，连夜背诵一遍，务必精益求精、一字不错。

您想，太祖好不容易读了一本书，自然要显摆显摆，再顺便问问这本书里面的相关问题。结果，面对这些问题，只有卢多逊一个人能对答如流，知无不言、言无不尽。最后，同僚们都很佩服他，赵匡胤也甚是喜欢这个“饱读诗书”的属下。

后来，太祖有什么疑难问题时，就召见卢多逊来问对。而趁着赵匡胤召见自己的时机，卢多逊就玩命地诋毁赵普，持续不断地给他“穿小鞋”，挑拨离间赵匡胤与赵普的关系。

多逊知制诰，与赵普不协，及在翰林，每召对，多攻普之短。

——《宋史·卷二百六十四》

那么，卢多逊天天行这种小人的勾当，有用吗？

这还用说！

虽然这些人身攻击、栽赃陷害、挑拨离间的事情，都是一些无足轻重的小事，跟治国安邦的国家大事比起来，更是微乎其微。但是，正是这些小事，慢慢地改变了赵匡胤对赵普的看法，最后开始疏远这个人，并不再将其视为自己的亲信了。

同样的道理，正因为都是小事，往往事情都发生了，赵普还是一头雾水。在被赵匡胤骂了一个狗血喷头，不良印象已经产生后，赵普这才恍然大悟，并开始为自己辩解，但却为时已晚、无力回天。

最后，在卢多逊的不断诋毁下，开宝六年（973 年）八月，赵普终于扛不住了，他被罢免了宰相职务，从此被轰出了京城，去河阳三城（今河南孟州）当节度使去了。

对于赵普罢相这个说法，根据《宋大诏令集》记载，说赵普当宰相时，天天劳心劳神，甚是辛苦，这不是国家对待忠臣良相的方式，所以让他到地方上去休养。

至此，在这种摆门面的空话、假话、套话下，赵普彻底败了。

君子与小人斗，小人必胜。在君子惟有守正以俟命而已。固不可惧祸而误入小人之党，亦不可恃为君子而有与小人角胜之心。

——《曾国藩家书》

真是一语中的。

这里多说一句，虽然挑拨离间的小人是卢多逊，但是根据厚黑证据学第一定律，小人物敢弹劾大领导，除了脑筋缺根弦外，唯一的解释只有一个：背后有人指使。

这个指使他的幕后黑手是谁，我就不阐述了，反正大家都知道，赵普也清楚无比。

虽然赵普败了，但是他一点儿也不傻，不用去仔细调查，赵普就能知道这个背后捅他刀子的人。

外人谓臣轻议皇弟开封尹，皇弟忠孝全德，岂有间然？

——《续资治通鉴长篇》卷十四

这段文字的意思是：外面的人都说我对赵光义轻视非议，其实你的弟弟是一个忠孝两全的人，哪里有可以挑剔的地方？

言外之意，话外之音，不说自明。

可惜的是，对于这番话，赵匡胤压根就没有听进去。史料记载，赵普出京不到一个月，赵光义就被加封为开封府尹兼晋王。

赵普罢相的真正原因

开宝六年（973 年）八月，在经过一番殊死较量后，赵普彻底失败，黯然离京，而赵光义却获得了空前的权力，这位一人之下、万人之上的“准皇储”开始了一段新的旅途，并为了那最高的权力而奔波努力。

那么，这里有一个问题，独断朝纲整整十年的宰相赵普，他为什么会被轻易罢相呢？这一切的原因，到底是怎么形成的？

是因为雷有邻的告状吗？

虽然在历史上，赵普确实被雷有邻扳倒了，但是连傻子都明白，雷有邻根本没有扳倒赵普的实力，他就是赵匡胤的一杆枪。当皇帝碍于面子，不好意思亲自动手的时候，这个主动跳出来充当打手的人，才是赵匡胤的最爱。

可见，区区一个雷有邻，他根本不是赵普失败的最终原因。

那么，不是雷有邻，是李崇矩吗？

诚然，赵普与李崇矩的这次联姻，堪称一生中最大的一次败笔，他不仅触动了皇权，而且还刺激了赵匡胤那颗脆弱的玻璃心，并让他始终无法释怀。

在中国历史上，能给皇帝带来如此创伤的人，他的下场也就可想而知了。然而，如果细细品味这起案件，其实是有很多疑点的。

首先，以枢密院李崇矩和赵普的智商而言，这哥俩应该是这个帝国最聪明、最明白事理的人了，不然的话，他们也不可能坐到这个位置上。然而，这个矛盾也正在于此！

对于这两个人而言，他们不可能不清楚这次联姻的后果，但是，他们还是联姻了，而且还是大张旗鼓地办婚礼。

难道说，这哥俩已经利欲熏心、利令智昏，彻底被权力蒙蔽了双眼？还是说，他们就是图一个好玩儿，公然挑战太祖赵匡胤的忍耐极限，看看这位皇帝要怎么惩罚他们？

拜托，这是两位高居庙堂、位高权重的封疆大吏，他们智商没那么低！

因此，对于这个现象，压根就没法解释清楚。

另外，种种迹象表明，太祖赵匡胤不讨厌这对新人，他不仅对这对夫妻报以最真挚的祝福，而且还对男方委以重任。

原来，虽然这对新人恩爱无边，但是没过多久，李崇矩的女儿就因病去世了，而赵普的儿子赵承宗，他就成为一个鳏夫之人了。

后来，在皇帝的说媒牵线下，赵承宗奉旨再婚，他开始了自己第二桩婚姻，赵承宗迎娶了燕国长公主的女儿。

这位燕国长公主，是太祖的两个妹妹之一。由于另一个妹妹（拿擀面杖削他的那个）英年早逝，所以太祖更宠爱这个幸存的妹妹了。

由于燕国长公主的第一次婚姻很不幸，她的丈夫很早就去世了，所以太祖二话不说，他立刻让自己的结拜兄弟高怀德迎娶了这位公主，也成就了一桩比较美满的婚姻。

开宝六年（973 年）十月，燕国长公主去世后，太祖甚是伤心，他不仅痛不欲绝，还下令废朝五日。可见，能够迎娶皇帝最宠爱妹妹遗孤的人，非皇亲国戚、百分之百信任之人，否则绝不可迎娶，何况这还是一个二婚的赵承宗！

因此，单凭此事，我们就能知道赵匡胤对于赵普以及他儿子赵承宗的态度了，也间接能够猜出赵匡胤对于这次联姻的态度了。

综上所述，我们绝对有理由相信，这次赵普与李崇矩的联姻，远没有太祖想象的那么危险。或者说，要不是有人在背后小题大做，一个劲地嚼舌根，太祖也不会这样勃然大怒，最后兴师问罪。

可见，赵普最终失败的原因，完全是卢多逊这个小人恶意中伤、兴风作浪的结果。

但对于这个结论，一个字形容：否。

要知道，以赵匡胤的聪明才智，他绝对清楚卢多逊这样做的本质和后果，但是，他却没有惩罚这个小人，而是把赵普罢相了，这说明什么？

当太祖要权衡利弊得失的时候，他宁愿相信这个小人的话，也不愿意相信自己的这个当朝宰相。

换句话说，如果赵普能够做到洁身自好，自己没有一点毛病的话，即使有一百个卢多逊诋毁攻击，太祖也不会相信他们的话，最后罢免了赵普的职务，让他黯然离京了。

那么，历史上的赵普到底犯了什么错误，让赵匡胤忍无可忍，最后宁可相信那个更有野心的弟弟，也不愿意继续重用赵普了呢？

对于这个问题，还得用反求诸己的辩证方法，看看赵普到底干了什么事情，我们就会醍醐灌顶、茅塞顿开了。

历史上的赵普，他为了大权独揽、独断朝纲，最后强势到了什么地步呢？

根据史料记载，赵普曾在自己的政事堂里，明目张胆地放了一个壶，凡是大臣送来的奏折，甭管轻的、重的、缓的、急的，只要赵普看不顺眼，他就往壶里一扔，等这个壶快满了，赵普就命人把这些文件拿出去，放一把大火了事。

可见，如此之行事，赵普算是嚣张到头了。

嚣张到头了，就该被削了。

到了这种地步，如果你是赵匡胤的话，你会作出一个什么样的选择呢？

这一次，天平的一边，是赵普，表兄弟；天平的另一边，是赵光义，亲兄弟。但凡是一个合格的政治家，都会做出自己最合理的选择。

血浓于水。表兄弟，终究还是表兄弟。

就是在这种背景下，赵匡胤终于选择了更加好管理的亲弟弟，从此把赵普轰出了京城，让他到地方上去休息了。后来的事实证明，罢免赵普的宰相职务，是赵匡胤一生犯下的最大错误。

因为铁的事实证明，这个弟弟一点儿也不好管理。到了最后，这个弟弟不仅要了哥哥的权，还要了哥哥的命。

开宝九年（976 年）十月二十日，处于事业巅峰时期的赵匡胤，在毫无征兆的情况下离奇逝世。第二天，赵光义实现了自己的梦想，终于得偿所愿，开始君临天下了。

然而，在这个崭新的时代里，这个跟当今圣上“势如水火、不共戴天”的赵普，他将如何躲过赵光义的屠刀，从此在家乡安享晚年、无疾而终呢？

我们拭目以待。

无所不能VS总有办法

开宝九年（976年）十月，当赵匡胤逝世、赵光义登基的消息传到河阳三城的赵府后，敏感的赵普立刻意识到：好日子到头了，准备倒霉吧！

事实证明，就跟当年预测李重进必亡一样，赵普还是那个赵普，他的预测一点儿也没错。宋太宗即位后没多久，他就派来了一个怀州知州高保寅，用来“协助”赵普管理此地。

这个高保寅何许人？

赵普的死对头！

可见，派一个死对头去赵普管辖的区域，宋太宗此举，真是司马昭之心——路人皆知。果不其然，高保寅到任后，他连自己衙门里的树都没数清楚，就立刻上奏道——赵普犯法了！而且他犯的法很严重，因为他不遵守太祖立下的规矩——“罢节镇领其支郡”，简称“废除支郡”制度。

摊上了这么一个罪名，赵普立刻就傻眼了。

咱们都知道，五代十国时期，节度使的势力遍及数州，他们不仅控制的地理范围很广，权力也很大，军队的调动、各地的赋税、百姓的民政等事情，全归这些节度使掌控。到了后期，他们俨然就是掌管一方的“土皇帝”。

等宋朝建立后，为了防止节度使继续这样做强做大，太祖赵匡胤就想了这么一个招数，用“废除支郡”这个办法，分化瓦解节度使的势力，让他们不再管理自己的支郡了。

这个“废除支郡”的招数，其实跟汉武帝当年的《推恩令》差不多，其具体办法是：

令节度使平分自己的土地，每一个手下将领都要有一块属于自己的土地，一直到“地尽为止”。若领土特别大，而将领又特别少的节度使（基本上不可能），国家则派将领过去分地，所分土地直接归中央领导，地方节度使再也无权过问。

等到了宋太宗时期，全国已经有三十多个州直属中央了，而节度使们统领数个支郡，各领风骚数百年的局面，从此成为了历史。

因此，高保寅用这招状告赵普，足以致命。

为什么？如果赵普不同意分封领地，他就是在违抗圣旨，必死无疑；反之，如果赵普同意分封领地，他就是在削弱自己的实力，一个无权无势的官员，还能怎么样！

这里还有一个小花絮。原来，虽然颁布这个办法的人，是宋太祖赵匡胤；但是当年出这个主意的人，正是赵普自己！啥也别说了，被自己的政令害得深陷绝处，真是搬起石头砸自己的脚，作茧自缚。

在这个已经烂到极点的局面下，赵普立刻想出了一个完美的解决方案，堪称背水一战，置之死地而后生。

面对高保寅咄咄逼人的嚣张气焰，赵普啥也没说，他立刻交出了自己所有的地盘，你不是想用它们做文章吗？那我就一个都不要，看你怎么办！

除此之外，赵普还做出了一个出乎所有人意料的决定：他要进京，理由也很充分，赵普要给老领导送行。

得知赵普主动进京的消息后，赵光义乐得晚上都睡不着觉。赵普是什么人，是前朝元老、泰山北斗、威望极高，要是让他在地方上晃悠，那就是猛虎归山、蛟龙入海。现在好了，赵普主动进京，这就是肥猪拱圈送上门，看我怎么收拾你！

就这样，赵光义天天磨刀霍霍，就等着赵普这只肥羊了，他准备一刀下去，拿这个宰相的脑袋去祭旗。

然而，赵光义还是太小看这个老大哥了，赵普还是那个赵普，他既然敢来京城，就有本事让你下不去手。

太平兴国二年（977 年）正月，赵普如期而至，他重新回到了京城里。而与他同来的，还有赵匡胤时期的很多老同志，如安抚节度使向拱、武胜节度使张永德、横海节度使张美、镇宁节度使刘廷让、归德节度使高怀德，等等。

面对这么一群宋太祖时期的“革命老干部”，赵光义彻底傻眼了，他虽然举起了嗜血的屠刀，却只能不甘心地收了回去。因为，这是一个“太平兴国”之年，你要想“兴国”，那就只能先“太平”。

要不然，赵光义能怎么办？当着这些人的面，把带头大哥“咔嚓”了，然后呢？等着这些人回去后揭竿而起？

恐怕到了那个时候，在这个“太平兴国”里，就既没有“兴国”，也永远没有“太平”二字了。

就这样，在众目睽睽之下，即使赵光义恨得咬牙切齿，他也无计可施，只能笑呵呵地以“不敢把藩镇这么辛苦的工作，交给你们这帮老革命（不敢以藩领之任重烦旧德也）”为由，就把这几位节度使的大权给剥夺了，并让他们永远留在开封城。

对于带头大哥赵普，赵光义还特别“优待”了一把，他不仅收缴了赵普节度使的官职，就连那个兼职的宰相职务，也被赵光义无情地掠夺了。

当然了，为了让赵普心里能够平衡，赵光义授予了他一个“更大”的官职——太子太保。

太子太保！好大的官职呀！正一品的大官，国家未来皇帝的老师，不管是哪一个层面，都是一个让人羡慕不已的官职。但问题是，宋朝那个时候有太子吗？没有太子的太子太保，你保个什么呀！

因此，这个所谓的太子太保，根本就是一个没用的虚职，除了按月领工资外，这个官职百无一用。

对于独断朝纲十年的赵普而言，获得这么一个职位，这就等同于流放了，从此之后，他的政治生涯更是降到了谷底。

然而，在满朝文武幸灾乐祸的时候，赵普却毫不在意。因为对于他而言，获得这么一个官职有什么不好？甚至可以说，这就是他最想得到的官职。

赵普之前的官职虽然显赫无比，但那些都是烫手的山芋，早晚会把自己活活烫死。现在好了，无官一身轻，还回到了开封城，从此就在赵光义的眼皮子底下溜达了，看你们能拿我怎么办！

要知道，赵普的这一手确实很绝。如果赵普继续留在地方，以卢多逊为首的那帮小人，还有无数为了升官而拼命找理由的无赖们，他们会争先恐后地找赵普的麻烦，最后还会让赵光义砍了他的脑袋。

现在呢？赵普就留在京城，只要能忍，早晚有一天，自己能够东山再起，并让卢多逊等人血债血偿……

就这样，太平兴国二年（977 年）五月，伴随着赵普的缴械投降，赵光义终于完成了对这个帝国的统一。从此之后，在这个国家里，再无反对赵光义的大旗。

如今“内忧”已经被全部处理了，那些“外患”，也该被赵光义提到日程上了。

这些“外患”，就是宋朝南面还没有完全归顺，处于游离状态的两个半割据政权——漳泉和吴越。

对于这两个没有收入囊中的政权，新科皇帝赵光义又会怎么办呢？那位号称赵匡胤的兵马大元帅、誓死效忠的吴越王钱俶，又将如何应付这位新的皇帝呢？

第八章 南方未了情

钱家的那些事

吴越是五代十国中的十国之一，是杭州人钱镠建立的一个地方政权，其全盛时期疆域大约为今天的浙江全省、江苏省西南部、福建省东北部。

那么，这个政权是如何形成的呢？吴越国的创始者钱镠，他又有什么过人之处呢？

钱镠（852—932 年），字具美（也作巨美），小字婆留，杭州临安人，五代十国时期吴越国创始者。

根据《吴越备史》记载，由于钱镠生下来奇丑无比，还伴随着各种怪异现象（红光满室，伴有兵马之声），父亲就打算把他扔了，多亏钱镠的外祖母坚决不同意，这才存活了下来，并取名为“婆留”，意思是“外婆留下的孩子”。

随着年龄的增长，当这个孩子 21 岁参军的时候，他才改了自己的名字，取“金”字辈的偏旁，并保留了“留”这个读音，最终取名为“钱镠”。

根据史料记载，在参军保家卫国之前，钱镠出身卑贱，家族世代贫苦，为了能够养家糊口，钱镠从 16 岁起就当起了盐贩子，在杭州、越州、宜州一代贩卖私盐。

咱们都知道，盐这个玩意儿，是人体的必需元素，不吃还不行，所以历代统治者都把盐比作黄金，绝不许私人贩卖，并成为了一个国家垄断的产业。

话虽如此，但是根据经济学的理论——没有竞争的市场，只存在于理论想象里。对于普通的老百姓而言，海水就在那里，不晒白不晒，不卖白不卖，简直比现在的房地产还要暴力，所以很多人看上了此道，并借此发家致富。

在这些私盐贩子的竞争下，老百姓只要花上三分之一的价格，就能买上比政府好上一倍的盐，因此国家的盐业遭受了重大的打击。

为了严格控制这个行业，保证自己最大的利益，历代的国家政府，在盐这个问题的处理上，全都严格遵循韩非子、李斯的理论：法家治国，严惩不贷！

从古至今，政府一直贯彻对私盐贩子的惩罚力度。隋唐期间，政府更是出台了史上最为严厉的措施，擅自贩卖一石（约 100 斤）者，必死。

当然了，这种残酷的刑罚，并没有吓退那些以此为业的盐贩子们，而为了自己的利益，这些贩盐者们不惜以命相搏，也要卖盐和政府对抗。比如，当时大名鼎鼎、号称“混世魔王”的程咬金。

在这个时代里，这个私自贩盐的“混世魔王”称号，则属于钱镠。

根据史料记载，钱镠这段贩盐的经历，对他一生都影响极大。在贩盐期间，钱镠练就了一身强健的体魄，据说在搬运食盐时，钱镠能够轻易担起二百斤食盐，来去如风，行走甚捷。

除此之外，钱镠应该是一个不怕死的人，因为怕死的人，根本干不了这个行业。且贩盐又是个一本万利的暴力产业，因此钱镠还应该很有钱。因为有钱，钱镠能够结交一大批地方豪杰，这些人对于他日后的发展，绝对有百利而无一害。

不怕死，还有钱，这种人想不成功都难！

乾符二年，即公元 875 年，成功“洗白”的钱镠投奔了杭州地方镇将董昌，他凭借自己不凡的武艺，成为了董昌的左膀右臂，并升级做了一名副将。

乾符六年，即公元 879 年，在抵御黄巢进攻时，钱镠带领 20 多个兄弟，他以少敌多，巧妙地运用伏击和虚张声势等战术，最终消灭了黄巢两千大军（怎么打的）。

钱镠的这种上佳表现，立刻受到了朝廷的重视。在接下来的平定战役中，钱镠殊死奋战、屡建奇功，朝廷最后授予了他杭州刺史的职务，命他掌管浙西地区，钱镠从此成为了与董昌一样的封疆大吏。

后来，乾宁二年，即公元 895 年，在这个风起云涌、诸侯混战的时代里，董昌终于按捺不住了，自立为帝，国号“大越罗平”，改元“顺天”，并任命钱镠为两浙都指挥使。

得知老领导造反后，钱镠念其对自己有知遇、提携之恩，他就写信好言告诫董昌道：“如果关起门来当皇帝，必将遭遇杀身之祸，株连九族，百姓也得跟着遭殃，不如当一个名正言顺的节度使，终身享受荣华富贵，这才是正道！”

与其闭门作天子，与九族、百姓俱作涂炭，不若开门作节度使，终身富贵无忧也。

——《吴越备史》卷一

可惜的是，面对这金玉良言，董昌根本不听，结果在一番较量后，董昌兵败自杀，投河自尽了。

董昌死后，钱镠顺利地接管了他的地盘，成为了镇海、镇东节度使，并全面掌管了浙东、浙西等地，最终成为一方之霸。

难能可贵的是，虽然一举占领了中国最富庶的地区，但是，这个人依旧保持着一颗清醒的头脑，并一直履行着自己最初的诺言。

什么诺言？就是钱镠劝谏自己老领导的话：绝不称王称霸，一直效忠中原王朝，并向中原王朝称臣纳贡。

钱镠是这样说的，他也是这样做的。

唐朝存在的时候，钱镠就一直效忠；后梁取而代之后，钱镠又继续效忠后梁。后来，看见钱镠这么乖，朱温大笔一挥，就册封了钱镠为“吴越王”。

虽然这次册封钱镠的封号，只是一个“王”，根本不是那个永载史册的“帝”。但是从那以后，钱镠虽然没有称帝，但是其仪仗名称、百官之号、府衙官署，全都是天子那一套了。唯一的区别就是：钱镠始终效忠中原王朝的政权，没有更改过年号，一直尊奉中原的正朔。

可见，对比那个不知死的董昌，这就是钱镠的高明之处。在浙江这个地狭兵少、无险可守的地方，董昌把节度使当成了皇帝，这就是他的愚蠢之举了；相反，钱镠却把皇帝当成了节度使，这就是他的英明之处了。

从此之后，虽然吴越在名义上是中原的一个附属藩镇，但是从实际上讲，这就是一个完全独立的小王国。

成为一个独立王国的君主后，钱镠一直贯彻“保境安民”的国策，就是保护吴越控制的土地，安定国内的人民，发展各种地方经济。此后数十年间，浙江富甲一方，也没有爆发什么大规模的战争。

那么，到底是什么原因，让钱镠一直这么低调做人，一直坚持“保境安民”的国策，始终不肯称王称霸呢？

其实，吴越的基本国情已经决定了，钱镠如果不这么干的话，那么摆在他面前的只有死路一条。

翻开地图咱们知道，在这个群雄逐鹿的时代里，吴越国被强敌所环绕，根本无法发展。

吴越国的北面，是强大的中原王朝，无论是五代中的哪一个，灭掉吴越皆易如反掌，绝不费事。

吴越国的西面，先是吴，吴之后是南唐，这两个政权也是实力强大的国家，不管怎么比较，吴越都不是它们的对手。

吴越国的南面，是那个虽然政治一塌糊涂，但野心一直不小的南汉。对于这么一个国家，南汉还意欲北上中原呢，它怎么能容忍吴越南下？

可见，在这种一面是无路可退的大海，另外三面皆是强敌的局面下，吴越国很容易形成三面受敌、领土被轻易瓜分的危险局面。所以，除了臣服于中原王朝，取得中原王朝的支持，借以牵制强邻外，吴越国真的没有第二种保护国家的手段了。

因此，从某种意义上讲，这种“庇护中原、绝不开战”的办法，才是吴越唯一的生存之道。

终其一生，钱镠都坚定不移地贯彻这条生存之道，他临死的时候，钱镠更是把这条生存之道定位为基本国策，并以临终遗言的方式告诉子孙道：

子孙善事中国，勿以易姓废事大之礼。

这句话的意思是说：不管中原谁当上了皇帝，咱们的基本态度都一样，永远给我“善事”！

那么，怎么“善事”呢？

就是去牵制江南，不管是吴，还是南唐，咱们的任务只有一个——永远抱住邻居的后腿，不让他跳过长江。

就这么简单！

后来，在这条“善事”的基本国策下，钱家子孙在两浙这片富饶的土地上幸福地生活了三代，一直到吴越国第五代国王钱俶为止。

正是这个国王执政期间，吴越国美好、幸福的生活就此结束，一切也戛然而止了。

吴越国主——钱俶

公元948年，钱镠的孙子钱俶继承王位，他成为了吴越新一代的掌门人。

钱俶继承王位后，即使成为了一方之霸，他也保持着一颗清醒的头脑，钱俶没有像李璟那样忘记祖先的谆谆教诲，而是一直奉行着爷爷的临终遗言。钱俶不仅继续对中原王朝称臣纳贡，其侍奉的程度，更是海内罕有匹敌。

史料记载，但凡京城有特使来吴越国办事，不论官职大小、品级高低，钱俶都要亲自作陪，请吃、请喝、请娱乐；好酒、好菜、好招待；完事了还送各种土特产，为了显示自己的诚意，钱俶根本不计较钱。

除此之外，钱俶更是干了一件骇人听闻的事情，并在历史上留下了现在的这个名字！

原来，钱俶原名“钱弘俶”，是钱家“弘”字辈的子孙。等赵匡胤黄袍加身、登基称帝后，钱俶为了避宋宣祖赵弘殷的名讳，他毅然决然地改了自己的名字，去掉了那个“弘”字，从此叫自己为“钱俶”了。

古代不比现在，在那个“身体发肤，受之父母，不敢毁伤，孝之始也”的时代里，身体少一根毛，皮肤上刺个青，这都是大逆不道的事情，何况还是擅自更改自己的名字。

可惜的是，即使钱俶低三下四成这样了，他还是没有躲过赵匡胤的屠刀。

开宝七年（974年），赵匡胤派人告诉钱俶，朕欲南下称雄，特封你为“兵马大元帅”，跟我一起讨伐南唐。

据说，在接到这封圣旨后，钱俶那叫一个既坚决又果断，他就回答了三个字：“臣遵旨。”

对比这位坚定不移的君主，吴越官员们的意见却截然相反，宰相沈虎子直言不讳道：“启奏陛下，皮之不存，毛将焉附？咱们跟南唐之间，就是一个‘唇亡齿寒’的关系，一旦南唐亡国了，咱们将何去何从呢？”

一听这话，钱俶立刻沉默了，但在短暂思考后，钱俶很快就完成了第二次决定：“朕意已决，御驾亲征，听命宋朝，讨伐南唐！”

听到这么一句话后，吴越宰相沈虎子直接疯掉了，他歇斯底里地大喊道：“启奏陛下！您这般懦弱，臣无法理解。吴越虽小，但还有数百里锦绣河山，十几万带甲精兵，咱们比那个半岛上的国家强多了，凭啥这样对宋朝唯唯诺诺？”

“除此之外，自古南下争雄的北方豪杰们，有多少人在长江上一败涂地，丢失一切。咱们为什么不和南唐联起手来，逼迫赵匡胤与我们划江而治，这才是吴越长治久安的唯一出路！否则的话，南唐今日之末日，就是吴越之未来！”

对于宰相的这番见解，钱俶意见很简单：撤职回家，赶紧滚蛋！

开宝九年（976年）正月，在李煜投降进京后，赵匡胤写了一封书信送给钱俶，这封书信大概意思如下：

“在这次平定南唐的战役中，大元帅立下了首功，请速速来开封与朕一聚，以聊慰朕长期思念之情。当然了，我也怕你有啥顾忌不敢来，所以朕对上天起盟，你肯定能‘即当复还’，也就在开封城待那么几天。”

据说，当看见这封书信后，钱俶直接傻掉了。而他的新宰相一点主意也没有，只能宽慰道：“如今南唐覆灭，天下局势已经非常明朗了，保护宗室，顾全百姓，让天下苍生免受兵祸之苦，这才是吴越国的上策呀！为了这个目的，您还是赶紧上京吧！”

想象一下吧，钱俶这顿跳脚骂街呀！而这位刚刚任命，在历史上还没有来得及留下名字的宰相，也因为自己的这番话，从此被轰出了朝廷，去陪前任沈虎子去了。

当然了，自己的宰相，钱俶可以随便收拾，但是赵匡胤的命令，他却只能服从、不敢违抗。

开宝九年（976年）二月，在忐忑不安的心情下，钱俶来到了开封城，从此开始了自己在开封的“朝拜”之旅。

据说，得知钱俶要进京后，吴越国每一个百姓都在祷告钱俶能够平安归来，他们甚至在西湖边上造了一座塔，取名“保俶塔”，以祈求上天垂怜。

也许，苍天真的开眼了；也许，杭州百姓的虔诚奏效了；也许，身在万里之外的大宋皇帝赵匡胤，他真的听见吴越国人民的祈祷！

不管原因为何，此次钱俶进京后，赵匡胤不仅没有难为他，反而还给予了他极高的礼遇和赏赐。

这些礼遇和赏赐包括：

第一，赵匡胤安排的接待人物，是他的次子赵德昭，而非那个大宋御弟、德昭的二叔，开封府尹、晋王赵光义。

第二，为了安排钱俶的居住地，赵匡胤亲自选址，并对里面的设备用具，全部亲自检查了一遍。

第三，在钱俶来京期间，赵匡胤多次举行宴会，并数次登门拜访。

第四，在宴会期间，赵匡胤突发奇想，他让陪同的赵光义、赵光美等诸王一起对钱俶行礼。可惜的是，在钱俶俯身叩首、坚决推辞下，赵匡胤这才悻悻作罢。

第五，封钱俶的妻子为吴越王妃。要知道，对于这种事情，赵普第一个提出了异议，他告诉赵匡胤，说异姓诸侯王没有册封王妃的旧例。结果，赵匡胤反而高兴地回答道：“既然没有，那不妨开一个先例，就从现在开始，以显示我朝特别的恩赐。”

第六，除了在生活上照顾得体贴入微外，在工作上赵匡胤也无微不至，他特别下旨：钱俶可以佩剑上殿，诏书不可称其名字。

这是一个什么待遇？在中国历史上，仅有萧何、曹操等几位权臣才能享受这种礼遇。而现在宋朝不可一世的赵普、赵光义等人，他们都没有这样的待遇。

总之一句话，钱俶这次进京拜谒，他享受到了一个藩王应该有的，或者不应该有的所有待遇！除了那九五之尊的皇帝礼仪外，钱俶得到了他想要的一切。然而，即使赵匡胤都这样“照顾周到”了，钱俶还天天魂不守舍，整天生活在痛苦和绝望里。

这个原因非常简单，你啥时候放我回家呀！

史料记载：在一次宴会中，当听见宫廷乐伎演奏的琵琶曲后，触感伤情的钱俶立刻赋诗一首，用来表达自己此时此刻的心情：

金凤欲飞遭掣搦，情脉脉，看即玉楼云雨隔……

听完这首诗句后，赵匡胤立刻站了起来，他走到钱俶的身边，边拍着他的肩膀边说道："尽我一世，誓不杀钱王！"

这一下子，钱俶被感动得抱着赵匡胤号啕大哭起来，还一个劲地说道："陛下言必行、行必果。"

三天后，赵匡胤兑现了自己的诺言，他放钱俶回国了。得知能够回家后，钱俶感动流涕，他没有想到赵匡胤会对自己这么好，于是请求三年一入朝。

对于钱俶的这个请求，赵匡胤只是笑着回答道："南北两地，路途遥远，来往不易，等有了诏书后再说。"

除此之外，在钱俶临行之时，赵匡胤交给了他一个封存厚实的黄色小包袱，并且告诫道："一定要在回家途中秘密查看。"对于赵匡胤的这个嘱托，钱俶谨记于心。

在回家途中，钱俶打开了这个小包袱，结果他彻底吓了一跳。原来，这里面都是朝廷大臣的奏折，无论内容如何，中心思想只有一个，就是要求软禁、扣留钱俶，进而吞并吴越的土地。

看完这些奏折后，钱俶既恐惧又感动，他对赵匡胤感恩戴德，从此更加臣服宋朝了。

史书记载，等钱俶回到杭州后，他下令永不在西北坐卧，把床铺全都放到了东边。原因很简单——"西北者，神京在焉，天威不违颜咫尺，俶敢宁居乎！"

除了睡觉挪窝外，为了显示自己的虔诚，每次入贡前，钱俶都要把这些贡品陈列在自己皇宫的院子里，焚香礼拜之后，才能派遣它们出行。

当然了，不管钱俶如何尽忠，这都是建立在赵匡胤活蹦乱跳的基础上。然而，等赵匡胤化为尘土后，钱俶的未来又将何去何从呢？

换句话说，当赵光义登基称帝后，他还会兑现哥哥的誓言，对钱俶"尽我一生，保你一世"吗？

钱俶进京

躲得过初一，躲不过十五，出来混，迟早是要还的……

现在的时间，是太平兴国二年（977 年）春节，虽然在这个喜庆的日子里，杭州城到处锣鼓齐鸣、鞭炮声响彻云霄，提醒着大家这是新年，但是在这吴越皇宫之内，谁还有那闲心过年？

为什么？因为这个国家的君主钱俶很烦，而且不是一般的烦！

对于钱俶而言，这个春节是一个真真正正的“年关”！钱俶无限懊悔道：“当初为什么被赵匡胤感动了呢？当年为什么提出三年一入朝的申请呢？这下好了，当太阳升起的时候，就是太平兴国三年了，真是过了三年了，自己想躲也躲不掉了。”

要知道，为了躲过这三年一入朝的惯例，早在两年前，钱俶就派自己的儿子钱淮进京，去预祝赵光义登基加冕。

然而，赵光义除了一些官方的感谢语言外，对于自己这三年一入朝的惯例，他是只字不提，全看钱俶自己。

反正话是你自己说的，协议也是你自己草拟的，你自己看着办……

一年前，为了继续躲过这三年一入朝的惯例，钱俶又派自己的儿子钱淮进京，并带上了空前绝后的贡品，他希望赵光义能挥拳不打笑脸人，重新修改一下这个协议。

然而，对于这些礼物，赵光义却是东西拿，事照办，最后还不怀好意地问了钱淮一句：“你爹啥时候来？”

得，这些钱算是打水漂了，钱俶欲哭无泪。

就这样，在这种背景下，钱俶终于迎来了自己的“年关”，准备履行自己当年“三年一入朝”的誓言。

身为一国之君，虽然要守诚信，但钱俶要不去的话，赵光义也拿他没辙。对比当年的李煜，钱俶的办法也多得是：请假、生病、装疯、卖傻、天热、马瘦、多雨、难行，总有一款适合你！

然而，钱俶可以不去，但他一定要想明白这个问题：如果这么干的话，他跟当年的李煜有什么区别？

别忘了当年李煜的罪名，还有赵匡胤对此事的结果。

李煜的罪名是：倔强不朝。

结果是：你一个人不来，那我就派十万人去。

好吧，啥也不说了，还是老老实实地上路吧。

太平兴国三年（978 年）三月，在万般无奈之下，钱俶不远万里，重新回到了开封城，走进了这座熟悉而陌生的城市里。

由于是老熟人了，赵光义的招待更上一层楼。此次接待钱俶的宴会，其规格之高、规模之大、参与人数之多，都是创了宋朝未有之格局，礼数更是完全超过了赵匡胤的那一次。

当然了，不管赵光义多么礼数周到，他也始终有一个中心话题：老钱呀，你来一趟京城不容易，可得多住些日子。咱们这么多年没见了，可得好好地聊聊天……

那么，对于钱俶而言，他需要待多久，聊多少天呢？

史书记载，钱俶接连上表三十多次，请求离京回家，而赵光义就回复了三个字：不同意。

这一下子，钱俶算是明白了，自己彻底失去了人身自由，被赵光义软禁起来了。

怎么办？怎么办？怎么办！面对这个结果，钱俶如坐针毡，随行的吴越大臣也个个焦头烂额，他们想出了三个办法，希望能够解决这个难题。

现在看来，与其说这是三个解决的“办法”，不如说是三个搞笑的闹剧！

第一个解决的办法：抗议。

对于这个办法，我真的无话可说了。抗议，你当这里是民主社会吗？要是抗议有用的话，要皇帝干嘛！

实际上，与其用抗议这个搞笑的办法，不如用武力威胁更靠谱。但是，吴越国有这个实力吗？钱俶要是真有两把刷子，他犯得着当宋朝的“兵马大元帅”吗？钱俶要真有这个力量，他没事跑到开封城干啥呀？

因此，第一个解决方案，毙。

第二个解决办法：交赎金。

自古以来，绑匪绑人就三个原因：财、色、命，貌似钱俶也明白这个道理。根据史料记载，钱俶在这次进京前，他将府中的金银珠宝、绫罗绸缎、稀世古玩等财物悉数装车，整整装了五十辆，价值更是难以估计。

然而，即使钱俶倾国而来，他也没有讨得赵光义的欢心。与此同时，赵光义看钱俶的眼神都不对了，这个人仿佛把吴越当成了自己的提款机，你交的钱越多，赵光义反而越不满意！

因此，第二个解决方案，弃。

第三个解决办法，也是唯一的解决办法了：修塔保命。

在抗议没反应、花钱不管用的情况下，钱俶又想到了那个老办法，那个在赵匡胤时期非常好用的老办法——修塔。

为了能够成功脱险，钱俶毅然决然地下令，给我在杭州城玩命地修塔，修得越高越好、越大越好、越多越好，名字就从“保俶”“护俶”“救俶”“活俶”等依次类推，总有一款能感动您！

除此之外，为了增加效果，钱俶还下令全国吃斋念佛，百姓天天诵经作法，希望能够感动赵光义，借此放了自己。

然而，就跟当年的李煜一样，这样虔诚地吃斋念佛，真的能救钱俶吗？

一切尽在不言中……

这不，这种“满国梵音”刚刚持续了几天，佛祖还没有大驾光临，一颗灾星却不请自来了。

这颗灾星，就是割据南方漳、泉二州的土皇帝——陈洪进。

漳泉纳土

咱们都知道，宋太祖在登基称帝后，采用了赵普先南后北的统一策略，先后消灭了荆南、湖南、后蜀、南汉、南唐这些割据的国家，并将它们一一并入大宋的版图。

虽然消灭了这么多割据国家，但南方并没有统一，因为还有两个处于游离状态的地方政权，它们只是暂时服了软。

这两个地方政权就是占据十三个州的吴越王钱俶，以及占据漳泉两州的陈洪进。

那么，这个占据了漳泉两州的陈洪进，他到底是一个什么样的英雄豪杰呢？陈洪进又是如何割让漳泉两州的呢？

这个问题，还得从很久很久以前说起。

话说在唐末年间，群雄纷争、天下大乱，在这个乱世出豪杰的时代里，安徽有一个叫王绪的人揭竿而起，他从自己的家乡开始，一路攻城略地，最后打到了福建这里。

完全白手起家，获得了这么好的战绩，从这个角度看，王绪也算是一个英雄人物了。但是，这个人却有一个超级大的缺点——心胸狭隘、小肚鸡肠。王绪容不下比自己有本事的人，但凡有点能力和本领的手下，都被他无情地杀掉了。

后来，有这么一个《水浒传》里王伦角色的人物，其结果也差不多。王绪率军刚刚到达泉州，他就被手下的兄弟们“内部解决”了。

王绪死后，诸将共同推举了一个叫作“王潮（原名王审潮）”的人，成了这支起义军新的领袖。

后来，在王潮的指挥下，这支起义军先后攻陷福建五州，最后掌管了福建全境。唐昭宗景福二年（893年），李晔任命王潮为福建观察使、威武军节度使，这就等于正式承认王潮对福建的统治了。

虽然在这个时候，历史书上还没有“闽国”这个正式的名称，但是闽国位列五代十国之一的历史，也就是从这个时候开始的。

五年之后，乾宁五年（898年）十二月，王潮了无遗憾、含笑九泉。王潮死后，他并没有把位子传给自己的儿子，而是传给了自己的弟弟——王审知。

史料记载，王审知外表雄伟健壮，面容英俊潇洒，在军中常骑一匹白马，且因家里排行老三，所以军中皆称其为“白马三郎”。

在王审知的统治下，百姓安居乐业，在这个乱世之中，土地贫瘠的福建一地，竟然成为了一片世外桃源。

开平三年（909年）四月，已经代唐立梁的朱温封王审知为中书令，升福州为大都督府，并加封其为“闽王”。

至此，在五代十国这段历史中，第一次出现“闽国”这个名称。

后来，当中原一片大乱、各地群雄纷纷割据称帝的情况下，有人就劝王审知登基称帝，结果让他婉言谢绝了：

我宁为开门节度使，不做闭门天子。

——《十国春秋》卷九十《闽一太祖世家》

王审知的这条国策，简直跟钱镠的思想不谋而合！

跟吴越国一样，在当时四面强敌林立、诸侯皆对闽国虎视眈眈的局面下，如果不尊奉中原正朔王朝，不对中原正统王朝称臣纳贡、寻求保护的话，闽国这艘千疮百孔的小船，早就在这个血雨腥风的海洋中彻底沉没了。

就这样，在王审知统治期间，闽国相安无事，但是等他一死，他的那些子孙们就不满“开门做节度使”的地位，开始称王称帝了。

除此之外，王审知的子孙们非但没有光宗耀祖、光耀门楣，反而为了皇位干起了同室操戈、骨肉相残的人间惨案。

短短二十年时间，闽国竟然换了五位君主，可见闽王宗氏一族竞争的激烈程度。这种家族内乱不仅给闽国带来了巨大的灾难，还引来了一个不期而遇的强大敌人。

这个敌人，就是那位不听遗训，早年间雄心勃勃，意欲开疆扩土，甚至想问鼎中原的南唐第二代君主——南唐中主李璟。

看见闽国乱成一锅粥后，李璟没有一丝一毫的犹豫，他立刻出兵南下，发兵闽国。与此同时，看见南唐出兵后，吴越国一琢磨，这不对呀！要是让南唐占领了福建，自己将处于被南唐三面包围的不利境地了，这就差不多要亡国了！

于是，在南唐出兵后不久，吴越也立刻出兵，并一举攻陷了闽国的福州。后来，在南唐与吴越的联合入侵下，闽国五州被悉数瓜分，闽国也就此亡国。

在这场战役中，吴越占领了福州，南唐占领了剩下的建州、汀州、漳州和泉州，但是闽国降将留从效野心非常大，他看见南唐在福州被吴越打败后，就对南唐的统帅说道：“漳州、泉州这两块破地，到处都是盐碱土，种啥啥不长。再加上这些年战事连连，此地更是贫瘠荒废，一年的租税也赶不上你们一年的军费，所以就不劳烦你们长期驻守这里了。”

说完这番话后，留从效也不管南唐军队同不同意，他在泉州郊外摆了一桌饯行宴，就把南唐的军队轰走了。

对于这个结果，李璟气得脑袋直冒烟，但是他也只能接受这个事实，毕竟南唐刚刚被吴越打败，兵力单薄、无力再战，只能暂时隐忍，等老子喘完了这口气，这笔账咱们再慢慢算！

然而，就是这么一口气，李璟却再也没有喘过来。

为什么？两个原因足矣。

第一个原因，李璟自身堕落了。

虽然打了一场败仗，但是李璟还是吞并了闽、楚两国，一口气增加了 17 个州的人口与资源。一下子，这位意欲统一天下的皇帝李璟，突然性情大变，自认为天下无敌、不可一世了，从此之后，李璟不思进取，开始腐败奢靡起来。

第二个原因，北方出现了一个强敌，让李璟自顾不暇，再也无力南下了。

这个强敌，就是已经彻底崛起，意欲统一天下的周世宗——柴荣。

咱们前面介绍过，在统一天下这个问题上，周世宗有这个能力，后周更有这个实力。从显德三年（956 年）开始，柴荣先后三次亲征南唐，最终让李璟割让十四州求和，彻底臣服了自己。

在目睹了后周的强大，南唐的不堪一击后，坐镇漳泉两州的留从效彻底顿悟了，他也知道自己要干什么了。

于是，在未来的岁月里，留从效采用了两套基本国策，来对付这两个劲敌。

对于南唐，留从效采用的国策是——虚情假意、敷衍应酬。

这种策略的具体表现为：

一方面，虽然留从效名义上是南唐的藩王，他理应为南唐效命，但一旦硝烟四起，留从效马上采用一种“不反对、不支持、不参与”的策略，他绝不出兵，只是静观事态、明哲保身，一直坐山观虎斗。

另一方面，留从效虽然采用了一种“事不关己，高高挂起”的态度。但是，他也清楚地知道，漳泉名义上还是南唐的领地，自己不可能永远置身事外。因此，在不出兵的前提下，留从效就不断上疏，他告诉李璟要在哪里屯兵，要在哪里修筑防御工事，又要在哪里安排军队，从而抵御后周的赵匡胤……

可见，留从效一方面装聋作哑，打死也不出兵；另一方面却不甘寂寞，永远站在一旁指手画脚。他的这种表现把李璟气得咬牙切齿。

对于南唐，留从效是采用虚与委蛇、阳奉阴违的战术，但是对于后周，他则采用了另外一套国策——誓死效忠、永远跟随。

在目睹了南唐尽丢十四州后，留从效审时度势，他立刻归顺了后周。为此，留从效派遣了两路人马偷偷前往开封城，并递交了自己的降书顺表，以表示自己归顺的决心。

可惜的是，由于后周刚刚跟南唐议和，柴荣不想再掀起新的波澜。于是，周世宗只是高度赞扬了留从效一番，至于他投降的事情，柴荣没说下文，留从效也没敢再问。

自后周一朝，柴荣跟留从效都保持着这种微妙的关系，且直到宋朝建立，这种“对南唐虚与委蛇，对中原王朝秘密称臣”的关系，也没有发生过改变。

然而，到了建隆二年（961 年），这种微妙关系却被一件事情彻底打破。

蝴蝶效应

咱们都知道，这个世界上有很多“环环相扣、牵一发而动全身”的事情，这样的事情，古代人称之为“风起于青萍之末”，而现代人则称之为蝴蝶效应。

建隆二年（961 年），中原大地上也爆发了一场“蝴蝶效应”事件，直接“吓”死了一个皇帝，间接“害”死了一个藩王，还让一个地方政权彻底换了一个主人。

很热闹吧，那么，这到底是怎么回事呢？

原来，这一年三月，赵匡胤在轻轻松松地平定了李重进叛乱后，他一琢磨，好不容易带人来到了长江这里，反正闲着也是闲着，不如搞一场大规模的军事演示，好好地威慑一下那个不肯投降的南唐。

然而，包括赵匡胤在内的所有人都没有预料到，这场纯粹为了自娱自乐、毫无任何目的的军事表演，居然收到了神奇的效果，它直接“吓死”了一个皇帝。

这个皇帝，就是南唐中主——李璟。

李璟目睹了宋朝模拟的“沿长江攻击金陵”的军事表演后，直接被吓傻了，为了避祸，他迁都到了洪都城（今南昌），并病死在了那里。

虽然李璟迁都的目的，就是为了远离大宋，准备偏安一隅、苟且偷生，但是，在别人的眼中，却品出了第二种味道。

这个完全会错意的人，就是漳泉的土皇帝——留从效。

看见南唐李璟迁都后，留从效完全被吓傻了。因为李璟迁都后，就离自己更近了！因此，他武断地认为：“李璟之所以迁都，肯定是知道我投降的事情了，这是要派兵讨伐我呀！我可怎么办呀？”

于是，这完全吓傻的留从效不管不顾了，他直接上疏赵匡胤道：“我不能再忍了，我必须昭告天下，说我已经臣服于宋朝了，要不然你就不罩着我了。”

想象一下赵匡胤的心情吧：兄弟呀，这都哪跟哪呀？你也忒敏感了吧！

为了安抚留从效那颗脆弱的玻璃心，赵匡胤派遣使者带着大量的礼物去福建，以示慰问。然而，大宋的使者还没有到福建，留从效就急火攻心，背上生疽，最终被活活吓死了。

您看，这“蝴蝶效应”闹得，这叫一个乱！

然而，这时候还没有完！

留从效病死的时候，他的大儿子正带着厚重的礼物前往洪都，以表达漳泉人民对南唐臣服的意愿。然而谁也没有想到，留从效的大儿子刚刚动身，李璟就在洪都郁郁而终，继任者李煜跑回金陵称帝去了，这个孩子只能带着礼物转道去金陵，结果他还没有到金陵，自己的老爹也郁郁而终了。

老子去世，大儿子不在，为了国家的稳定发展，只能留守的小儿子接班了。然而，咱们都知道，在那个五代十国的年代里，君主“尚幼”意味着什么。何况，在这个年幼的君主旁边，还站着一个拥有无限野心、始终蠢蠢欲动的人。

这个人，就是留从效的手下大将——陈洪进。

陈洪进，男，字济川，宋兴化军人，军旅出身。这是一个标准的“五代十国”人，出名靠拳头，成名靠刀剑，扬名立万更是靠凶残的手段！只不过，陈洪进虽然发家的手段跟赵匡胤一模一样，但是却比这位皇帝凶狠得多！

看见老主子死了、小主子即位后，这位仁兄没有一丝一毫的犹豫，他直接发动了一场政变，把小主子全家绑送到了金陵。

理由：这小子要将漳、泉二州献给吴越，因为就在前不久，他请吴越使者吃了一顿饭！

这就叫欲加之罪，何患无辞！

即使扳倒了自己的顶头上司，陈洪进也明白这样做有点过。与其强出头，成为众矢之的，不如找一个人去顶缸，自己在幕后指挥。

在一系列暗箱操作后，漳泉二州最终的受益者，就变成了陈洪进的老伙计张汉思。

史书记载，张汉思宅心仁厚，平时墨守成规，凡事不肯出头，别人争吵的时候，他只会帮忙和稀泥，也根本没有自己的主见。因此，让这种人当领导，陈洪进可以放一百个心。

然而，陈洪进根本不知道，一个位高权重却没有主见的人，虽然他可以没有野心，但难保他手下没有野心，更难保他在手下的挑唆下，最终爆发出野心。

果不其然，没过多久，在几个儿子的挑唆下，张汉思完全被洗脑，他极其痛恨陈洪进这种独断专行的局面，于是他摆下了一桌“鸿门宴”，准备杀死陈洪进。

现在，知道为什么柴荣要力排众议，非要罢免张永德了吧。

根据史料记载，“鸿门宴”那一天风和日丽、万里无云，绝对是一个杀人放火的好日子，如果不出意外，陈洪进那天就该退出历史的舞台了。然而，人算不如天算，让所有人始料不及的是，一个意外却突然出现了。

宴会期间，突然地动山摇，一时间人们站立不稳，房屋也受到了不同程度的损害。很明显，这就是一场地震，等震完了，该干嘛还干嘛呗！然而，当时的人们却不是这样想的。

古代人相信天人感应，如果出现了天灾地裂，他们就会认为，自己干的龌龊事让老天知道了，老天发怒了，所以来点灾难以示惩戒。

所以，这些参与密谋的人都害怕了，他们认为这是老天在示警，陈洪进乃“天命所归”，这就是天意！

于是，这些人纷纷表示不再参与了，还有个别的人马上反戈一击，他们全都加入了陈洪进的队伍中，并告诉了他这顿酒宴的实情。

听说这是一场“鸿门宴”后，陈洪进气得咬牙切齿，说我对张汉思这么好，给你吃，给你喝，还让你当领导，你怎么能这样对我？

于是，陈洪进带着自己的两个儿子，他们怒气冲冲地来到了张老头家。

在这里，陈洪进先是骂跑了张汉思的下人，然后让两个儿子堵住门口，让他们不许放任何人进来。最后，陈洪进冷冷地看着这个老领导，慢慢地拿出了一把……一把大链锁。

对，就是平时那种居家旅游、锁门锁车的大链锁！

就这样，在张汉思惊恐万分的眼神中，陈洪进“咔嚓”一声就把大门给锁死了。随后，陈洪进告诉这个张老头：“想出来不？想的话，把帅印交给我，否则饿死你！”

张汉思还能有什么办法，于是，他颤颤巍巍地拿出了帅印，从门缝之间交给了陈洪进。

拿到帅印后，陈洪进立刻召集了大家，对这些将领们说道：“张汉思年纪大了，处理不了军务了，所以他把帅印交给了我，以后我就是大家新的领导。”

至此，诸将无一人反对，漳、泉二州新的领导人就此诞生。

这里多说一句，虽然陈洪进恨死了张汉思，但他为人还算厚道，并没把张汉思怎样。除此之外，陈洪进还给了他一间大房子，让他在这里安度晚年，最终无疾而终。

第九章 平定南方

吴越献地

即使做了漳泉的老大，陈洪进也没有富贵到手、器满志昏，他依旧保持着清醒的头脑。

为了能在宋朝、南唐、吴越三雄的夹缝中苦苦求生，陈洪进完全采用了留从效的办法，对宋朝、南唐两边全部称臣，谁也不得罪。

然而，随着格局的不断变化，目睹了南唐与宋朝之间此消彼长，陈洪进认清了形势，他终于大张旗鼓地对宋朝称臣纳贡，把南唐李煜彻底抛弃了。

得知自己被抛弃后，李煜心里这叫一个憋屈，他立刻上疏赵匡胤道："陈洪进就是一个首鼠两端的大骗子，他的话您千万别信！"

对于李煜这番肺腑之言，赵匡胤一笑了之，他反而派人告诉李煜："别再说了，漳泉两地归我了，陈洪进我也罩定了。"

后来，在拿下南唐后，赵匡胤封陈洪进为漳泉节度使，他的两个儿子也当上了漳泉节度副使、南州刺史。从那以后，漳泉两州从理论上名正言顺地归大宋所有了。只不过，这里更像是一块不归中央管理的特区。

当然了，这种局面也没有维持多久。

开宝九年（976 年）六月，当听说吴越国主钱俶已经觐见了宋太祖后，陈洪进的内心立刻忐忑不安了起来，他决定紧跟形势，立刻派遣自己的儿子进京，请求朝廷同意自己进京，并对赵匡胤行“乞觐之礼”。

后来，赵匡胤同意了陈洪进的请求，这个老头就带着自己所有的家当，开始从福建动身，风尘仆仆地前往开封了。

可惜的是，虽然陈洪进有进京的决心，但是他的运气太背了。陈洪进刚刚走到剑州（今福建南平），赵匡胤就在“斧声烛影”中离奇逝世了。

得知宋太祖驾崩后，陈洪进只得返回了泉州城。他这一次的进京之旅，就这样不了了之了。

当然了，这一次没有去成京城，陈洪进没有一点遗憾之情，毕竟人生还很漫长，这种机会多的是。

太平兴国三年（978 年），这个机会就不请自来了。

这一年，当听说钱俶进京被软禁后，这个已经 64 岁的陈老头算是想明白了：前半生拼死拼活得到的漳泉两地，如今已经变成了自己的催命符，要是再这样不识时务下去，估计就……

算了，好日子到头了，认命了。

太平兴国三年（978 年）四月，陈洪进带着全体家眷，以及漳、泉二州，十四个县、十五万一千九百八十七户居民的户籍本册，全部送到了赵光义的面前，只为换一间养老用的房子。

至此，大宋没费一兵一卒，尽得漳泉二州之地。赵光义大喜过望，为了表彰陈洪进这种行为，赵光义赏赐他钱千万、白金万两、绢万匹，并册封陈洪进为武宁节度使、同平章事。又册封他的大儿子陈文显为通州团练使，依旧回去管理泉州；小儿子陈文凯为滁州刺史，回去管理漳州。

后来，年已 64 岁的陈洪进就住在了开封城里，他一直享受着宰相级别的待遇，就这样无忧无虑地活着，一直活到雍熙三年（986 年）才安然去世。

虽然陈洪进献土归地的事情让开封城全城欢舞，但是，身处这个盛世旋涡中心的一个人却死活高兴不起来，这个人不仅面无血色，而且他还清楚地知道：自己的未来，已经被这件事情彻底定性。

这个人，就是吴越国主——钱俶。

钱俶投降

得知陈洪进主动献出了漳、泉二州后，钱俶惊恐不已。为了自己的前途，钱俶立刻写了一封奏折，他请求罢免自己“天下兵马大将军”的职位，废除自己所有的待遇，只求能够回到自己的故土，再拜祭一下祖先的陵墓。

虽然钱俶的这封奏折卑微下作、毫无骨气，但是，这封奏折依旧没有感动赵光义，这位皇帝还是回了那三个字：不同意。

得知这个结果后，钱俶一时不知所措。

就在此时，面对这个无计可施、黔驴技穷的钱俶，吴越国的宰相崔仁冀走了过来，他语重心长地说道：“大王，事已至此，朝廷的意思已经很明白了，您还是赶紧献土归地吧，不然大祸马上就要临头了。”

朝廷意可知矣，大王不速纳土，祸且至。

——《续资治通鉴长编》卷十九

史料记载，崔仁冀此言一出，刚才还沉默不语、无计可施的群臣们却来了精神，他们群情激昂，大骂崔仁冀是奸臣，说他要毁了吴越国的千秋万代。他们还要求皇帝诛杀了崔仁冀，以儆效尤。

面对这些精神亢奋的大臣，崔仁冀长叹一声，他慢慢地说道：“诸位呀，如今咱们在人家的手掌心里，离自己的国家有一千多里，除非咱们长上翅膀，否则谁能跑得了？”

今已在人掌握中，去国千里，惟有羽翼乃能飞去耳。

——《续资治通鉴长编》卷十九

这一下子，群臣立刻无语，钱俶也知道自己该干什么了。实际上，对于这一天的到来，钱俶早已预料到，只是还心存侥幸而已。

第二天，为了换来一顶“淮海国王”的帽子，钱俶毅然决然地把吴越十三州、八十六县、五十五万六百零八户居民全部进献给了赵光义。

“平白无故”得到了这么多的土地，赵光义的心情好得不得了，除了加封钱俶的官职外，赵光义还册封了钱俶的儿子为淮南节度使和镇国节度使，册封他的孙子为泰宁节度使。就连那个理应无法封赏，却积极主动给钱俶做思想工作的崔仁冀，也得到了一个淮南节度副使的官职。

不管怎样，对于赵光义而言，钱俶的主动投降，绝对是一件举国欢庆的大喜事！因为从此刻起，即太平兴国三年（978年）五月开始，伴随着吴越国主钱俶的纳土归降，这不仅标志着大宋王朝兼并吴越国的胜利，也标志着帝国对南方完成了统一！

至此，从唐末开始，中国南方那轰轰烈烈的“九国”，那些不可一世、驰骋天下的英雄豪杰们，终于退出了历史的舞台。在这片土地上，将不会再出现“天有二主，国有数君”的局面，这里将只有一个皇帝，并只有一个王朝的名字！

太平兴国三年，这将是一个永载史册的年份；这段历史，也将是赵光义不朽的功绩！

当然了，我们也千万不要忘记，这个永载史册的太平兴国三年，不过是赵光义当上皇帝的第二年而已。在这么短的时间内，这位皇帝一个人不可能干出这样的丰功伟绩，所以逼迫钱俶、陈洪进献地，这完全是赵匡胤“前人栽树”的结果，赵光义只是坐享其成罢了。

但是，不可否认的是，虽然是坐享其成，但是赵光义也完全接过了哥哥的衣钵，他不仅让哥哥的政策得以延续，而且没有发动一场战争，只凭不断地施压和恐吓，就收到了不战而屈人之兵的效果，让数十万军队全部归顺了自己。

毫不夸张地说，让江南百姓免受兵祸之苦，让两地百姓免于生灵涂炭，仅此一项，赵光义即可救活无数百姓，堪称普度众生，功德无量。

这，才是一个明君该有的功绩；但是，下面这件事情，就不是一个明君所为了。

原来，为了庆祝收复南方，统一天下的伟大胜利，此时的开封城里，到处张灯结彩、钟鼓齐鸣，处处呈现出一片节日的气氛。然而，在这举国同庆的盛宴下，一处人家却让人唏嘘不已。

此时此刻，这家的男人正在守护着自己病重的妻子，只见他两眼无神、毫无精气……

这个人，就是那位“一旦归为臣虏，沈腰潘鬓消磨”，已经在开封城苟活了两年之久的南唐亡国之君——李煜。

诗中之帝——李煜

有一个家喻户晓的故事，叫“乐不思蜀”，说当年蜀国被魏国灭掉后，在接见亡国之君刘禅时，司马昭故意在酒宴之上演奏蜀国的音乐，并跳蜀国的舞蹈。

当看见这幅画面后，蜀汉旧臣们想起亡国之痛，个个掩面低头痛哭，唯独刘禅怡然自若、嬉笑不断。司马昭就问他：“安乐公是否思念蜀？”刘禅回答道：“此间乐，不思蜀也。”

后来，因为这个典故，刘禅成了历史的笑料。

有的时候，我在想，如果李煜也能学习那不成器的刘阿斗，天天这样没心没肺、安于现状地活下去，估计他就会是另外一种结局了。

可惜的是，作为中国杰出的文人之一，李煜那高傲的自尊心，不允许他这样作践自己。不管身处何地，李煜都要抬起自己高傲的头颅，将自己所有的才华显露无遗，并让所有人都崇拜自己！

这，才是那个真正的李煜。而他的悲剧，也正源于此。

作为一个武人，宋朝的开国皇帝赵匡胤对李煜有一种超级复杂的心理，并用两种截然不同的方式表现了出来。

一方面，赵匡胤极其欣赏李煜的才华，并在公众场合不止一次感叹道：“李煜，真乃翰林才子。”另一方面，因为在文学上敌不过这个才子，所以赵匡胤只能通过各种政治手段去贬低李煜，这样他才能获得平衡，并掩盖自己“自惭形秽”的心理。

在赵匡胤期间，这位皇帝册封李煜为“违命侯”，这个封号的含义，不言自明。

除此之外，赵匡胤还天天约他吃饭，至于在餐桌上谈论的话题，全都是战争方面的问题！要知道，这根本不是在互相交流经验，赵匡胤就是在拿李煜开心，一个亡国之君的战败者，还能有什么深奥的道理？

然而，等时间到了开宝九年（976 年）十月二十日那天，赵匡胤离奇逝世，第二天，赵光义突然当上了皇帝。

对比自己的哥哥，虽然赵光义在登基后，他第一时间拨乱反正，改掉了那个带有侮辱性的“违命侯”封号，并送给了李煜一个不错的头衔“陇西郡公”。但是，他对李煜的欺凌却变本加厉了。而且，他不仅欺负李煜的身体，还有他的精神以及他的家庭。

根据史书记载，在大宋的法律中，有官职的男人，必须每天进宫朝觐天子；有诰命的女子，也必须每天朝拜皇后。李煜的夫人小周后是大宋册封的“郑国夫人”，因此她也要按时执行。

然而，每次小周后进宫时，都要在宫里“逗留”好几天，才能被放回来。那么，小周后在宫里，她都干什么呢？

据说，是新皇帝单独召见了她。

那么，赵光义召见她，干什么呢？

根据百家讲坛赵晓岚教授的描述：

在“召见”小周后时，赵光义突发奇想，命令画师现场作画，把他们的所作所为全部记录下来，绘成一幅画，史称《熙陵幸小周后图》。

如今，虽然这幅画已经失传，但是在明朝沈德符的描述中，我们依旧能够知道这幅画当年的内容：

> 太宗戴幞头，面黔黑而体肥，周后肢体纤弱，数宫女抱持之，周后有蹙额不胜之态。
>
> ——《万历野获篇》

这段文字，我绝不解释，自己理解。

实际上，我个人认为，宋太宗还不至于荒唐至此。如果赵光义真干了这种没头没脑的事情，他早就在激烈、残酷的政治斗争中被搞死了，还能这样名正言顺地站立着，并在中国历史上赢得一个不错的口碑？

然而，不管怎样叙述这段历史，有一点倒是真实的：赵光义确实霸占了小周后。

那么，赵光义为什么要霸占小周后呢？

这还有什么好解释的！因为小周后美。可是，您想过没有，天下美女那么多，皇帝什么样的女人弄不到，为什么赵光义要这样处心积虑，甚至冒天下之大不韪，非要得到这个“二手货”呢？

原因非常简单，因为小周后的老公就是李煜。

自古以来，男人对男人最高等级的侮辱，就是通过女人来完成的。赵光义真正想侮辱的人，其实是那个李煜。

为什么，因为这个皇帝有一个特殊的爱好——好文。

对比那个只创作了“一首半”诗句（《咏初日》和两句没头没尾的诗）的哥哥，赵光义在文学上的修养要强得多。根据史料的分析我们知道，这位宋太宗赵光义皇帝，那真是：琴棋书画，无一不晓；诗词歌赋，样样精通。

先说琴棋书画：

根据《宋史·乐志一》记载：宋太宗对于音乐的钻研，特别是琴道方面的领悟，已经到了专家级别的领域了。赵光义不仅能够谱写曲谱独立奏乐，他还能够改良乐器，创造出一个崭新的古琴——九弦琴。

在棋类方面，太宗也是一个高手，他不仅能够独立创造出“弈棋三势”，并用这原创的“独飞天鹅势”“对面千里势”“大海取明珠势”三招击败天下英雄。除此之外，赵光义还能在下完棋后，凭借记忆把棋局画下，命人制成棋谱，放置在秘阁里。

再说诗词歌赋：

在诗词歌赋方面，这位皇帝创造的作品颇多，堪称“赵三多”。

第一多，数量多。

根据《宋史·艺文志七》记载，宋太宗所创作的文集，共有一百二十卷，五千一百一十五个卷轴，数十个御书纨扇，以及数百个大小牌匾。

第二多，文体多。

根据《全宋文》记载，宋太宗诗文兼工，涉及各种文体，光流传下来的文体，就有歌诗、赋颂、铭赞、序记、碑传、诏书、议论、铭志、奏议等，文体内容更是不计其数。

第三多，创作缘由多。

通过宋太宗流传下来的诗文，我们能够清楚地知道，赵光义创作的这些诗文，有的是政治需要，有的是自我消遣，有的是君臣唱和，有的则是为了发泄不满……

总之一句话，只要有机会，赵光义就会发挥一下自己的创作才能，并乐此不疲，他也很享受这种万人称赞的感觉。

然而，矛盾也正在于此。

虽然太宗赵光义文采飞扬，但是他依旧得不到胜利，因为他的对手，是那个“诗中之帝”的李煜。看那李煜的诗句、李煜的文采、李煜的境界，都是赵光义可望而不可及的梦想。

所以，这个问题，正是李煜悲惨结局的真正原因。

试想一下，一个九五之尊的皇帝，他理应比任何人都要高，赵光义怎么可能低下自己高贵的头，还对一个亡国之君顶礼膜拜呢？

因此，不能在文学上打败你，我就在精神上消灭你！

李煜的精神世界，就是自己的爱人——小周后。

事实证明，赵光义成功了，自从他强幸了小周后以后，这个女人就彻底崩溃了。从那以后，小周后就像一个泼妇一样，她天天站在庭院里跳脚骂街，而李煜根本不敢上前去劝，他是能躲就躲、能逃就逃，只能任凭小周后破口怒骂，完全不顾忌自己的颜面了。

我们也要理解小周后这种心情，因为在她的眼中，这个天天只会借酒消愁的男人，根本不是她的皇帝，更不是她的一切、她的天……这个男人就是一个大骗子，是一个根本不成气候的窝囊废！

这个男人骗了自己的感情，骗了自己的一生，还骗自己害死了姐姐……

爱到极致，便是魔；恨到极致，则成癫。

最后，小周后终于疯了……

对于这个女人，我无话可说，毕竟她害死了太多的人，她害死了自己的姐姐，甘愿当一个小三。因此，这种结局，也应该是这种女人最终的归宿。

天作孽，犹可违；自作孽，不可活。

仅此而已……

殊不知，小周后疯掉后，没过多久，李煜也得到了最终的解脱，他离奇逝世了。

太平兴国三年（978 年）七月七日，李煜死于家中，享年 41 岁。他的死，也成了一个千古之谜。

天上人间，终于梦圆

根据南宋王铚《默记》记载，李煜的死，主要跟三个人有关系。

第一个人，南唐一位大臣的儿子——郑文宝。

故人相聚，李煜自然十分高兴。然而，李煜很快就发现自己错了，郑文宝不像是来串门的，更像是来挑衅的。“您要谨慎行事，要珍惜宋朝皇帝对您的宽恕，不要胡说八道，更不要胡思乱想……”

虽然从字面上看，郑文宝的这番话似乎没错，也很得体。但是，您千万别忘了，郑文宝教育的对象，曾经可是一个九五之尊的皇帝！敢这么当面教训李煜，再加上郑文宝说话时那种阴阳怪气的语气，李煜当时的心情可想而知。

真是落地的凤凰不如鸡，一个小小的芝麻官敢用这样的语气去调侃嘲笑一位曾经的皇帝，李煜那仅存的一点点自尊和威严，至此烟消云散了。

当天晚上，李煜痛哭流涕，他哭了很久，很久……

然而，对比下一位直接上门抢劫的人，郑文宝这种踢馆子的表现，已经算是文明行为了。

第二个人，李煜的宰相——张洎。

送走郑文宝后，没过几天，李煜又见到了另一位老朋友，他曾经的宰相张洎。然而，李煜万万没有想到，这个张洎，他已经完全换了一副模样。

原来，张洎此行不为别的，他就是来敲诈勒索李煜的。

李煜这个气呀，人是可以变的，可是怎么能变得这么快！

到了最后，李煜也不想搭理这个混蛋了，反正家里也没有值钱的东西了，就剩下一个白金做的脸盆了。李煜把这个脸盆随手一扔，让张洎拿着滚蛋了。

当天晚上，李煜痛哭流涕，他又哭了很久，很久……

这气受的，真是受大发了。

殊不知，对比下面这一位，郑文宝和张洎的表现，还算是好的。这一位即将来访的客人，他不要钱，却要命。

第三个人，就是南唐第一辩客，可以“谈笑弭兵锋”的——徐铉。

遥想当年，当李煜投降后，徐铉就跟随这位君主一起来到了开封城，准备归顺赵匡胤。后来，只要一想到徐铉那争论不休的辩论场面，赵匡胤的气就不打一处来，他对着徐铉厉声问责道：“你小子不是能言善辩吗？为什么不及早劝说李煜归顺朝廷？”

徐铉回答道：“臣身为江南大臣，国家灭亡，理应去死，不必再问其他。”

听完这番话后，赵匡胤感慨颇深，他非常敬佩地说道：“忠臣呀，大宋需要你这样的人才，以后侍奉我的时候，请跟侍奉李氏一样。”说完，赵匡胤给徐铉赐了座，还授予了他相应的官职。

后来，等赵光义登基称帝后，徐铉官职不变，还继续干着以前的工作。直到有一天，宋太宗在看见他后，突然问了一句：“见过李煜没？”

“回皇上，臣不敢去见。”徐铉颤颤巍巍地答道。

“那就去看看吧。”说完，赵光义就打发徐铉动身了。

当天晚上，等看见这个股肱之臣后，李煜欣喜若狂，他们相坐而泣。李煜诉说了自己的委屈，痛骂那些辜负自己的大臣。最后，李煜后悔地说道：“悔不该当初杀了潘佑、李平！”

潘佑、李平何许人也？他们是南唐的忠臣猛将，堪比擎天一柱。若他们在，赵匡胤何以能够轻松灭掉南唐，让李煜成为亡国之君。

然而，自责中的李煜根本没有注意到身边的徐铉，这个面无表情的人在听完所有的牢骚后，第一时间返回了皇宫，他当着赵光义的面，把刚才李煜的话完完整整地重复了一遍。

赵光义终于知道自己该干什么了。

当天晚上，赵光义让弟弟秦王赐牵机药，就这样毒死了李煜。

据说，牵机药是一种非常可怕的毒药，其主要成分是番木鳖碱和马钱子碱。人吃下去后，头部会开始抽搐，剧烈的腹痛会让身体开始向后弯曲，最后头与足部脚尖相接而死。因为死状惨烈无比，形似古代的织布机，所以取名牵机药。

当然了，关于李煜的死亡原因，还有另外一个版本，这个版本更加家喻户晓，且深入民心。

原来，小周后疯掉后，李煜闷闷不乐，此时恰逢七夕，他在自己的府衙奏乐跳舞，并演唱了自己那首最著名的诗词：

春花秋月何时了，往事知多少。小楼昨夜又东风，故国不堪回首月明中。

雕栏玉砌应犹在，只是朱颜改。问君能有几多愁，恰似一江春水向东流。

——《虞美人》

当赵光义听见这些诗词后，他对这些文字的理解，却完全换了一种味道。

“忆往事、乘东风、顺春水、回故国？”这样的诗句在赵光义的耳朵里，只有一种解释——李煜这是要造反！

于是，李煜的歌声还没有唱完，开封府尹、皇帝的弟弟赵廷美就登门拜访了，他送来了皇帝的一杯酒。李煜饮完了这杯酒，他就在剧痛中英年早逝了，享年 41 岁。

据说还有一个版本，说李煜是病死的。

咱们都知道，李煜最初的名字叫作李从嘉，字重光。之所以取这个名字，是因为李煜的眼睛很特别，他有一只眼睛是重瞳。

重瞳，意思是一个眼睛里有两个瞳孔。在古代人眼中，但凡拥有重瞳的人，都是帝王圣贤。

纵观中国五千年历史，在李煜之前，有两个因重瞳而出名的人。其中一位，就是五帝之一的虞舜，因为天生双瞳，所以他接替了尧，成为了上古的一位帝王。另外一位，就是那个力拔山兮气盖世的“西楚霸王”项羽。虽然在中国历史上，项羽最终是一个失败者，但是在古人眼中，拥有重瞳的项羽才配当一代帝王。所以，司马迁在写《史记》的时候，他把项羽写进了《本纪》里面，把项羽当成了一代帝王。

虽然在古人的眼中，重瞳是一种至高无上的荣耀；但是在现代医学眼中，重瞳却是一种病，是因为脑部长了一种蝇类的寄生虫，而且受这种病的影响，这类人的寿命都不长。

因此，一切的谜题都解开了，有病的李煜本来寿命就不长，再加上国破家亡的经历，导致他最终病死。

好吧，不管真相如何，李煜还是死了，而且走得非常凄惨。

实际上呢，我个人猜想，虽然李煜在临死前的那一刻，他的身边充斥着赵光义的刀光剑影、爱人小周后的歇斯底里，这些都让他痛苦不已。但是，当这一切即将与自己无关的时候，李煜反而心如止水，也彻底平静了下来。

毕竟，李煜的一生就是一场风花雪月的梦，荣华灿烂，败谢凋零，这些不过都是黄粱一梦。不管是市井小民，还是英雄豪杰，所有人的结局都一样：收获一口棺材，变成一缕尘土，仅此而已……

然而，唯一不变的，只有李煜那永载史册的诗句。这些诗句也直接阐述了这位诗人最后的大彻大悟。

帘外雨潺潺，春意阑珊，罗衾不耐五更寒。梦里不知身是客，一晌贪欢。独自莫凭栏，无限江山，别时容易见时难。流水落花春去也，天上人间。

——《浪淘沙令·帘外雨潺潺》

天上人间，终于梦圆……

南唐后主，李煜——李从嘉，走好，愿天堂只有欢笑，再无刻骨铭心的噬骨之痛。

盖棺定论一下吧：

作为一名文艺工作者，李煜是极其成功的；但是，作为一个皇帝，李煜又是极其失败的。虽然他不是一个好皇帝，但也绝不是一个坏皇帝。要知道，在那个五代十国的乱世里，比李煜更坏、更混蛋的皇帝，要多得多。

在这个乱世之中，作为独立于中原之外的南唐，不管是谁当皇帝，终究都会被中原王朝所一统，只不过是让李煜撞上了，他也活该倒霉。

如果在太平盛世的话，也许，这个皇帝的命运就会是另外一种结局了吧；也许，这就是一种自欺欺人罢了。

第十章 统一天下

最后一块领地

宋太平兴国三年（978年）七月七日，李煜死于东京，享年41岁。虽然在中国文学史上，很多人会对他唏嘘不已，但是在当时，李煜就是风中的一根蜡烛，转瞬即逝，悄无声息，没有任何人在意。

毕竟，人人都要为自己的梦想而奋斗，谁会在意别人的死活？特别是这个奋斗的人，就是不甘寂寞、战斗不息的大宋皇帝——赵光义。

每当夜幕降临后，在这座高大幽静的皇宫之中，赵光义都会默默地苦思冥想，并把自己的头颅转向北方，在他那双坚韧而明亮的眼睛里，我们更能看见其一生奋斗的目标：

太原，我必取之！

——《续资治通鉴长编》卷二十

是的，在这个时代，如今五代尽灭、九国皆降，只要攻陷了北汉，获得这最后一块领地，就能让自唐末以来分裂的中华大地，在我的手中凤凰涅槃、浴火重生。

到了那个时候，我将超过那个开疆拓土、战无不胜的柴荣；以及那个横扫天下、诸侯皆惧的大哥赵匡胤。只有我，才是这个天下最强的帝王，才是这个中原真正的主人！

这是何等的荣耀！我又将如何被永载史册！

一想到这些，赵光义就能从床上激动地跳起来，他紧紧握住自己的拳头，根本无法遏制自己亢奋的状态，他恨不得现在就挥师北上，兵锋直取太原城。

然而，在短暂的激动后，他也必须要从理想回归到现实：

北汉，这个疆域面积不及后周十五分之一、宋朝三十分之一，只有区区三万人口且土地贫瘠、人民贫苦的弹丸小国，为什么能在这片中原大地屹立二十九年之久？为什么能够顶得住周世宗、宋太祖的多次大规模的讨伐，始终不灭亡呢？

实际上，所有人都明白这个国家没有灭亡的原因。作为五代十国之一的北汉，这个国家除了地势险要、城池坚固外，还有一个强大的“干爹”。

这个“干爹”，就是那草原上凶悍无敌的霸主——大辽王朝。

还是那句话，不管您承认也好，反对也罢，对于赵匡胤，对于赵光义，或者是整个中原王朝君主而言，他们都要面对一个残酷的事实：从辽国诞生的那一刻起，你就打不过他。

根据后世统计学家的描述，到公元 975 年左右，宋朝已经基本上统一了中国，当时这个帝国拥有 310 万户居民，总人口 1000 多万人，军队数目接近 40 万人，但主要以步兵为主。同一时期，辽国总人口虽然只有 400 多万人，但其总兵力超过 30 万人，且都是清一色骁勇善战的骑兵。

40 万步兵应对 30 万骑兵，您说，谁的实力更占优？

很显然，宋弱辽强，这是当时所有人的共识。持这种观点的人，也包括宋朝的开国之君赵匡胤。

根据《续资治通鉴长编》记载，为了改变这种军事局面，赵匡胤专门设立了一个叫作“封桩库”的机构，其职能就是想尽一切办法玩儿命地存钱，作为收复燕云十六州的专项资金，由皇帝亲自掌管。

那么，这笔钱要怎么用呢？

按照赵匡胤自己的设想，这笔钱有两种处理意见：

第一种，等积攒到一定数量后，就去跟辽国交涉，把这些钱当成赎金，去把燕云十六州赎回来。

第二种，要是契丹人不同意，那就把这些钱当成军费，招募勇士，靠武力夺回来！这个办法，要是用文言文读出了，那叫一个铿锵有力，让人热血沸腾。

如曰不可，朕将散滞财，募勇士，俾图攻取耳！

此外，太祖赵匡胤还算了一笔账：辽国总兵力 30 万人，精兵大约 10 万，我用 20 匹绢的价格去收购一个辽国精锐骑兵的脑袋，那么，大约费我 200 万匹绢，就能把辽国消灭干净了。

赵匡胤的这笔账是怎么算出来的，我反正是没看明白。我唯一知道的是，由于没有存够这么多钱，他对辽国也充满忌惮，所以终太祖一世，这些钱也没用上。

殊不知，就在赵匡胤投鼠忌器，对大辽心存畏惧之时，一场不期而遇的小规模交战，一个在历史上根本没有留下名字的战役，却彻底打破了这个僵局，并让双方都开始重新认识、重新评估对方的军事实力了。

三千打六万

开宝三年（970 年）十一月，在潘美血战南汉，正在跟大象死磕之际，辽军见宋军主力南下，北面防守空虚，他们集结了 6 万铁骑入侵，并偷袭了宋朝边境重镇定州城。

由于事发突然，赵匡胤只能仓促应战，他第一时间调集了 3000 兵马，并派当时的四方馆使田钦祚率军迎战。

田钦祚，颍州汝阴人，父田令方，汉虢州团练使。

虽然太祖信任田钦祚，也相信他的能力，但是他心里还是在不停地打鼓，毕竟敌人有 6 万大军，本方才区区 3000 人，这个实力悬殊得有点过。因此，在出征前，太祖偷偷摸摸地把田钦祚叫到了一边，并嘱咐了他十六个字：

彼众我寡，背城列阵，敌至即战，勿与追逐。

就是说，敌人很强大，咱们很弱小，你只需要城下列阵迎敌，敌至即战，如果敌人撤退了，你也不要追击。

史料记载，田钦祚很好地履行了皇帝的命令，到了定州后，他在城下列阵迎敌；等敌人到达后，他再跟敌人交战；等敌人退却后……田钦祚却率军追击了！

很显然，由于杀得兴起，田钦祚的肾上腺素已经全部涌现了出来，他把赵匡胤的嘱托全部抛在了脑后，就这么率领 3000 人出击，开始追着 6 万人砍。

区区 3000 人，就敢追着 6 万人干，契丹人出奇愤怒，他们立刻停止了撤退，重新列阵迎敌。

看见敌军重新列阵后，田钦祚不但没有停止追击的脚步，反而直接冲了过去！

铁的事实证明，只要自己不怕死，就会有怕死的人。

在目睹了这个不要命的疯子如鬼神附体一般冲入自己阵营后，辽国士兵明显被吓傻了。一时间，辽军四散奔逃，全线溃败，而田钦祚更是如入无人之境，左右厮杀，数万敌军无人敢挡，无人敢阻。

后来，由于田钦祚太过剽悍，导致他的目标过于明显，结果辽国士兵看出了端倪，他们乱箭齐射，直接射中了田钦祚的坐骑，并把他掀翻在地。

宋军将士一下子集体傻了眼，要是主帅被打死了，这场仗还怎么打？然而，仅仅过了一秒钟，田钦祚就从地上爬了起来，并再次诠释了何为“剽悍”。

哪怕摔得浑身是土，哪怕形象惨到极点，哪怕身上还挂了彩，这位田主帅却毫不在意，他拍拍身上的土，对着手下大喊道：“换马再战！”

男人，是一个真男人！

一看领导这么猛，小兵还能不拼命？于是宋军士气大振，他们开始了不要命的进攻，直接跟契丹人对着砍。

没有人愿意跟疯子交战，这些骁勇善战的契丹人也不例外。在目睹了宋军全部杀红了眼后，辽军立刻达成了一个基本的共识：撤，马上撤，我们今天只是想抢点东西，犯不着跟这些疯子开战，这笔买卖忒不划算。

至此，在田钦祚 3000 人马的攻击下，辽国 6 万大军被赶了回去，这场战役也在边境留下了一个传说：

宋军骁勇善战，能三千打六万。

假设一下，如果你是辽国的皇帝，当听说了这个传说后，你会不会大吃一惊，并重新审视这个理论上“软弱可欺”的国家，进而重新计算双方的军事实力，最后主动示好，与这个国家建交呢？

事实也是如此，辽国真的被这个传说吓住了，他们开始与宋朝建交了。

开宝七年（974 年）十一月，辽国派遣使者到达雄州，他们通过雄州太守孙全兴上疏赵匡胤，表达了本方想结束战争、建立睦邻友好关系的心意。

对于辽国的这个请求，赵匡胤二话不说，全部同意。至此，从这一年开始，宋辽之间开始了频繁的外交联系，并签订了相应的协议。

虽然在这些合约中，最重要的燕云十六州问题没有解决，但是双方都视对方为睦邻友好的兄弟之国，并给予了对方使者极高的待遇。

要知道，自辽太宗耶律德光病死中原后（后面再说），中原人就跟契丹人结下了不共戴天之仇。中原人看契丹人是土匪，契丹人看中原人是恶霸，且因为语言不通，双方只能拿刀互砍。结果，在这一次次深入的外交沟通后，双方都惊讶地发现，对方人品还不错。

当然了，他们的这种睦邻友好的局面，却彻底坑苦了一个人。

这个人，就是北汉的君主——刘继元。

原来，为了表示自己的诚意，在与宋朝修好后，辽国第一时间派遣使者前往北汉，告诫北汉君主刘继元，说现在时代变了，你不要不识时务，动不动就想侵犯宋朝了。

据《续资治通鉴长编》记载，当听完这道圣旨后，刘继元号啕大哭，他竟然要集结部队出征，去跟那个“干爹”辽国拼命！后来，在大臣们的百般劝说下，刘继元才收回成命。

可见，经过了这件事后，刘继元已经知道自己未来的结局了，而宋朝的赵匡胤，他也知道自己该下哪一步棋了。

开宝八年（975 年）三月，宋朝入侵北汉，攻陷一座城池，斩杀数千人，还获得战马八百匹。当然了，这场战役真正的意义，不是这些字面上的数字，而是宋朝要通过这种试探，来看看大辽的诚意。

也就是说，经过了这么多次的交流后，双方都保留了一种不便明说的默契：辽国保留后晋时期的领土格局，对于其他的问题，只要宋朝别太过分，我们也就意思意思，至于北汉的问题，呵呵……

从这一刻起，对于辽国而言，为了能与宋朝交好，北汉已经被辽国彻底抛弃了。

于是，第二年八月，即开宝九年（976年）八月，宋朝分兵五路讨伐北汉，捷报频传。

虽然在历史的文献中，对于北宋的这场大规模入侵，作为北汉盟国的大辽，是派遣了部队进行支援的。但是，在宋朝的历史文献里，却没有任何记载，也没有任何辽国出兵的蛛丝马迹。

换句话说，即使辽国出兵援助北汉了，但是在宋朝人的眼中，那也只是一种象征性的援助，根本不足为惧。因此，如果宋太祖没有在“斧声烛影”下稀里糊涂地死去，那么北汉的历史很可能早就戛然而止了。

开宝九年（976年）十月，赵匡胤突然死了，那些出征北汉的大宋皇家禁军们，也只能悻悻而归，回来拥立新君。

同一时间，那位北汉的君主刘继元，也终于松了一口气。

说到这里，真有点同情这位刘继元了。

要知道，这位仁兄穷：北汉幅员狭小，土地贫瘠，开销甚多，收入却很少。这位仁兄还怕：刘继元怕宋朝，他怕宋朝随时会兴兵讨伐，结束自己的这一切；刘继元也怕大辽，他怕大辽保持沉默，甚至纵容宋朝收拾自己。

总之一句话，在这种“既穷又怕”的局面下，刘继元只能在这种双重煎熬中等待，等待着那一天的到来，等待着那个人来结束这一切。

这一年，是太平兴国四年（979年），在处理完了内政、平定了南方所有诸侯后，在一次朝会之中，赵光义终于对着一位将领，吐出了自己一生的抱负：“朕要出兵北汉，是否可行？”

这个被询问的将领，就是宋朝国防部部长（枢密使），大宋第一良将——曹彬。

大宋第一良将——曹彬

古往今来，我们都羡慕名将的风采，也很想体会一下战场上指挥千军万马的感觉。然而，纵观中国历史，名将毕竟只是少数人，更多的人就是游戏里面的小兵。

根据史料记载，曹彬绝对是宋朝的一位名将，这个结论实至名归。

那么，身为一个名将，曹彬是怎么炼成的呢？

对比之前那位有识、有仁、有勇、有谋的潘美，曹彬的成长之路，则完全换了一副模样。

曹彬成功的第一个因素：天命所归。

跟所有人一样，曹彬也是一个志向远大的人。只不过，对比那位靠诗歌抒发感情的潘美，曹彬有志向的时间就更加早了！

当时的他，仅仅一岁。

咱们都知道《红楼梦》里有这么一个故事，说贾宝玉一周岁的时候，他的父亲贾政跟他做一个游戏，就是要试他将来的志向，便将那世上所有之物，摆了无数与他抓取，谁知他一概不取，伸手只把些脂粉钗环抓来。

看见儿子抓那些东西后，贾老爷子大怒道："完了，完了，怎么能抓女人之物呢？这个孩子算是毁了，他长大了肯定是一个酒色之徒！"

当然了，这毕竟是一个游戏，咱们也不用太较真，这要是一个规律，那才叫麻烦了。或者是说，如果这个游戏能够定性的话，那么这个社会反而好办了，也能彻底太平了：反正长大了也不是什么好人，掐死了再生一个便是。

好了，再说就妖言惑众、众怒难犯了，这个问题到此打住。

虽然在这个游戏中，贾宝玉的成绩不太理想，但是，在曹彬一周岁的时候，他的父母也做过这样的游戏，而曹彬在这个游戏中的表现，就可以拿高分了。

看见这么多东西后，曹彬没有一丝一毫的犹豫，他左手拿起了刀剑之类的玩具，右手拿起了祭祀用的器皿。随后，他又双手拿起了一枚印章，而其他的东西，曹彬是看也不看，瞧也不瞧。

这一下子，曹家人大喜过望道："我儿志向远大，这是要'武可定国、文可安邦'的节奏呀，未来一定能出将入相，成为一个永载史册的大官。"

随着时间的流逝，这个故事越传越大、越传越广。到了最后，身为主要当事人的曹彬，居然相信了这些谣言，并开始主动配合起来了。

根据史料记载，长大后的曹彬，"及长，气质淳厚"。也就是说，他变成了一个拥有虚怀若谷之风、深受大家爱戴的人了。这也是曹彬能够成功的第一个因素。

曹彬成功的第二个因素：低调朴实。

根据史料记载，曹彬是一个标准的皇亲国戚，后周太祖的贵妃张氏，是曹彬的姨母。那么，根据前面王继勋的案例，一般像他们这类人，表现不外乎有两种：

第一种是，特狂妄、特嚣张，天地之间都容不了，恨不得一个跟头去大闹天宫；第二种是，特谦虚、特低调，一点没有高干子弟的架子，甚至比普通人还能装孙子。

在这个问题上，王继勋属于前一种，而曹彬正好属于后一种。

根据《宋史·曹彬传》记载，在出任晋州兵马都监期间，有一天，一个风尘仆仆的官员来送信，这个官员不认识曹彬，他只能偷偷地问其他人："哪位是曹监军？"

等别人告诉他后，这位送信的官员竟然不信，他反而认为这些人在欺骗自己，但见这个官员大声痛骂道："休要戏耍于我！你看看那个人，穿那么朴素的衣服，坐那么朴素的椅子，这是封疆大吏吗？这个人还那么谦虚谨慎、遵守礼节，这是皇亲国戚吗？你骗傻子呢！"

可见，单凭此点，曹彬平时朴实的作风，也就可想而知了。

这么一个谦虚谨慎、不嚣张跋扈的人，想不成功都难！

除了不嚣张跋扈、不目中无人外，曹彬之所以能够位高权重，是因为他还拥有另外一件法宝，一件连赵普都没有的法宝。

这个法宝就是：清正廉洁。

这，就是曹彬成功的第三个因素。

后周显德五年，曹彬出使吴越，在完成任务还朝期间，曹彬亲自书写了一张表格，上面清楚地记载了见过何人，受过什么私礼，全部退还回去了，等等。

除此之外，吴越国王"官方"送给他的礼物，曹彬也绝不接受，即使无奈接受了，他也毫不保留，他把这些全部登记在册，并上缴了国库。

得知这一情况后，柴荣被感动得哇哇的，他把钱全都退了回去，曹彬这才毕恭毕敬地接受。但是，这些钱他也没留，曹彬把它们全部分给了自己的亲戚朋友。

后来，等历史的车轮转到宋朝后，在那场“官方授权”的伐蜀战争中，其他将领掠夺了无数的女子和财物，个个中饱私囊。唯独曹彬秋毫不犯，财物无所取、妇女无所幸，除了运回来一车子书本、衣服外，曹彬就什么都没有了。

通过这次伐蜀的战役，赵匡胤得到了一个非常好的结论：

曹彬这个人，打仗身先士卒、舍生忘死；生活公而忘私，国而忘家；作风不贪污腐败、不结党营私。

总之一句话，曹彬绝对是一个好干部，他也不会辜负自己的厚望。

当然了，单凭这些，曹彬还不足以打动赵匡胤，曹彬真正成功的秘密在于：曹彬永远知道自己的身份，特别是在双方都知根知底的情况下，他更是知道自己身份的重要性，以及如何处理这种身份关系。

曹彬成功的第四个因素：不偏不倚，保持中立。

根据史料记载，曹彬与赵匡胤算是老相识了，他们全是柴荣“潭州帮派”的老成员。当时曹彬的地位远远高于赵匡胤，人家可是真正的皇亲国戚，因此柴荣授予他掌管茶、酒这种肥缺买卖的官职。

在当时，赵匡胤还是一个名不见经传的小小官吏，但是他好酒成性，只要一有机会，赵匡胤就会嬉皮笑脸地跑到曹彬这里，希望他行个方便，给自己几坛子好酒。

试想一下吧，如果你是曹彬，你会怎么办呢？

古往今来，解决这个办法很简单，无非就两条：

第一条，为了结交这个朋友，曹彬完全可以随手给赵匡胤一些酒。反正拿公家的东西送人情，不管在任何时代，都是那么的体面。

第二条，秉公执法，曹彬完全可以把赵匡胤一脚踢出去，然后再补上一句：“滚蛋，你算什么东西？还敢让我徇私舞弊，你不想混了？”

然而，对于这个既想结交赵匡胤又想奉公守法的曹彬而言，他却选择了第三条路，一条完全不同的道路。

史料记载，只要赵匡胤想喝酒了，曹彬就会把他拉到酒馆里，让赵匡胤尽兴而归，但绝不动用官酒，全是曹彬自己埋单。

为此，赵匡胤很是感谢曹彬，他总想找机会报答一下。然而，等赵匡胤得势之后，曹彬却离他越来越远了。特别是当赵匡胤成为了后周第一军事强人，最终黄袍加身后，曹彬更是躲得远远的，他自始至终保持着一种微妙的关系：不是公事，曹彬绝不登门拜访。大臣们的宴会，他更是能推就推，能不参与就不参与。至于那些凭借过去攀龙附凤的事情，曹彬更是一字不提。

看见曹彬这种表现后，赵匡胤纳闷了，他必须得当面问一个明白。于是，等赵匡胤登基第二年，他就直接问曹彬道："曹爱卿呀，我问你个事，我一直想亲近你，你却老躲着我，这是为什么呢？"

曹彬恭恭敬敬地回答道："我是周皇室的近亲，现在又是您的内职近臣，这样恭敬谨慎地办事，还担心犯错误呢，怎么还敢轻易结交呢？"

> 臣为周室近亲，复忝内职，靖恭守位，犹恐获过，安敢妄有交结？
>
> ——《宋史·曹彬传》

一听这话，赵匡胤心花怒放。从此之后，赵匡胤更加器重曹彬了，并力排众议，最后授予了曹彬一个出乎所有人意料的官职。

这个官职就是——讨伐南唐的总司令！

赵匡胤派遣曹彬为统帅，这既是对曹彬的一种信任，也是一种挑战，更是一场前所未有的豪赌。

为什么？翻看一下曹彬的简历，咱们就能看出里面的端倪了。

在出任主帅前，曹彬最显赫的职务是什么——宣徽南院使！这是一个负责安排郊祀、朝会、宴会的官职。

换句话说，曹彬就是一个打下手的杂役，就是一个毫不起眼的公关部经理。

虽然在这之前，曹彬去过四川，当过陕州路都监。但是，曹彬根本没有独立打过仗，也没有独立带过兵，史料更是直言不讳地写道：

> 一言以蔽之，从未独当一面。

总之一句话，赵匡胤重用了一个既无战功又无威望的将领，还授予了他这么一个重要的官职。先不说曹彬能不能胜任，到底行不行，大军还未出征前，赵匡胤就需要解决一个迫在眉睫的问题：怎么让这些将领听从指挥，全都听命于曹彬呢？

这确实是一个超级大的问题！

要知道，在此次六路出征南唐时，以潘美为首的那些将领们，个个久经沙场、身经百战，他们砍人头的数目，比曹彬码的盘子数目都多。因此，让这么一个初出茅庐的小鲜肉，去管理这么一群桀骜不驯的猛将，难度可想而知！

对于这个问题，要是处理不好，那就太热闹了。对于这么一个毫无根基的上司，潘美等人完全可以一撇嘴："老子让你管理，这就算不错了，你还想怎么的！"

可见，要是出现了这种状况，赵匡胤真是连哭的机会都没有了。

那么，对于赵匡胤而言，他要如何解决这个难题呢？

其实，解决这个问题的办法很简单，只要一样东西足矣。

这件东西，就是在京剧里反复出现，我们全都熟悉无比的玩意儿——尚方宝剑。

在出征前，赵匡胤特意授给了曹彬一把尚方宝剑。除此之外，这把剑还是当着潘美等人的面赐予的，赵匡胤还特别说明了一句："副将之下，不听命令者，可以先斩后奏，以儆效尤！"

潘美等人全都吓傻了。史书记载："潘美等人皆失色，不敢仰视。"

至此，这么一个维护团结的老大难问题，就被赵匡胤不动声色地解决了。

这是一个合格的"刹车"

根据史料记载，在此次征伐南唐的战役中，这场战役的总指挥，是坐镇开封金銮殿上的赵匡胤；负责冲锋陷阵、领兵厮杀的，则是有勇有谋的潘美；就连在采石矶搭建浮桥的工作，都跟曹彬没有一丁点关系。

那么，对于这么一个"一无是处"的人，赵匡胤凭什么把统率全军的任务交给他呢？在这次出征的过程中，曹彬的作用又是什么呢？

铁的事实证明，这次出征没有曹彬还真不行。因为，曹彬是一个合格的"刹车"。

要知道，如果把军队比喻成一辆战车，不管这辆战车的炮火多么凶狠，马力多么强劲，如果想安安全全地行驶到终点，那么，这辆战车必须配一个合格的刹车，否则绝不可行！

从这一点上讲，这才是曹彬真正实力的体现。

在这场战役出征前，为了不重蹈灭蜀时期的覆辙，太祖皇帝谆谆告诫道："此次出征，各位将领一定不要烧杀抢掠，残害百姓。要树立威望，以德服人，让南唐百姓自愿臣服，不可一味使用刀枪，更不可一味猛攻。"

总之一句话：勿暴虐，广威信，不可滥杀无辜。

然而，将在外，军令有所不受，面对瞬息万变的战局，即使曹彬再生性仁厚，他的尚方宝剑再令人不寒而栗，也不敢保证每个将领都会贯穿这一基本原则。特别是面对那个负隅顽抗长达九个月、始终不肯就范的南唐国主李煜后，宋朝的将领们更是不想听命了。

开宝八年（975年），在围攻了金陵城长达九个月后，宋军的不满、愤怒情绪终于达到了临界点，他们统统开始质疑曹彬，质疑他为什么要遵守太祖"不可急功、使其归顺"的圣旨，非要遵循那个"不战而屈人之兵"的狗屁道理！

在目睹了李煜非暴力不合作、宋军诸将血灌瞳仁的场面后，曹彬终于妥协了，他发布了总攻的命令，并且派人告诉李煜："今年的十一月二十七日，就是金陵城的陷落之时，你还是赶紧做好准备吧！"

很显然，曹彬的这条消息，就是最后的通牒了。然而，李煜的态度依旧那么暧昧，他先是说需要更多的准备时间，后又说要举行一个饯别宴，到了最后，李煜干脆就杳无音讯，不再回复了。

面对李煜这种"不见棺材不掉泪"的态度，宋朝的将领们气愤无比，大家气得咬牙切齿，开始磨刀霍霍了，表示不用等到二十七日，老子现在就能杀进城去，活剐了那个李煜！

然而，自从诸将开始磨刀霍霍、准备屠城时，曹彬就对外宣布，自己得了重病，重到无法处理军事，根本不能指挥了。

得知这个消息后，诸将全都傻眼了，说这大战在即，主帅要是生病了，谁来指挥大家攻城呀？于是，以潘美为首的诸将全都跑了过来，他们冲进了曹彬的大营，来询问病情。

看见诸将后，曹彬用"虚弱"的声音说道："感谢各位来看我，我的病不是药物能够治愈的，这得需要诸位帮忙才行。”

一听这话，诸将当时就晕了，他们立刻附和道：“打仗可以，治病救人咋帮呀？你倒是说说呀。”

曹彬说道：“要想我的病痊愈，必须要诸位立下誓言，城破之时不可滥杀一人，到时我的病就能痊愈了。”

> 余之病非药石所愈，须诸公共为信誓，破城日不妄杀一人，则彬之疾愈矣。
>
> ——《宋史·曹彬传》

诸将全都醒悟了，原来你曹彬是在装病！他就是在变相恳求大家，给自己一个面子，不要滥杀无辜。

曹彬之所以这样做，也是有自己的苦衷的。毕竟，在古代的攻城战役中，围困城池的时间越长，将士的报复心理就越狠。一旦城池被攻破，伴随而来的就会是大规模的杀戮、掠夺，甚至是屠城。

因此，杜绝这种事情的发生，就是曹彬的病因，而诸将的焚香立誓，才是曹彬最好的良药。

可见，曹彬的这场病，真是不早不晚，恰到好处。

当然了，即使曹彬不装病，诸将也拿他没有一点办法，毕竟在他的身后，那件挂在墙上的尚方宝剑已经露出了嗜血的獠牙，这把宝剑无时无刻不在提醒着大家：“别忘了，老子是天子之剑，拥有斩杀任何人的权力！”

至此，在曹彬恩威并施之下，所有的将领们全都妥协了。

开宝八年（975年）十一月二十七日，金陵城如期被攻破，在曹彬的号召下，宋军军纪严明、秋毫无犯，莫说纵兵抢劫了，你就是去老乡家讨碗水，也得按价给钱！

除此之外，曹彬更是严格下令，敢欺负江南士大夫的人，一个字：杀；敢掠夺江南女子的，两个字：杀、杀；敢私藏财物的，三个字：杀、杀、杀。

总之一句话，得此良将，南唐之官甚幸，南唐子民甚幸！

等到了宋军班师回朝后，在曹彬的行李箱里，除了一些书籍和日常的衣服外，就什么都没有了。而其他将领的行李箱里，估计也差不多。

当然了，这些将领骂没骂街，背地里说没说曹彬坏话，我就不得而知了……

除了没有纵兵抢劫，保护了南唐一方子民后，对于南唐亡国之君李煜，曹彬更是礼数周到，对他好到了极点。

根据史料记载，金陵城破之后，南唐主李煜身穿白衣，口含玉璧，手牵一只白羊，全身缠满草绳立于城门口，跪拜着等待宋军的到来。而在他的背后，南唐文武百官皆身穿孝服，他们伏在一口空棺材上，放声痛哭，若丧考妣。

这种仪式，是古代君主标准的官方投降礼，用来表示自己犯了死罪，等候发落，而他的官员抱着棺材哭，是在为他提前服丧守孝。

目睹这种阵势后，潘美等人当时就蒙了，说这是一个什么情况，南唐君主对自己行跪拜大礼，我们到底是回，还是不回？

就在这时，只见曹彬把李煜搀扶了起来，他毕恭毕敬地说道："我甲胄在身，不能回拜，还请见谅。"一句话，既维护了大宋的礼仪，也给足了李煜面子。此举实在是高明。难怪后世评价这段历史时，全都欣赏曹彬的外交功底，说他无愧"大宋第一良将"之名。

殊不知，这个头衔的背后，还有一段不为人知的秘密。

在举行完了这个投降仪式后，曹彬和潘美上了一艘船，他们邀请李煜上船喝茶。结果，由于上船的路是一块独木板，李煜非常害怕，他徘徊不前，死活不上来。最后，曹彬只能派人去搀扶李煜，把他扶了上来。

李煜好不容易上船后，他还没有喝上一口茶，曹彬却突然送客了，他委婉地告诉李煜："我看，您还是赶紧回宫吧，多拿一些金银财宝，否则那些东西一旦登记造册，您就再也拿不出来了。等到了开封城后，您就是一个拿工资的上班族了，这种日子您肯定过不惯。这么着吧，您赶紧去收拾行囊，明天的这个时候，咱们再在这里不见不散。"

听完这番肺腑之言后，李煜感激涕零，他马上下船回皇宫，去收拾自己的行李了。

李煜走后，潘美、梁迥、田钦祚（三千打六万那个）全都不干了，他们围着曹彬就是一顿吵吵："曹彬，你搞什么搞！好不容易逮着了李煜，他万一要是出了事，畏罪自杀了，这个责任怎么算？"

面对诸将的质疑，曹彬不紧不慢地说道："诸位不用担心，你们刚才没有看见吗？李煜连一块木板都不敢走，说明他是一个怕死的人。这么一个怕死的主儿，又怎么会畏罪自杀呢？”

后面的事情，果然都在曹彬的预料之内，第二天的这个时候，李煜如期而至，他身后还带了几百只装满各种财宝的大箱子。李煜不仅筹集到了下半辈子的生活费，也让曹彬功德圆满，添加了一笔不错的政绩。

当然了，即使一切都完美无比，明智的曹彬也会不失时机地“锦上添花”一笔。

在收复南唐的庆功宴上，曹彬完全展示了自己身为“大宋第一良将”的风采与高度，他委婉地告诉皇帝：

臣等此次南行，仰仗天威，一遵庙谟，乃能成事。吾有何功耶，何况使相乃极口之官乎？

——《宋史·曹彬传》

这段话的意思是说：我们这次出征，不过是仰仗皇帝的天威，遵从皇帝的指挥罢了。我们啥功劳也没有，怎么能论功行赏呢？

看看，多么的轻描淡写，多么的体贴入耳，这马屁拍的，爽！

咱们有一个误区，认为只有时时刻刻歌功颂德的人，才是马屁精。实际上，所谓的马屁精，那也是分等级的，真正的马屁精，是绝对不会让人知道自己是马屁精的；而只有那些所谓的白痴、笨蛋们，才会喜欢那些业余的马屁精。

看着有点晕吧，咱们还是用曹彬举例吧。

试想一下，如果面见赵匡胤后，曹彬开门见山地说“陛下英明神武、天下无双、攻无不克战无不胜”等。

那么，曹彬会有一个什么样的下场呢？

必死无疑！

谄上欺下、溜须拍马的小人，必须拉出去砍了！

这个原因很简单，言过其实的溜须拍马、无中生有的夸大奉承，其本质与挖苦嘲笑没有什么两样。只有那些傻子们才会愿意听，真正有本事的人根本不屑一顾。

所以，如果曹彬真的这么说了，只能让赵匡胤认为：曹彬这是在挖苦自己，这就是一个妄自菲薄、奸诈之徒，必须杀之而后快。

反之，如果曹彬只说实话，“无意间”说到了赵匡胤的心坎里，既察言观色、投其所好，又掌握火候、切中要害，最后还顺水推舟、水到渠成。虽然闻起来有一股马屁的味道，但是句句都是实话，怎么能不叫赵匡胤高兴呢？

所以，我们看现在的各种连续剧，看那些大清所有的官员，都是靠拍马屁才能升官，只有会拍马屁的人才能发达，比如和珅。

其实呢，根本不是那么回事。

中国人最讨厌的就是马屁精，中国人最恨的也是马屁精。如果和珅真是一个马屁精，他天天大喊着“乾隆皇帝万岁，我们永远效忠您”等，他早就抛尸荒野、露宿街头了，除非乾隆是一个笨蛋。

但是，虽然我们讨厌马屁精、痛恨马屁精，但是我们也喜欢被赞美、被别人歌功颂德，也喜欢那种浓郁的马屁味道，甚至欲罢不能，而在这种情况下，就能看出一个马屁精的功力了。

不去刻意地讨好别人，但也不去特意地作对比，进而得罪别人；在这条既想讨好，又不得罪的道路上，选出一条合理的道路，并且让这条道路永远弥漫一种马屁的味道，还要分寸拿捏清楚，尺度把握明白，这才是一个马屁精的最高境界。也是曹彬的真本事！

面对这么一顿高帽子的歌功颂德，赵匡胤明显被熏晕了，他立刻对曹彬等人加官晋爵。赵匡胤加封曹彬为枢密使，领忠武节度使。

这里多说一句，枢密使是宋代的军事官职之一，相当于现在的国防部部长，与宰相同级别；而节度使相当于现代的“省委书记 + 省长 + 人大常委会主任 + 政协主席 + 纪委书记 + 法院院长 + 军区司令”，说白了就是一个土皇帝。

虽然在宋朝，节度使的官职被一贬再贬，但是在宋初，枢密院兼节度使，也算是强强联手的职位了。

能够得到这个职位的人，非皇亲国戚、百分之百信任者，绝不可上任。

自宋一朝，第一个得到这个官职的人，不是赵普，不是赵光义，而是这个曹彬。

后来，即使授予了曹彬崇高的权力，赵匡胤还是觉得意犹未尽，他又送给了曹彬整整 20 万贯铜钱。

史料记载，当天曹彬回到家里以后，他就看见了一屋子的钱。

看见这些钱后，曹彬哈哈大笑，他说出了一句流传至今的经典名言——人生何必使相，好官不过多得钱耳！

真是一语中的。

后来，即使赵匡胤离奇逝世了，曹彬依旧青山不倒、绿水长流，他摇身一变，就成了赵光义的心腹大将。

第十一章 收复北汉

朕意已决，三个“不”

太平兴国四年（979 年）正月，太宗准备征讨北汉，他询问曹彬道：

周世宗及我太祖皆亲征太原，以当时兵力而不能克，何也？岂城壁坚完不可近乎？

——《续资治通鉴长编》

赵光义的这段话，主要包含了两层意思：

第一层“明”的意思，周世宗柴荣，我的哥哥赵匡胤，他们都亲征过北汉，为什么打不下来呢？是因为城池太坚固了吗？

第二层“暗”的意思，我要征讨北汉，这个是否可行？

您想，曹彬多会做官呀，他立刻解释道：

世宗时，史超败于石岭关，人情震恐，故师还。太祖顿兵甘草地中，军人多被腹疾，因是中止。非城垒不可近也。

——《续资治通鉴长编》

就是说：柴荣讨伐失败，是因为史超兵败石岭关，导致军心不稳，这才被迫撤兵。太祖时期，是因为赵匡胤在甘草地驻扎，导致很多士兵都得了痢疾，这才被迫停止。因此，这跟太原城坚不坚固、完不完整，没有一丁点的关系。

除此之外，曹彬还告诉赵光义，如果您要想出兵北汉，那就是：国家兵甲精锐，人心欣戴，若行吊伐，如摧枯拉朽耳。

一听这话，赵光义哈哈大笑，随后北伐这件事情，就这样定下来了（帝意遂决）。

当然了，这世间万物都有正反两面，有同意的人，自然也有反对的人。这不，这边赵光义刚刚定下北伐的事情，那边宰相就上门打架来了。

对于讨伐北汉这件事情，当朝宰相薛居正不同意。

第一，薛居正告诉皇帝："周世宗柴荣、太祖赵匡胤之所以没有攻陷太原，就是因为太原城坚不可摧，最后拖垮了我军，这和死没死大将，得没得痢疾，根本没有一点关系。"

第二，北汉是一个不毛之地，太祖已经把那里的百姓迁徙到洛水、黄河了，因此像北汉那种地方，打下来也没用，得到了反而会成为负担，根本划不来，还望陛下三思。

您看，这个出征的事情，就彻底僵在这里了。

对于薛居正等人的反对意见，早已下定决心的赵光义力排众议，他用了三个"不"字，就让这些人统统闭上了嘴。

第一个"不"，形势不同了。

当年太祖打北汉的时候，是一个什么情况？帝国没人、没钱，也没有统一，北汉还有契丹罩着。现在什么情况，帝国有的是钱，北汉也没人管了，这个时候不打，更待何时？

第二个"不"，不能半途而废。

赵光义告诉这些反对者们，当年太祖"徙其人、空其地"，到底是为了什么？还不是为了今天能够顺利地攻陷北汉，所以，我们岂能半途而废？

第三个“不”，嘿嘿……

我已经决定出兵了，你们不要再说了，都给我统统闭嘴——朕计决矣，卿等勿复言！

就这样，宋太平兴国四年（979年）正月，在赵光义宣布征讨北汉后，宋朝这部高效而强大的战争机器，立刻开始了全速运转。

一时间，宋朝大军在边境上云集，战争的恐怖阴影，迅速席卷了北汉全境，也击碎了刘继元那颗脆弱的玻璃心。

干爹呀，亲爹呀，亲爷爷呀！救命呀，你不能不管我呀！

史料记载，面对刘继元这一封封哭爹喊娘的救命信，契丹人终于坐不住了。同年正月初五，辽景宗派遣使者进入开封城，前来询问宋朝讨伐北汉的理由。

请注意，这里的词语，是询问，而不是警告。可见，当时在辽国人的心里，眼前的这个大宋王朝，根本不是那个“积贫积弱，不堪一击”的国家。此时的宋朝，是一个真真正正的强国。

对于辽国的询问，太宗毫不畏惧，他铿锵有力地回答道：

河东逆命，理应征讨，若北朝不援，则和约如故，不然，惟有战耳！

——《续资治通鉴长编》

看看，多么强硬，多么让人扬眉吐气！自唐朝中叶以来，还没有一个中原之主，敢对少数民族的草原霸主这样轻蔑鄙视、出言不逊。

史料记载，得到这个强硬的回答后，契丹使者连个屁都没敢放，就灰溜溜地逃跑了。

为什么？因为在他们的眼中，这个自立为王、谋朝篡位（赵炅自立）的皇帝，是一个真真正正的强者。草原民族的人尊重强者，更是对这种人充满了敬意。

原因很简单，契丹民族没有“上天注定”的概念，那里的人“生而平等”，只要你有本事，谁都可以当可汗。因此，在契丹人的思维里，赵光义是一个比他哥哥更加强大的人。这种人，他说的每一句话也绝对算数。

史料记载，契丹的使者还没有回国，宋朝的军队就已经全线出动了，他们分兵两路，向着各自既定的目标咆哮而去，一路到底，绝不回头。

第一路宋军，目标是太原城东北方向的石岭关，那里是辽国援助北汉的必经之地，因此宋军要死守这里，彻底关上这座进晋的大门。

第二路宋军，目的就非常简单了，全军以最快的速度前进，不用管周边城镇，也不用管其他敌军，速战速决，以最快的速度攻陷太原城。

一时间，宋军像潮水一样涌入北汉境地，全军日夜兼程，潘美更是第一时间冲到了太原城下。然而，潘美的速度还是慢了，在围困太原城之前，他还是放进去了一个人。

这个人，也算是咱们的老熟人了，他就是天雄军节度使，北汉的“无敌将军”——刘继业。只不过，我们更喜欢叫他——杨业、杨令公。

无敌将军——杨业

今天我们谈起《杨家将》，说起杨业，那真是家喻户晓、天下皆知，杨家一族满门忠烈的故事，更是流传至今。

其实呢，杨业一生大部分时间都是在跟大宋对抗，而不是效忠，他的那个“无敌”的称号，也是在跟大宋战斗中得到的。后来，伴随着北汉的灭亡，杨业这才归顺了宋朝，并成为了大宋一员著名的边将。

当杨业归顺宋朝后，他的个人简历应该是这样填写的：

姓名：杨崇贵、杨重贵、刘继业、杨业。

性别：男。

籍贯：山西，或者是陕西。

您看，在杨业的这份简历上，除了性别外，其他的根本就是一塌糊涂，这个人的资料怎么这么乱呀！

先说籍贯问题：

杨业到底是哪里人？多年以来，拜各种梆子戏所赐，我们一直认为杨业是山西人。而且在这方面，权威的官方史料也跟着起哄，《宋史·杨业传》记载，说他是并州太原人。

杨业，并州太原人。父信，为汉麟州刺史。业幼倜傥任侠，善骑射，好畋猎，所获倍于人。

这么看的话，杨业就是一个标准的山西人了。其实呢，根本不是那么回事儿！

根据《杨家族谱》记载，杨业出生在麟州，是当地土豪杨信的长子，就是今天的陕西省神木县人。因此，杨业是一个地道的陕西人，根本就不是山西人。

后来，由于杨业奉命镇守太原，且一口气就镇守了将近二十年，结果很多人不知其内幕，再加上各种小道消息满天飞，久而久之，宋朝人就认为杨业是并州人了，并写入了官方文献里。

好吧，杨业的籍贯解释明白了，咱们再来解释他名字的问题。要知道，一个人可以改名字，这也是无可厚非的事情。但是，杨业怎么能有这么多的名字，而且连姓氏都改了呢？

对于这个问题，则要从杨业的主要经历说起。

杨业的老家麟州，这里是一个天天遭受契丹、党项、羌人侵扰的地方。面对这种乱成一锅粥的局面，杨业的父亲杨信一琢磨，说我守不住这里呀，还是依附中原王朝，寻求当时的后汉王朝保护吧。

在当时，有这么一个不成文的潜规则：地方豪强依附中原王朝，必须送子弟当人质。为此，杨信就派自己的长子杨崇贵，也就是杨业入京，用来表示自己的诚意。而后汉皇帝刘知远见杨业是个将才，就把他送到了山西，让杨业在刘崇手下任职，准备历练一下这个小子。

就这样，杨业从很小的时候起，就跟着刘崇混饭吃了。然而，这种局面没有持续多久，后周就取代后汉了。

公元951年，郭威在开封登基称帝，建立了后周王朝。同一时间，刘崇也颁布了登基即位诏书，他不承认后周王朝，而是继续使用“后汉”的国号，史称“北汉”。

既然东家刘崇都登基称帝了，当时还叫“杨崇贵”的杨业，他自然要避讳以示尊者了。于是，杨业拥有了自己的第二个名字——杨重贵。

后来，为了拉拢这位得力干将，刘崇就将杨业纳入了自己的孙辈，收为自己的养孙，并按照“继”字辈的排名，赐给了他一个新的名字——刘继业。

再后来，等杨业归顺宋朝后，宋太宗爱惜这员虎将，不仅亲自招降了杨业，还令其恢复祖先的姓氏：杨，并赐予一个单名：业。

这就是“杨业”名字的真正由来。

那么，这里有一个问题，从赵匡胤建立宋朝的建隆元年（960 年）算起，一直到宋太宗太平兴国四年（979 年）攻陷太原为止，杨业整整对抗了大宋将近二十年。对于这么一个负隅顽抗、绝不投降的将领，宋太宗为什么不追究杨业的罪责，反而以礼相待，并委以重任呢？

对于这个问题，两点足矣。

第一，杨业非常忠诚。

咱们都知道，区区北汉，疆域面积后周十五分之一，不及宋朝三十分之一，且土地贫瘠、人民贫苦，就是一个不值一提的弹丸小国。然而，这么一个随时会被消灭的国家，杨业却不抛弃、不放弃，始终保持着一颗赤胆忠心。

对于帝王来说，他们最喜欢杨业这种大臣。因为，一个没有任何政治节操和政治立场的人，是不可能谈“忠诚”二字的。而这两个字，是统治者最需要的东西，哪怕是愚忠的傻瓜，也比左右逢源的聪明人强！

可见，单凭这两个字，杨业就足以得到赵光义的赏识和信任。

第二，杨业是一个不可多得的将领，更配得上“无敌”二字。

史料记载，在上一次赵匡胤御驾亲征、讨伐北汉的战争中，杨业凭借一己之力，不仅抵挡住了宋朝的百万雄兵，誓死保住了这座太原城，还给了宋军一个意外。

原来，宋军攻城心切，赵匡胤更是亲自督战。结果，让所有人始料不及的事情发生了。

但见城门一直紧闭的太原城，忽然城门大开，从里面冲出一名骁勇善战的猛将，他挥舞手中三尖两刃刀，骑着卷毛踏雪骜，率领几百名视死如归的骑兵，就这样飞一般地直奔宋太祖而来！

黄罗伞盖之下，赵匡胤惊得目瞪口呆。

说时迟，那时快，就在赵匡胤进退两难之际，其手下大将党进挺身而出，他用自己的血肉之躯，在赵匡胤的面前组成了一道钢铁长城，最终掩护皇帝成功脱险。如若不然，赵匡胤几乎就被杨业活捉了。

后来，杨业这次不要命的突袭以及宋太祖险被剃头的经历，立刻在宋军大营内传开了，大家都非常敬佩这个将领，所以就送给了杨业一个称号：无敌将军。

就这样，在杨业的保护下，北汉始终巍峨耸立、岿然不动，直到送走了赵匡胤，迎来了他的弟弟赵光义。

对于赵光义而言，虽然沧海桑田、人世变迁了，但是他的对手，还是那个让他心里发寒、头皮发麻的杨业。

这个人，怎么那么难缠呀！

好吧，既然大家知根知底，又是老熟人，那就开打吧！对于宋军而言，果不其然，有杨业防守的太原城，确实坚固得可以。

宋军自围城以来，不眠不休，连续攻城一个多月，期间狂轰滥炸、挖地断粮，用尽办法，就差像上次一样灌水淹城，给刘继元等人泡澡了。然而，任凭宋军如何攻城，杨业依旧会用自己的生命去奋战、去搏杀，并在这个血雨腥风的海洋中，誓死保卫太原这艘千疮百孔的破船。

就这样，在杨业顽强的防守下，太原城依旧屹立在那里，且终于迎来了希望！

太平兴国四年（979 年）三月，辽国终于做出了回应，辽景宗耶律贤下令出兵。就这样，当时亚洲大陆上最强大的契丹铁骑，第二次全军南下，轰轰来袭。

该来的，终究还是来了……

好吧，无须多言，开战吧！让我们完成三年前那场未完成的巅峰对决，看看到底谁才是这片大陆上最强的部队。

石岭关之战

据《辽史》记载，自宋朝出兵后，辽国的朝廷就炸开了锅，主战派与主和派各抒己见，这两拨人天天吵得不亦乐乎，从早到晚，连个中场休息都没有，且根本停不下来。

在争吵了数天后，还是辽国皇帝力排众议，下令出兵，援助北汉。

其实，辽国出兵的原因很简单，换位思考就会知道了。毕竟对于辽国而言，北汉再穷再破，那也是阻挡宋朝的第一道防线，谁也不想把战火烧到自己的家里。

于是，耶律贤下令：辽国宰相耶律沙为元帅，统领先头部队；冀王耶律敌烈为监军，统领中间部队；南院大王耶律斜轸坐镇后方，统领所有预备队。

三路大军，层层推进，互为掎角，呼啸而来，而辽国攻击的地点，就是宋朝已经严阵以待的石岭关。

石岭关，古称“白皮关”，位于今太原市北50公里处，此地是代、云、宁、朔四州交通要冲之地，历代为兵家必争之地，更是出入太原的必经之路。

为了守住这座关隘，阻止契丹援助北汉，太宗赵光义可谓下了血本，镇守这里的，正是之前“三千打六万”的英雄：汾州防御使田钦祚。

然而，在石岭关这里，还有一个比这个英雄更猛的人。这个人也即将证明，自己比这个英雄还要能干！

这个人，就是宋朝的一代名将——郭进。

史料记载，等耶律沙到达石岭关时，他就被眼前的境况吓呆了。原来，宋军根本没有把契丹人放在眼里，郭进连关隘都不守，他已经威风凛凛地列阵城外，准备迎战了。

郭进的这种举动，不仅是一种自信，更是对敌人赤裸裸的挑衅。

在没有城池的保护、没有援军的情况下，郭进要凭借自己的实力，去挑战称霸整个亚洲的契丹军团，并从这一刻起，正式开启宋、辽之间二十多年的浴血奋战。

史料记载，在郭进的带领下，宋军就像长了翅膀一样，他们瞬间就冲到了契丹军团的面前，随后展开了超速而迅猛的进攻，杀得辽军鬼哭狼嚎。

郭进的进攻速度太快了，他就像一名快速的剑客，手持利刃，在敌人还没有反应过来的时候，一剑毙命、见血封喉。就是这样的快！

从来没有见过这个阵势的辽军，他们还没有回过神儿，郭进的钢刀就架在了他们的脖子上。于是，这场战争完全变了性质，它再也不是一场平等的决斗，而变成了一场单方面的屠杀。

此战中，契丹军全线溃败，耶律沙被杀得大败，他一路狂逃，据说一口气跑了上百里，直到遇见了接应的监军耶律敌烈，他的魂才算回来。

看见这位失魂落魄的主帅后，耶律敌烈做出了一个英明的判断：撤，你都打不过，何况是我！

于是，契丹大军立刻后队改前队，狼狈北逃，全军一路不敢停歇，一直撤回到了幽州境内。

至此，石岭关战役结束，名为阻击，实则野战，凭借郭进的英勇表现，宋军大获全胜，斩杀契丹一万余人，并把剩余的敌军全部赶回了老家。

宋军大捷的消息，立刻传遍了大江南北。这个消息不仅映衬了刘继元那张绝望的脸，也让千里之外的另一个人，彻底加快了自己前进的脚步。

这个“春风得意马蹄疾”的人，正是宋太宗赵光义。

原来，太平兴国四年（979 年）二月初二，在这个“龙抬头”的日子里，太宗下令御驾亲征，他要像当年的哥哥一样，把这件事情彻底办完。

然而，契丹人的大规模支援，却让这个皇帝有所顾忌，他只能这样慢慢地走，时刻准备着自己的第二套方案。

可是现在呢，契丹人被赶回了老家，宋军的士气更是高涨无比。于是，这位之前还小心翼翼的皇帝，终于加快了自己御驾亲征的脚步，并在自己的脑海里产生了一个傲慢与偏见的幻觉：

原来，传说中辽国那威震天下、所向披靡的军事力量，也不过如此……

殊不知，就在不久的将来，赵光义就为这种轻敌思想付出了惨烈的代价。

攻陷北汉

太平兴国四年（979 年）四月，赵光义终于御驾亲征到了太原城。

二月出发，四月到达，从河南的开封到山西的太原，赵光义确实走得有点慢。但不管怎样，宋朝那至高无上的黄龙之旗，终于飘扬在了这片土地上！

要知道，在那个君君臣臣的时代里，只要皇帝出现在这片土地上，就会让他的臣民看见希望！

“陛下亲征、攻无不克、战无不胜，吾皇万岁、万岁、万万岁……”万人齐声高喊，声震五湖四海，响彻九重云霄。

史书记载，在喊完了这些口号后，片刻之间，太原城下立刻沸腾无比，宋军开始不计生死，全力攻城！

对北汉军而言，当天的宋军就是一群不要命的疯子，每个人都敢对着死神龇牙咧嘴。天雄军校荆嗣更是勇猛无比，他身中数箭（重甲难透，没事儿），手里的家伙都砍崩了刃，依旧死战不退。

最后，还是赵光义下令把他撤了下来，荆嗣这才悻悻然地、不甘心地离开了战场。

虽然把全军的士气燃到了顶点，赵光义也不能让这些士兵白白送死，为了用最小的代价攻陷这座两代帝王都铩羽而归的城池，赵光义立刻开始了各种军事和政治行动。

赵光义干的第一件事情，劝降刘继元。

史料记载，在赏赐了各级将士后，赵光义给刘继元写了一封信，这封信态度极其虔诚，条件也非常优越。总之一句话，只要你肯投降，什么都好办。然而，等这封信送去后，却杳无音信、石沉大海。

这种回复信件的方式，也充分验证了北汉的迎敌思想——装聋作哑，非暴力不合作，不见棺材不掉泪。

好吧，意料之中的事情，我也犯不着跟你怄气。

赵光义干的第二件事情：调兵遣将，倾尽全力，彻底孤立太原城。

在劝降刘继元未果后，赵光义下令，征调郓、济、博、棣、泽、潞、怀、汝、华、虢、晋、绛、慈、解、齐、德、曹、单、淄、卫等诸州将士，全部赶赴太原城。

同时，赵光义还告诉这些将士：你们在行军的时候，沿途无论大小城镇、村庄山寨，都要给我连锅端。我要让这个刘继元无处可去、无路可逃！

在这位皇帝的号召下，整个中原北部狼烟四起，军事调动更是空前密集，效果也显著无比。仅仅数周，宋朝的军队就如蝗虫入境一般，所过之处，所有州县全部被洗劫一空。

等这些大军陆陆续续集结在太原城时，所谓的北汉，早已支离破碎。除了位于北方边陲的汾州外，北汉诸县全部沦陷，只剩下这座孤零零的都城还在苟延残喘。

赵光义干的第三件事情：发放工具，全力射箭。

史料记载，在这次攻城战中，赵光义用尽了宋朝的所有储备，他准备了10万“控弦”之士，并发给了他们数百万的弓箭，并命令他们“顷刻而尽”。

想象一下吧，宋军“蹲甲交射”，日夜不停，最后让太原城“城无完堞，矢集如猬”，远远望去，整个变成了一个大刺猬。

当然了，这还不算完，赵光义还有更狠的招式，即将上演。

赵光义干的第四件事情：组建“武工队”，让敌人闻风丧胆。

早在出征北汉前，宋太宗就组建了一支中国历史上最早的文工团，一支百余人的专门给敌人表演的部队——舞剑队。

这是一批经过精挑细选的猛男，太宗命专人教他们剑舞，学成之后，他们个个都能把剑扔到空中，并从容不迫地接下来。

在围攻太原期间，不管赵光义走到哪里，这百余人的舞剑队都会在其身边。

史料记载，这些舞剑队员们“袒裼鼓噪，挥刃而入，跳蹲承接，霜锋雪刃飞舞满空，戎使见之，惧形于色，望之破胆”。

虽然这里的“破胆”，有一些夸张的成分，但不可否认的是，这确实有震慑和瓦解北汉军心的作用。

然而，尽管赵光义用了这么多的招式，但是铁的事实证明，这座号称“不破”的太原城，它确实拥有让人发狂的本钱！

整整四个月过去了，在数十万宋军的疯狂进攻下，这座城池依旧岿然不动，让宋军无可奈何。

好吧，事已至此，那就让暴风雨来得更猛烈些吧！

时间到了太平兴国四年（979 年）五月，宋军的攻击终于到了顶点，数十万大军开始了连续二十四小时、不分昼夜的攻击。

在宋军这种疯狂的攻击下，经过了一个月的殊死战斗（太能抗了），北汉的防御终于崩溃。月末二十九日的早上（己卯日朔时），宋军终于攻破了太原城的外城，第一时间涌进了北汉的内城，准备继续开战。

孰料，就在这个时候，北汉的内城城门突然打开，从里面冲出来一群北汉人！

面对这支北汉的“反攻”部队，杀红了眼的宋军没有一丝一毫的犹豫，他们集体冲了上去，嘁里咔嚓，就把这支部队集体砍成了饺子馅。

战后，就在宋军清理战场、准备收集这些人的首级去请赏时，突然之间，但见北汉巍峨耸立的内城城墙上，一阵刀光剑影后，一大堆人头被扔了下来。

宋军不知所云，大家捡起一看，这些全是女人和小孩的首级，且从当时的情况来看，这些是刚才那支“反攻”部队的家眷。

事后，宋军才知道了真相，原来冲出来的那支北汉部队，他们根本就不是来“反攻”的，而是来投降的！只不过时机和火候都没有把握好，这才被宋军彻底误会，他们自己不仅成为了宋军的刀下鬼，他们所有的家眷，也都被刘继元砍了脑袋。

虽然误杀了这些投降的北汉士兵，让赵光义唏嘘不已，但是通过这件事情，他也明白了一个道理：

如今的北汉，大势已去、军心涣散，刘继元只剩下最后一口气了，我绝不能让他再喘起来！

事实证明，赵光义的判断完全正确。

在这个世界上，即使是号称“不破”的城池，也有被攻陷下来的那一天。

两天后，即太平兴国四年（979 年）五月三十一日，这次北汉军马步军指挥使郭万超学乖了，他充分掌握了投降的火候，成功地变成了大宋的一员。

同一天夜里，为了做最后的殊死一搏，北汉组织了一场最大规模的夜袭，可谓倾尽全力。然而，由于曹彬和潘美早有准备，在一番厮杀之后，北汉士兵全军覆没，无一生还。

事后，在打扫战场时，宋军惊讶地发现，他们居然从这些死人身上搜刮出了十几个兵符，且不乏将军级别的符印。

这说明什么？北汉已经彻底完了！将军们都亲自来当敢死队了，北汉已经彻底无一兵一卒了！

第二天，即太平兴国四年（979 年）六月一日，当太阳升起的时候，赵光义发布了自己胜利的宣言——今天放假一天，大家好好休息一下，明天中午，我们进城去吃饭（翌日中午，当食于城中）！

到了六月二日，一切都应该结束了！

史料记载，由于已经连续战斗了半年，天天没日没夜地强攻，让这些宋军心力交瘁、忍无可忍，他们的愤怒早已冲破了临界点！宋朝将士们终于集体大爆发，他们“士奋怒，不可遏”，要不顾一切地冲进太原城内！

宋军的表现不仅吓坏了敌人，也彻底吓傻了本方的皇帝。

看见这些满眼通红、怒发冲冠的士兵后，赵光义立刻下令全军后退，因为他害怕这些士兵攻进城后，为了报复敌人，他们会大开杀戒，进而上演一场屠城的精彩表演（上恐屠其城，因麾軄少退）。

然而，正当赵光义下令士兵后退时，太原城的城门却缓缓地打开了，但见一个全身缠满草绳，口含玉璧，手牵一只白羊的人，正率领着一群身穿孝服、抬着一口大棺材的文武百官，边哭边慢慢地走了过来……

至此，结束了，这场持续了半年多的战役，终于分出了胜负。

这一天，伴随着刘继元的举国投降，太原城终于陷落，而北汉十州、41 县、

35 220 户居民，也全都并入大宋版图。

至此，五代十国中最后的一个钉子户，终于被彻底铲除。那战火不断、硝烟弥漫的五代十国历史，也终于成为过眼云烟。从唐末黄巢起义时期分裂的中华大地，终于在赵光义的手中，被重新统一了起来。

这，将是不朽的历史政绩。

统一这个天下的赵光义，他更应该不朽。

据说，在攻陷太原城的那一天，数万宋军齐声呐喊，欢呼声响彻云霄。很明显，对于他们绝大多数人来说，战争结束了，他们终于可以回家了。

然而，这些欢呼的将士们根本不知道，那位创造历史，并引以为豪的皇帝，他的脸上除了几分欣喜若狂外，更多的几分则是踌躇满志！

因为，就在此时此刻，这位皇帝的脸依旧冲着北地，且从来没有转过一下……

冲动是魔鬼

太平兴国四年（979 年）六月二日，在经过了半年的浴血奋战后，五代十国中的最后一个割据政权北汉举国投降，从此并入了大宋版图。当年周世宗、宋太祖都没有完成的宏伟大志，终于被赵光义彻底实现了。

至此，在这皆大欢喜的背景下，不管是出兵半年的几十万宋军，还是北汉痛苦不堪的臣民，大家都从一场噩梦中醒过来了。从此之后，原来你死我活的两国百姓，终于可以和睦相处、称兄道弟了。

然而，一个人的一个石破天惊的决定，却彻底震撼了他们每一个人。

这个人，就是他们的皇帝——宋太宗赵光义。

这个决定，就是这个皇帝气宇轩昂的誓言——朕意已决，远征燕云！

一石激起千层浪，要知道，就算历经千年，一代一代的史学家不断地分析研究，把军事调动、军队战绩，当时的局面、情况等因素全都考虑进去，也没有任何迹象能够说明：在宋朝讨伐北汉之前，或者是讨伐北汉期间，赵光义已经制订了一套攻陷燕云十六州，收复万里长城的伟大方案。

换句话说，赵光义的这个决定，完全是脑袋一热、胡乱拍板的决定。

这个决定，就是这位皇帝独断专行的临时结果！

那么，赵光义为什么要做出这个临时决定呢？

对于这个问题，三点足矣。

第一点，成功平定北汉后，让这位皇帝“富贵到手，器满志昏”，开始得意忘形了起来。

咱们前面介绍过，北汉是五代十国里最难攻克的一个政权。整整29年，这个政权凭借辽国的军事支援，坚固无比的太原城，殊死奋战的士兵，一直让中原王朝没有办法。后周世宗、大宋太祖曾多次讨伐，均以失败而告终。

然而，这么一块难啃的骨头，却被赵光义咽下肚了。在攻陷北汉的同时，这个皇帝也获得了两个成就。第一个成就，是宋朝彻底统一了天下；第二个成就，赵光义从此超越了哥哥。这双重的喜悦，让赵光义兴奋不已，这才产生了成就一个更大梦想的想法。

第二点，石岭关战役的胜利，让宋太宗错估了辽国的军事力量。

咱们前面讲过，石岭关一战，郭进奋不顾身，斩杀辽国一万大军，并把剩余的辽兵轰回了老家。这一战，郭进不仅杀得辽国丢了魂，还杀出了大宋的威风，顺便壮了这位皇帝的胆儿！

虽然宋军获得了一场大捷，咱们也要清楚地知道，石岭关一战，不过是宋军占据地利、以逸待劳的结果，根本不能反映双方军事上的强弱。然而，通过这场战役，赵光义却得到了一个错误的结论：草原霸主契丹人，就那么回事。他们就是一群绣花枕头，外强中干，实力也不过如此……

这种轻敌的错误思想，直接推动了宋太宗攻陷太原后、准备率军讨伐幽州决策的出炉。

第三点，燕云问题，是一个原则问题，早晚都得干！

自“儿皇帝”石敬瑭把燕云十六州交给契丹后，这就等于把长城拱手相让了。失去了长城的保护，中原地区便直接暴露在游牧民族的铁蹄之下，这个后果不堪设想，没有长城保护的王朝，它的命运也就可想而知了。

因此，只要一有机会，中原王朝就要向北！向北！不胜不归！收复我华夏民族赖以生存的燕云十六州，重新抢回那条生命防线！

对于赵光义而言，现在这个时机就非常“好”。为了收复北汉，宋朝可谓倾国而来，如今几十万大军就集结在北地，不用再花路费，也不用再去动员，他们还“士气正浓”，现在不打，更待何时！

鉴于上述三点，得意忘形的赵光义下令出兵契丹。

人就是这样，只要大脑处在狂喜或者是冲动的状态，就会产生短路。

冲动是魔鬼，这真是一句大实话。

另外，除了这位牛气冲天、得意忘形的宋太宗外，宋军的其他将领们，也有些飘飘然了。

得知皇帝要出征燕云后，以殿前都虞候崔翰为首的赞成派们，他们支持太宗的想法，并对此溜须拍马、阿谀奉承，味道那叫一个浓！

史料记载，对于赵光义讨伐契丹的问题，崔翰狂妄至极地回答道：

“征讨燕云这件事情，现在正是时候，如今我军士气正浓，完全可以借助这股破竹之势，一举收复燕云之地，甚是容易。现在机不可失，时不再来，还望陛下赶紧出兵。”

此一事不容再举，乘此破竹之势，取之甚易，时不可失也。

——《续资治通鉴长编》

除此之外，根据《玉壶清话》记载，崔翰还做了一个极其嚣张的比喻：

如今我军士气高昂，就像从山坡上滚下去的石子一样，一路必将畅通无阻，不费吹灰之力，就能顺利成功（当峻坂走丸之势，所至必顺，此若不取，后恐噬脐）。

总之一句话，要是现在不行动，就等着后悔一辈子吧。

然而，崔翰的言论虽然很狂，但却不是最狂妄的。最狂妄的是一个叫作赵昌言的文臣。

对于出征这个问题，赵昌言直言不讳道：“从这里出发夺取燕云，就如同在热锅里翻个饼，简单至极（自此取幽州，犹热熬翻饼耳）。”

总之，不管崔翰、赵昌言用什么样的比喻，打出什么样的言论，在这些人的眼中，收复燕云就是两个字：“容易！”

赞同出兵的人是这番表现的，那些反对出兵的人，他们又会作何言论呢？

根据《续资治通鉴长编》记载，对于这个问题，“诸将皆不愿行，然无敢言者”。也就是说，这些人虽然一肚子怨言，他们根本不愿意出征，但是也不敢提出反对意见。

对于这些将领“不作为”的行为，咱们也要理解和支持，毕竟大家都为混碗饭，还想多活几年，谁也不想在这个节骨眼上触怒龙颜，狠狠地给赵光义泼一盆冷水。

当然了，也不是所有的将领都沉默不语，那位《杨家将》里出场频率很高的呼延赞，他就说了这么一句泄气的话：“恐怕这块‘大饼’，不容易翻（书生之言不足尽信，此饼难翻）。”

在这些将领的眼中，收复燕云并不容易。

在讨伐这个民族前，我们一定要清楚地知道：

契丹，这个存在于中原大地 219 年的国家（907-1125 年），它不仅是一个强大的国家，更是一个伟大的民族！

这样一个伟大的民族，不可能会轻易被征服！

这个强大的辽国，也是耗费无数国君的力量，一步一步形成的。而这个国家的辛酸往事，又有多少人能知道呢？

第十二章 契丹的前世情怀

白马青牛来相会

每一个国家，都有自己的光辉历史、传奇神话，对比中国的“盘古开天地、女娲补天”那种波澜壮阔的史诗巨作，契丹人的神话则要浪漫文雅、清新唯美得多。

相传，契丹人的祖先是天上的两位神仙，其中一位是骑着白马，英俊潇洒、气宇轩昂的仙人；另一位是骑着青牛，温柔体贴、善解人意的仙女。在术叶山这里，他们一见钟情、私订终身，结婚生子，繁衍后代，共生八子，最后形成了契丹八部，形成了这个强大的契丹民族。

相传有神人乘白马，自马盂山浮土河而东，有天女驾青牛，车由平地松林泛潢河而下。至术叶山，二水合流，相遇而为配偶，生八子，其后族属渐盛，分为八部。

——《辽史·地理志》

为了永远铭记这段历史，契丹人为白马仙人和青牛仙女修建了始祖庙，他们尊白马仙人为“奇首可汗”，就是他们的第一位“王”；他们尊青牛仙女为“奇首可敦”，就是他们的第一位“后”。此后年年供奉，香火不断。

在契丹的始祖庙里，可汗与可敦是并受香火的，这说明了什么？说明在契丹的文化中，男女是平等的，女人也能顶半边天！

如今，拜《杨家将》所赐，咱们总会留下这么一个印象，说大辽的皇帝好像不管事，从来都是女人（萧太后们）执政掌权，这太不可理喻了。实际上呢，这是人家的基本国策，男女平等，一起治国，这种现象从神话时期就开始了，并一直流传了下来。

搞明白了契丹的籍贯问题，现在，我们来聊一下契丹的姓氏问题。

契丹人最初没有姓氏，全都用部落名称呼对方，唐朝之前皆如此。后来，唐太宗李世民下令，把皇族的“李”和贵族的“孙”赏给了他们，契丹人这才有了自己的姓氏。

到了耶律阿保机时代，辽太祖崇拜汉族的刘邦和萧何，于是创造了“耶律”和“萧”两个姓氏（其中“耶律”就是刘字的音译），契丹人这才有了自己的姓氏。

最初，这两个姓氏为皇族专用，后来慢慢地成为了贵族、士族的姓氏，最后普通平民也可以使用了。

那么，这里有一个问题，为什么耶律阿保机要创建两个皇族的姓氏呢？

还不是那对仙人闹的！

为了纪念自己的可汗和可敦，阿保机下令，从此以后，“白马王子”姓耶律，“青牛仙女”则姓萧。除此之外，为了更好地纪念这对恩爱的祖先，巩固上层集团的特权，耶律阿保机还颁布了一道遗诏：

从我之后，耶律氏要和萧氏世代通婚，还要把这种习俗写到法律里——姓耶律的若不娶萧家的姑娘，这就是犯法，天下皆可诛之！

耶律阿保机之后，直到辽国灭亡，共八代皇帝，除了一个皇后不姓萧外，其他皇后全姓萧。因此，由于有了这么一层关系，萧氏一族的男人，全是皇帝他舅。

虽然在辽国的历史中，“耶律”和“萧”两姓氏世代通婚，也有法律作基础，但是，这两姓氏却要共同面对一个超现实的问题——两姓通婚，选择的余地太少！到了最后，这两姓氏实在是没有办法了，他们也只剩下唯一的选择了——乱伦。

当然了，这里的“乱伦”，是中原民族给近亲结婚下的定义，更是华夏民族不可逾越的“禁忌”。然而，在少数民族眼中，“两主不乐，无以自虞，愿以所有，易其所无（匈奴当年送给吕后的文书）”，你是男的，我是女的，大家都干柴烈火的，这有什么错？我们叔嫂通婚、子娶继母，无非是繁衍后代，让种族延续下去，这又是犯了哪门子的“天理人伦”？

所以，还是看看辽国 “乱伦”的结果吧。

辽国太祖耶律阿保机的皇后述律平，其实就是他的小表妹，这是兄妹通婚；

阿保机和述律平的女儿质古公主，嫁给了述律平的弟弟萧室鲁，这是典型的舅舅娶外甥女；

辽太宗耶律德光的皇后萧温，她是质古公主和萧室鲁的女儿，又是一次典型的舅舅娶外甥女；

辽太宗耶律德光的妃子，是质古公主和萧室鲁的女儿的女儿……

总之一句话，辽国的亲戚关系，就是这样的乱！

当然了，这种“乱伦”的结果，到底生没生出傻子和弱智，我是没有看见。我只是看见了，在这种背景下，中国诞生了一个强大的民族。

一代枭雄——耶律阿保机

时势造英雄，英雄也成就时势。在唐末那个风起云涌的时代里，为了抵御外族入侵，这个几百年来随波逐流、安于现状的游牧民族——契丹，他们终于团结了起来。

后来，他们在一个男人的带领下，南征北战，战绩斐然。最后，这个男人利用契丹的族规，也就是那个三年一选可汗的机会，一举推翻了世代为八部之首的遥辇部，并成为了契丹新的可汗。

这个男人，就是辽国的开国皇帝——辽太祖耶律阿保机。

耶律阿保机有一个精明能干的贤内助，她就是大辽的第一位皇后——述律平。

如果用中国历史上著名的女子来比较的话，这个女子就是中国的吕后或武则天，且绝不逊色。

这么一个剽悍无比的女人，述律平不在历史上留下什么惊天动地的大事，那才叫新鲜呢！

述律平干的大事就是——上马平贼，击杀小叔子。

原来，虽然在契丹大选中，耶律阿保机抢夺了遥辇部的可汗大位，但这并不意味着那个三年一选就可以结束了。阿保机的弟弟们觉得，既然可汗的位置传到了耶律氏一族手里，那就应该风水轮流转，让每一个姓耶律的都过过瘾。

可惜的是，这些人想得挺美，但人家阿保机根本没有退位让贤的意思。可汗三年一选，阿保机一口气干了九年，压根儿就没有退位的意思。

阿保机的弟弟们彻底愤怒了，他们轮番起兵造反，逼迫这位哥哥退位让贤，这就是辽史记载的“诸弟之乱”。更神奇的是，他们一共干了三次！

要知道，造反这种事情，干一次就得了，要是换上中原王朝的制度，造反者早就被千刀万剐、株连九族了。那么，为什么阿保机的弟弟们能这样频繁的造反呢？

原来，这都是阿保机自己造的孽。

史料记载，每次平叛结束后，阿保机根本不怪罪这些造反者，他只是让这些弟弟们发誓：“从此以后，永远忠于我们的大哥，永远尊我们大哥为老大，再也不会造反了。”随后，阿保机就赦免了这些弟弟。

皇弟剌葛、迭剌、寅底石、安端谋反。上（耶律阿保机）不忍加诛，乃与诸弟登山刑牲，告天地为誓而赦其罪。

——《辽史·太祖本纪》

问题是，这些人发完誓以后，根本不遵守这些誓言，只要一找到机会，他们就会继续造反！

在第三次造反时，趁着阿保机领兵在外，家里只有老幼妇孺的时候，这些人猛攻阿保机的大营。结果呢，这些人彻底领教了这位嫂子的厉害。

面对数倍于己的叛军，述律平临危不惧，她死守老营，与叛军奋战到底，直到阿保机率军回营后，她还与自己的夫君里应外合，一举击溃了这些叛军。

击溃叛军、活捉这三个弟弟后，阿保机痛骂他们违背誓言、背信弃义，必须严惩不贷。当然了，痛骂归痛骂，阿保机只是让他们认错悔改，还是把他们释放了。

得知小叔子要被无罪释放，述律平当时就不干了，说：你也太心软了，他们都造反三次了，自古事不过三，这么连续地折腾，谁能受得了，还是斩草除根吧。

一听这话，耶律阿保机当时眼泪就下来了，说这些人再怎么坏，也是我的亲弟弟呀！一笔写不出两个耶律来，血浓于水的亲情在里面，我怎么能够诛杀他们呢？

可见，耶律阿保机内心是非常真挚和善良的。要知道，在中国历史上，很多明君圣主，如唐太宗李世民、清世宗雍正等，他们杀起自己的兄弟骨肉来，那真是毫不手软、绝不留情！这么一对比的话，耶律阿保机的心胸真不是一般的宽广。

述律平要杀，阿保机不让杀，事情就彻底僵上了。最后，在僵持了数周后，这对夫妻达成了一个共识：三个首犯释放回家，但是其手下三百名从犯，全部处死，以儆效尤。

这里多说一句，在契丹的刑法里，蓄意谋反、大逆不道的惩罚不是五马分尸，也不是万剐凌迟，而是“投崖”。

后来，没有了这些奸人的“挑唆”，在目睹了嫂子如此凶残的处死手段后，这三个小叔子心生畏惧，他们全都老实了，从此再也不敢招惹这个狠嫂子了。

然而，虽然平定了诸弟之乱，在迭剌部里，再也没有人敢反对阿保机了。但是，契丹一共八部，阿保机仅仅平定了一部，还剩下七部。要是这七部联起手来对付他，阿保机又该怎么办呢？

盐池之变

正所谓“福无双至，祸不单行”，阿保机万万没有想到：前脚他刚刚平定了诸弟之乱，后脚那些外患们就打上门了。

同年，契丹七部联合逼宫，他们就要一个说法：你都霸占了九年汗位了，想一直吃独食不成？

众叛亲离，联合逼宫，局面是一比七，耶律阿保机这个烦心！要知道，虽然他很强大，但如果这七个部落联合起来，他们的土地是自己的五倍，他们的兵力更是自己的十倍！

这可咋办？

最后，耶律阿保机只能主动放弃了汗位。你们不就要这个汗位吗？给你们，我不要了，但是，我有一个条件。什么条件呢？

我手下的汉人太多，请允许我另筑一座新城，把这些汉人迁徙到那里，组成一个新的部落。

一听这话，七个酋长马上同意，对于他们而言：可把这个“瘟神”送走了，这很好。他还把这些汉人带走了，这就更好了！汉人是什么？一群娇生惯养、上不了马、拉不开弓的“废物”，阿保机跟他们住上几年，就会被这些汉人同化的，看他还怎么跟我们打仗。

然而，这七个酋长万万没有想到，汉人确实没法放牧养羊、拉弓射箭，但是这些汉人却有其他的本事，比如说，制盐。而阿保机筑城的地方，更有一个硕大无比的盐池。

阿保机这里盛产食盐，其他部族只能来这里买，这一买一卖的，阿保机的实力就越来越强大，他就琢磨着如何把这七个部落吞并了。

那么，要怎么收拾掉这七个部落呢？

就在这个时候，皇后述律平说话了：“要收拾掉这七个部落，这好办，大王附耳过来，咱们如此如此，这般这般……”

听完皇后的建议后，耶律阿保机一拍大腿，道：“好主意呀！皇后真乃女中诸葛也！”

第二天，阿保机就给那七位酋长写信，并告诉他们道：“诸位，你们只知食盐之利，不知答谢主人，这样行吗？你们是不是应该犒劳一下我呀？如今，我要过生日了，你们都要来我这里送礼。”

看见这封书信后，七大酋长想了想，去就去，谁怕谁！一来，阿保机制盐也不容易，是该回请他一顿；二来，这些人“看透”了这个阿保机，一个认怂怕死的软蛋，怕他干甚？

于是，这些人赶着牛羊，抬着酒浆，全都来到了耶律阿保机这里，共赴这场有去无回的鸿门宴了。

在砍死了这七个酋长后，耶律阿保机骄傲地向全世界宣布，旧的可汗没了（被他砍死了），咱们要选一个新的可汗。当然了，新的可汗人选就一个，就是我，耶律阿保机，你们是同意，还是不同意？

同意，咱们大红灯笼高高挂，生活继续璀璨无边；不同意，看见没有，我弟弟们的三百手下，还有这七位酋长在前面召唤着你们，明年的今天，就是你们的忌日，你们一起去！

这还需要选择吗？

但最后，在这种毫无选择的情况下，大家准备拥护耶律阿保机为新的可汗时，一个汉人却对阿保机说道："大王万万不可被推选为可汗，我们中原的天子从来没有被推选的，我们都是家天下制度，子承父业、兄终弟及，这样天下才能长治久安。您现在当上可汗了，可到了三年之后的改选之时，您又该怎么办呢？""除此之外，大王受命于天，何必遵从民意，登基称帝呢？咱们为什么不学习汉人的制度，建立一个千秋万代的帝国呢？"

是谁跟阿保机说的这番话？这番话，又会对契丹产生什么样的影响呢？

太祖建国

在述说这个汉人前，咱们先把时间往前推一下，推到耶律阿保机放弃汗位、带着汉人筑城开始。

史料记载，自从迁徙了汉人，修筑了一座新城后，一个问题就始终困扰着阿保机，让他头痛不已。

这个问题就是：汉人老逃跑！

有一次，耶律阿保机就跟述律平谈起此事，说："我对汉人不薄，但是他们老是逃跑，这也不是个事儿呀，怎么才能留住这些汉人呢？"

一听这话，述律平就说这事简单，咱们这有一个德高望重的"韩先生"，这可是一个大贤人，你问问他不就得啦。皇后话音未落，耶律阿保机立刻茅塞顿开，他去请这位"韩先生"了。

这个"韩先生"，就是辽国历史上大名鼎鼎的韩延徽。

话说在五代十国时期，军阀混战，民不聊生，在这种混战的过程中，每一个军阀都想壮大自己的力量，广交外援，获得最终的胜利。这不，幽州节度使刘守光就想巴结契丹，他准备认阿保机为叔、述律平为嫂，以叔嫂之礼接待辽国的最高统治者。

当然了，对于刘守光而言，这么低三下四地认一门亲戚，确实有点儿丢人现眼，但毕竟等跟别人打起来时，可以去请这个“叔叔”来救命。

殊不知，历史无数次地告诉我们：如果要成就一件好事，一个人是办不了的，但是如果要坏一件事，一个人足矣。

这个“成事不足、败事有余”的人，就是此次刘守光的特使——韩延徽。

史料记载，韩延徽见到耶律阿保机后，他只鞠躬，却不下跪。这一下子，耶律阿保机就翻脸了，说你主子看见我，都得管我叫“叔”，你个小小的奴才，是不是也忒狂了点儿！

面对耶律阿保机的呵问，韩延徽刚正不阿地说道：“大丈夫生于天地之间，只跪拜天、地、君主、祖先、父母、知己，你算什么东西？不跪。”

算你有种！不跪是吧？结亲联谊的事情，你甭想了！除此之外，你不是还要回中原吗？也甭想了！让你这么狂，老子让你天天去放羊！

韩延徽就这样被扣押在了辽国，他变成了一个“苏武”，天天跟羊打交道。直到述律平为他求情，说韩延徽是一个不畏权势、不屈节的贤人，我们应该重用他，不应该去侮辱他。

听完这番话后，阿保机一想也是，于是，他立刻派人去请韩延徽，请他为自己出谋划策。

韩延徽来了之后，他对耶律阿保机建议道：“乃请树城郭，分市里，以居汉人之降者。又为定配偶，教垦艺，以生养之。”

这段话的大概意思是说：

汉人住不惯帐篷，就让他们住城里；汉人不会放牧打猎，但汉人有手工技术，就让他们干这些事情。我们要修筑城墙，让汉人在里面居住，让他们垦荒耕地、纺纱织布、炼铁制酒，这样汉人就会留下来了，大王的心结也就解开了。

听完这番话后，阿保机一拍大腿，道：“我早就该用你了！爱卿所言极是，我马上执行。”

至此，一个“一国两制”的国家，就此横空出世。

那么，为什么要“一国两制”呢？

对于这个问题，还是好好地解释一番吧。

自古以来，面对少数民族的入侵，中原民族有“胡虏无百年国运”的说法。也就是说，别看你们少数民族统一了中原，但是别美，你们的寿命不会超过一百年。

那么，为什么这些少数民族的寿命，不会超过一百年呢？

对于这个问题，我个人认为：

因为少数民族的文化比中原落后，所以他们的落后文化不可能征服中原的先进文化，只能被中原文化吸收，成为中原文化的一部分。如果中原文化吸收不了，中原就会把这种文化排斥掉，最后把这些游牧民族彻底轰走。

落后民族可以征服中原，但无法征服中原的文化，这也不是什么大惊小怪的事情。古代打仗不比现在，在没有绝对先进武器的情况下，谁的马多，谁的兵猛，才是决定战争胜负的基本要素。

对比游牧民族，中原民族打不过他们，这个无可厚非，毕竟人家天天打猎放牧，咱们天天吟诗作画，要是能打得过，那才叫新鲜呢。然而，让游牧民族的人去征服中原的文化，这就有点儿强人所难了。

这就好比一个农村人进入了北京城后，你说，是这个农村人改变了北京城，还是北京城彻底改变了他呢？

答案不言自明。

可见，当游牧民族征服中原王朝后，他们都面临着两个选择：第一，学习中原王朝的文化；第二，不学习中原的文化。

殊不知，不管游牧民族选择哪个，都是一个字：死。

在中国历史上，魏晋南北朝时期，北魏孝文帝选择了第一种，他全面改革，依附中原的文化。结果呢，这个国家是长治久安了，但是鲜卑这个民族呢？不复存在了。

第二种，要是游牧民族死磕，就是不学习汉人的文化，那就变成了元朝，统治中原不到一百年，就被彻底赶跑了。

可见，当草原王朝入主中原，或者是想统一天下的时候，这些人都要必须面临这个尴尬的问题——我到底是学中原文化，还是不学？

然而，就是这么一个极其尴尬的问题，却被韩延徽轻松地解决了，契丹也成了中国历史上第一个、也是最成功实现“一国两制”的王朝。

这个制度，也是耶律阿保机不朽的政绩。

所谓的“一国两制”，内容非常多。

为了方便记忆，您只记住一句话就行——以国制治契丹，以汉制待汉人。

这句话的大概含义是，废除契丹原有的格局，设立南北两院，两院最高领导行宰相权利，统称为“大王”。

其中，南院大王以汉法统治汉人，官员服装以汉服（唐朝服装）为主，身穿软脚幞头、窄衣小袖。官名都是汉名，仆射、枢密院、节度使，等等。

北院大王以契丹法统治辽人，北院官员服装以契丹服为主，髡发秃顶、毛皮棉袄，袍服皮靴。官名都是契丹名，如大惕隐司、宣徽官、夷离毕院、敌烈麻都司、于越，等等。

这里多说一句，在辽国的历史上，“于越”是一个神奇的官职，其地位之高，简直位于百官之首；其权力之大，更是到了匪夷所思的地步。

在辽国，这个官职既管理军队，也抓政治，按照现在的定义，于越就是一个“国家总理兼军委主席”的主儿。因此，在中原文化里，可没有这种逆天的官职。

“于越”权力如此了得，所以在辽国200多年的历史里，也仅仅有三位大臣（也说是四位）得此殊荣，并永载史册。

第一位，就是契丹开国二十一功臣之首，太祖皇帝的左膀右臂、心腹族弟——耶律曷鲁。

第二位，就是靠自己三寸不烂之舌平复一场契丹内乱，并把这个民族重新带回正轨的股肱老臣——耶律屋质。

第三位，就是那位契丹历史上最强的“战神”，他即将登上历史的舞台，并在战场上拯救这个国家，成就自己永不磨灭的威名。

未来的事情，还是未来再说，继续说这个“一国两制”。

契丹不仅“一国两制”，他们甚至“一城两制”，大家生活在一起，也要体现两种不同的文化与风俗。

举一个例子，如今咱们看辽国的上京临潢府遗址，这个遗址特别有意思。

从这个城池的遗址上看，这个城市被一分为二，北面是宫城，南面是汉城。其中这个汉城，有街道、有房子、有水井，各种配套设施也一应俱全。而北面的宫城，除了一个皇宫外，就什么都没有了。

这是为什么呢？因为契丹人住帐篷，他们住不惯汉人的瓦房，觉得汉人的瓦房憋屈，还磨灭了本民族“逐水草而居”的风土人情，所以契丹人不住房子，因此，皇宫周围啥也没有。如今，虽然这些帐篷消失了，但安装帐篷时打桩用的钉子却还留在那里，并永远见证着那段历史。

这，就是契丹人“一城两制”的具体表现。

至此，自从契丹用了这项“以国制治契丹，以汉制待汉人”制度后，在这块中华大地上，从此诞生了一个超级无敌的“混血儿”。

纵观中国五千年历史，没有一个王朝比这个“混血儿”更神奇无比了。

这个“混血儿”强悍好战，他没有吸收中原王朝的软弱气息，使他在对回纥、沙陀、党项时，依旧保持着自己强大的战斗力。同时，这个“混血儿”还聪明睿智，他不仅创造了自己的文字，还修建了各种宫殿、寺院、高塔，并在里面展现了自己无可匹敌的技术与造诣。

更要命的是，这个“混血儿”还长寿无比，整整屹立了200多年，其长寿程度，即使是以“正统血液”著称的华夏民族王朝，也没有几个能与之匹敌。

至此，以这个强大的国家为基础，耶律阿保机开始南征北战，除了讨伐中原失败，被后唐庄宗李存勖揍得鼻青脸肿外，其他战役均以大获全胜而告终。在耶律阿保机有生之年，他一口气灭掉了自己能看见的所有部落。

这些部落包括吐谷浑、党项、阻卜、回鹘等，同时，耶律阿保机还一口气灭掉了已经建国200多年，位于今天东三省及朝鲜半岛北部的渤海国。

这个渤海国，就是未来无敌于天下的“大金王朝”的前身。

当然了，除了南征北战、开疆拓土外，耶律阿保机也没有忘记“正事”。于是，公元907年，永载史册的一幕诞生了。

这一年，耶律阿保机接受了韩延徽的建议，他仿照汉人制度，废除了契丹三年一选的制度，正式建国称帝，国号“契丹”。

殊不知，这仅仅是契丹这个国家第一个国号而已。

要知道，契丹人最闹心的是啥，就是国号！

公元907年，辽太祖耶律阿保机登基称帝，建国号为“契丹”；公元947年，辽太宗耶律德光荣登大宝，改国号为“大辽”；公元983年，辽圣宗耶律隆绪喜欢复古，又改国号为“契丹”；公元1066年，辽道宗耶律洪基拨乱反正，又改回国号为“大辽”……

总之一句话，就是这么两件“马甲”，人家脱了穿、穿了脱，就是这样的显摆！虽然这样的行为，只有辽国人自己乐在其中。

不管怎样，伴随着这个王朝的诞生，耶律阿保机也成了真真正正的草原霸主，甚至可以说，他是那个时代东亚、乃至全世界最成功的男人！

得此殊荣，即使含笑九泉，亦能瞑目。

可惜的是，我可以很负责任地告诉您，这个男人在临死前的那一刻，他一点也不快乐，甚至有点儿忧心忡忡。

为什么？因为他的三个儿子，以及他的老婆——大辽一代皇后述律平。

断臂太后——述律平

史料记载，耶律阿保机有三个儿子，长子耶律倍（也称耶律突欲），次子耶律德光，三子耶律李胡。

据说，从这三个孩子很小的时候起，耶律阿保机就开始考察他们了。

第一次考察，睡相。

据《辽史》记载，有一次，耶律阿保机观察这三个孩子的睡相，老大、老二都是四脚张开的睡相，彰显了一个“大”字，唯独这个老三，扭扭歪歪，把身体缩成一团，还龟缩在哥哥们的后面，让哥哥们替自己挡风驱寒。

看完这三个孩子的睡相后，耶律阿保机是既欣慰又气愤，他告诉夫人述律平，道：“老大、老二都像我的孩子，未来都是勇猛的战士，唯独这个老三，连睡个觉都怕冷，这个孩子不成器，以后肯定没出息（是必在诸子下）。”

当然了，单凭一个睡相，耶律阿保机就给三个孩子定了性，这确实武断了点儿。因此，没过多久，耶律阿保机又考察了一下这三个孩子，并赋予了他们新的定义。

第二次考察，捡柴火。

有一天，外面刮起了七级大风，飘起了鹅毛大雪，在这种天气下，躲在帐篷里围靠在篝火旁边的人，都能瑟瑟发抖。结果呢，耶律阿保机却突然下令，让这哥仨去外面捡柴火。

外面风吹雪打的，这哥仨这个不忿呀，但是，父命难违，他们也只能老老实实地去执行任务。

根据史料记载，在这次捡柴火中，长子耶律倍干得最好，他认真挑选山里的柴火，只捡干柴，不要湿木，还把这些柴火整理得大小长短差不多，这才捆好了背回来。

对比认真负责的大哥，次子耶律德光则是凭借速度了，他冲出去以后，甭管干的、湿的、长的、短的、有用的、没用的，他都捡了回来，最后整整捡了一大捆，据说比他身体都高。

对比认真负责的大哥，靠速度取胜的二哥，小弟弟耶律李胡的表现，就有点儿不尽如人意。

在这次捡柴火的任务中，耶律李胡出去得最晚，却回来得最早！而在这个捡柴火的过程中，耶律李胡压根儿就没走远，他只是捡了一下大哥、二哥掉下的柴火，就这他还嫌多，最后一边走，一边扔，等回来的时候，也就捡了十几根柴火。

目睹了这三个儿子的表现后，耶律阿保机语重心长地对皇后说道：长子巧，二子成，至于三子，已经无法用语言来形容了。

尝大寒，命三子采薪。太宗不择而取，最先至；人皇王取其乾者束而归，后至；李胡取少而弃多，既至，袖手而立。太祖曰："长巧而次成，少不及矣。"

——《辽史·卷七十二·列传第二》

通过这两场试炼后，从父亲那里得到这么一个评价，耶律李胡这辈子，注定与皇位无缘了。

然而，耶律阿保机万万没有想到，就是这么一个一无是处的耶律李胡，他居然成为了皇位最有利的竞争者，而且还差一点就成功了！

为什么？因为他有一个极其强悍和霸道的母亲，大辽的第一太后——述律平。

纵观辽史，契丹的女人都很厉害，这是不争的事实，但是，对比后世的那些"萧燕燕"之流，这位述律皇后却要强悍得多，述律平不仅永远稳坐在大辽"食物链"的最顶端，即使对比中国的历史，在"女汉子"的排行榜中，述律平也绝对是冠军的有力人选。

根据辽史记载，耶律阿保机刚死，为了清除前朝余孽，这位太后就开始杀人了。虽然在王朝更替时，杀人很常见，借口也很多，但是像她这样杀人的，就太与众不同了。

那么，她是怎么杀人的呢？

据史料记载，为了杀掉这些大臣，述律平把他们的老婆都叫进了宫，她先是哭哭啼啼了一番，然后自暴自弃大笑道："哈哈，你们看，我现在是一个寡妇了！"

紧接着，还没等这些大臣的老婆同情心泛滥，述律平马上又接了一句："所以，我今寡居，汝等不可不效我！"

听到这句极其恶搞的言论后，这些老婆们当时就傻眼了。然而，述律平压根儿就没有给她们反驳的机会，她立刻把这些女人抓了起来，并把她们的男人都赐死了。

目睹了述律平这种所作所为后，契丹的大臣们都傻眼了，他们也第一时间知道自己该干什么了——抛妻弃子、休妾保身！

一夜之间，满朝的契丹大臣们都成单身贵族、鳏寡孤独了，虽然生活惨烈了一点，但是他们毕竟安全了——如今老子啥也没有了，我看你还怎么下手！

然而，这些大臣们还是低估了这个女人，如果述律平想杀人的话，这个女人有的是借口。

根据《资治通鉴》记载，一计不成后，这位太后又想出了一个歹毒的招数，每当述律平看到一个大臣不顺眼、想置他于死地的时候，述律平就会这样问道："你想先帝吗（汝思先帝乎）？"

见鬼了，这叫什么话，谁敢说不想呀！你说不想先帝，饱受先帝厚恩，你不想先帝，你还是人吗？所以，对于这个问题，根本没有第二个答案！

但问题是，你说"想先帝"，这位太后马上会高兴地说道："很好，是个忠臣，先帝也想你了，我立刻安排你们见面。"

至于怎么见面，用三个字形容足矣——遂杀之。

就这样，就跟狮身人面像的无解问题一样，凭借着这道千古难题，述律平又让无数的大臣人头落地、身首异处。然而，这招屡试多了也就不爽了，而那个解开谜题的俄狄浦斯，也就如期而至了。

这个人，就是辽国的汉人降将——赵思恩。

有一次，述律平看赵思恩不顺眼了，就对其说道："老赵呀，你跟太祖最亲近了，现在轮到你了，赶紧去吧。"

问题是，赵思恩虽然是一介武夫，但他毕竟是一个汉人！汉人的花花肠子多多，岂是游牧民族玩得转的？

听完了太后这番言论，赵思恩毫不畏惧，他反驳道："没问题，我也想太祖了。但是，说跟先帝最亲近的人，莫如太后。您先过去，我随后就到。”

这一下子，轮到述律平傻眼了。

要知道，述律平送走了那么多人，从来没有一个人这样反驳过她，因此，她根本没有第二套预案，而且这一次，赵思恩还反驳得这么狠！

述律平被反驳得哑口无言，而在她的下面，那些契丹大臣的心里却早就乐开了花：“该，傻眼了吧！你也有今天！还是人家汉人高，有文化就是好！给这个老寡妇来这么一句，我看你怎么回答！”

史料记载，在僵持了一段时间后，述律平不愧为一根官场老油条，脑袋就是转得快、也够使，但见她缓缓地说道：“我思先帝，理应前去侍奉，但嗣子幼弱，国家无主，所以我不能去（不得往耳）。”

虽然述律平的这番话，看似合情合理，但实际上呢，完全不是那么回事儿！要知道，此时此刻，耶律阿保机的大儿子耶律倍已经 28 岁了，都成为渤海国新的国王了！二儿子耶律德光也 25 岁了，这些年他南征北战，大半个渤海国都是他打下来的！因此，怎么就“嗣子幼弱，国家无主”了呢？

所以，太后您的这个借口，是不是也太牵强附会，难以服众了些？

于是，群臣与太后之间，又开始了新一轮的僵持场面。

最后，眼看述律平就要众叛亲离了，这个女子终于选择了妥协。但见述律平突然拔出一把刀，对着群臣大喊道：“我的儿子真的很小，等他们长大成人，能独立处理朝政后，我自然去侍奉先帝！这样吧，为了有所表示，先用这个东西去陪先帝吧！”

说完，当着文武百官的面，述律平照着自己的胳膊“咔嚓”一下，就把自己的手臂砍了下来。述律平要用这只手臂代替自己，去陪那个亡夫耶律阿保机。

历史上大名鼎鼎的“断臂太后”，就此诞生。

看见太后砍断自己的手臂后，满朝文武也就此消停了。对于他们而言，太后自残一臂，也算是得到了教训。从此之后，这个老娘们儿应该收敛脾气，不会再胡乱杀人了吧？

可惜的是，没过多久，这些大臣们就惊讶地发现，这位太后不仅没有一丝一毫的收敛，反而愈演愈烈，最后开始收拾自己的亲生骨肉了！

这位被母亲收拾的皇子，就是大辽的皇太子——耶律倍。

第十三章 辽国的今生恩怨

母子恩怨录

史料记载，在选择继承人的问题上，耶律阿保机一直中意自己的长子，他希望耶律倍能够继承大统，成为自己唯一的接班人。可惜的是，他的那位强悍的皇后，却不是这样想的。

自始至终，述律平就喜欢自己的小儿子耶律李胡，想让他取代长子，成为这个国家新一代的“掌门人”。

为什么？两点足矣。

第一，中国有一句老话，叫“母怜幼子”，谁都喜欢小儿子，这是人之常情、无可厚非的事情。

第二，对于出生大漠、长于草原的述律平而言，她满脑子都是土生土长的草原民族观念，而太子耶律倍却反其道而行之，他更喜欢汉人文化，甚至“深入骨髓”了。

史料记载，耶律阿保机登基称帝后，他曾经问过群臣，说受命之君应该敬天尊地，今天我欲祭祀圣贤之人，你们说祭祀谁比较好？

在一番讨论后，群臣建议祭祀佛祖，一来佛教在中国人气最高、信徒也最多；二来佛教与契丹文化大同小异、相辅相成，所以理应拜佛。

然而，大臣们话音未落，太子耶律倍就大声反驳道：“父皇万万不可，佛乃外族之神，怎能对其祭祀？”

真是一语惊醒梦中人，太子的这番言论，立刻说到了耶律阿保机的心坎儿里。对于一个自认为是中国人，继承中原文化正统的皇帝而言，如今要去祭祀他国的神灵，到时候别人会怎么想呢？一个自食其言、言而无信的皇帝，要怎样堵住芸芸众生之口，去面对这铺天盖地的流言蜚语呢？

至此，耶律阿保机马上问太子，道：“汝认为祭祀谁好？”

耶律倍回答道：“自古以来，孔子圣贤，万世师表，理应祭祀为先。”

一听这话，耶律阿保机甚是高兴，他下令在上京修建孔庙，还命太子每年春、秋两季祭祀孔子。

从这里我们就能看出来，耶律倍是一个崇尚汉族文化的人。这个人不仅学问了得，还是中国历史上著名的画家、诗人、学者、医药家、翻译家、阴阳家等。

总之一句话，契丹这位皇太子的学问，就是这么的牛！

当然了，耶律倍学问高，对他自己来说却不是一件好事，这位皇子也应该清楚地知道自己在母后心中的地位了——失爱，且再也没有缓过劲儿来。

对于述律平而言，自己的这个儿子学问越高，越是一个另类，更是契丹文化进化中的一个败类。为什么？因为这个孩子体内的契丹成分太少了，已经不是一个契丹人了！

在这位母后的眼中，如果这样的人当了皇帝，怎么能给契丹人带来安定团结呢？何况，这样一个“契汉”合体的人，又怎么能当上皇帝呢？

反观自己的小儿子耶律李胡，这就是一个地道的契丹人了。史料记载，耶律李胡勇武强悍、力大无比；生性残忍酷虐，无恶不作。

只要一看见这个凶残霸气、杀人如麻的小儿子，述律平就能大喜过望。

于是，每每看见这个既凶狠又残暴的小儿子，再看看那个“一无是处”的大儿子，述律平就产生了一种废掉老大、改立老幺当太子的想法。

话虽如此，但是述律平也清楚，自己的这个小儿子实在不是一个东西，如果强行让他登基称帝，势必众怒难犯，到时候可能就死无葬身之地了。因此，述律平决定退而求其次，让次子耶律德光继承皇位，成为这个国家新的皇帝。

然而，述律平的算盘打得挺响，她能如愿以偿吗？要知道，耶律倍是皇长子，又是耶律阿保机钦定的接班人，如今人家啥错也没有，你凭什么废掉这个太子，改立他人为帝呢？

这个问题，确实比较难办。

纵观宋朝的历史，为了立自己的小儿子为帝，赵匡胤的老妈可谓煞费苦心，不仅留下了数句遗言，还留下了一个“金匮之盟”，最后，还是害死了大儿子全家，并让二儿子全家一直无法释怀！

对比那位宋朝不靠谱的杜太后，耶律家的这位述律太后，她的手段就高明多了，这位太后想了一个超级好的办法。

在我看来，述律平想到的这个解决办法，不仅充分展现了中国几千年的卓越智慧，还展示了中国那些如“钻空子、绕道走、打擦边球”的高超本领。

这个高超的办法就是——投票选举。

对，您没有看错，我也没有写错，在封建社会里，竟然要靠投票解决问题，真是辜负了“黑暗专制”的威名。

当然了，搞出这么一个选举的办法，这可不是述律平脑袋开窍了。从一开始，这个女人就对“民主”二字嗤之以鼻，她之所以这样搞，无非是为了实现自己的目的罢了。

这个“公平、公正”的选举过程，是这个样子的：

话说公元 927 年 12 月 11 日，在太祖皇帝的陵墓前，述律平让两个儿子并辔左右，立在太祖陵墓前，然后她召集了文武百官，并对他们大声说道：“如今，先皇病逝，家不可一日无主，国不可一日无君，但是大家都知道呀，耶律倍和耶律德光都是我的好儿子，手心手背都是肉，我真的不知道该立谁。这样吧，让大家替我选择吧！你们拥立谁，就去牵他的马头，谁的马头那里人多，我就立谁当皇帝。”

史料记载，当天耶律德光的马差点被勒死，所有人都明白太后的心思，因此全都拥立耶律德光登基称帝。太子耶律倍这边呢？冷冷清清，一个人也没有！

太后这么一看，耶律德光是“众望所归”呀。既然如此，那就不说什么了，于是，太祖皇帝的次子耶律德光登基称帝，他成为了大辽第二代“掌门人”，史称辽太宗。

虽然这个皇帝是临时选举出来的，就是述律平的一个备选方案（第一永远是老幺），但是历史已经证明，这个临时的皇帝不仅接过了父亲的衣钵，而且比他父亲干得还要出色，还要好！

大辽王朝的一个繁华盛世，就在这个男人的手中，彻底开花绽放。

在此后的二十年，耶律德光整顿赋税，奖励耕织，发展生产，完善“一国两制”制度，这个皇帝不仅给契丹人带来了空前的繁荣，他还抢占了中原王朝赖以生存的燕云十六州，从此给了中原人一个持续百年的超级梦魇！

与此同时，为了讨伐那个不听话的“孙子”石重贵（石敬瑭的儿子），耶律德光三次南下亲征，终于攻陷了开封城，他俘虏了石重贵，也让后晋这个王朝彻底灭亡。

后来，在攻陷了开封城后，耶律德光突然发现，按照汉人的定义，他已经成为中原之主了（五代十国不成文的规定，谁占领了中原首都，谁就是天下之主，所以有“五代”和“十国”之分）！这样的机会，简直是千载难逢！

不走了，无论如何也不走了，耶律德光骄傲地向全天下宣布——契丹人将在这里落地生根，结束五代十国的分裂局面，并建立一个强大的帝国。

可惜的是，历史已经无数次地告诉了我们：理想和现实，不是一回事。很快，这位新晋的中原之主耶律德光，就会对这个决定懊悔不已，并把自己的命扔了进去！

骨肉相残

自从入住了开封城后，耶律德光就没有过一天消停日子，他的内心也就剩下一个字了——烦。

首先，辽太宗惊讶地发现，中原这个地方一点儿都不好，根本不适合自己居住。

对于这种草原民族的人来说，中原太热了，热得让他们根本受不了。虽然相比中国的南方，北方算是清爽宜人了，但是对比幅员辽阔、一眼望不见边际的大草原，这里的温度还是能把契丹人热得够呛。

除此之外，中原的空气也不好，这天天大雾弥漫着，嗓子里面像着火，人也多得受不了，还是咱草原上舒服惬意，空气质量也好。

咱们要理解耶律德光此时此刻的心情，这就好比什么？把大草原上无忧无虑的藏獒带到拥挤狭小的城市里，小屋一蹲、地板一宿，准生病，也根本好不了。

其次，辽太宗还惊讶地发现，中原的人一点儿都不友好，他们天天偷袭、伏击契丹人，今天杀你个人，明天越你个货，根本停不下来。

说实话，出现这些现象，耶律德光也没啥好抱怨的，这都是他们自己种的果、造的孽，谁让这些契丹人根本不消停呢？

原来，契丹军是没有后勤补给的，大军的所有开销全凭抢劫所得，抢多少就吃多少。对于这种战术，契丹人直言不讳，称其为“打谷草”。

问题是，没有人天生喜欢被剥削，为了对抗这些残暴不仁的契丹人，中原人民自发地团结了起来，他们同仇敌忾，与契丹人浴血奋战。

如果是两军对峙、互相肉搏，中原百姓绝不是契丹武士的对手，但问题是，架不住他们人多。今天你契丹兵三个一群、两个一伙儿去抢劫，就能被十几、二十几个中原百姓给围了，这些百姓也不用刀枪棍棒，一顿锄头、粪叉、板砖，就能把你搞死！

所以，在公元 947 年，在目睹了刘知远在太原登基称帝、开封百姓日夜盼望“王师”后，耶律德光长叹一声，审时度势的他不再留恋这块是非之地，他终于率军撤退了。

然而，谁也没有料到，在班师回朝期间，由于急火攻心，耶律德光走到今天河北省栾城县境内一片树林时，就暴病身亡了。后来，由于中原人对其没有好印象，所以就称这片林子为“杀胡林”。

无论哪一个国家，皇帝死后，都会引起一番动乱。这不，皇帝刚死，述律平就展开行动了，按照这位太后的想法，下一位皇帝，就是他最喜欢的小儿子耶律李胡。

怎么样？皇帝无传位诏书，耶律德光没有说明谁是皇位继承人。兄终弟继，为了国家长治久安，由他的弟弟耶律李胡继承王位，这样既合情又合理，也符合中原王朝的规矩吧？

绕这么一个大圈，述律平终于梦想成真，她的小儿子终于登基称帝了。然而，命运就是这么荒诞不经，正当这个太后踌躇满志，替自己小儿子准备登基典礼的时候，突然之间，从南方却传来一份“圣旨”，已经有人捷足先登，宣布登基称帝了！

这个登基称帝的人，不是别人，正是自己最不待见的长子耶律倍的儿子——永康王耶律阮。

那么，这个耶律阮是何许人也？他又是如何登基称帝的呢？

这个问题，还得从他老爹耶律倍时候说起：

当年，在那场“民主选举”后，虽然耶律倍的皇位被弟弟抢走了，但他依旧是一个皇帝，史称“让国皇帝”。受此侮辱后，您要是耶律倍，您也知道该干什么了：士可杀不可辱，我不跟你们过了！

当时，中原王朝是后唐当家，首领是唐明宗李嗣源。李嗣源深知契丹国内乱不断，废太子耶律倍也不招人待见，他就劝降了耶律倍，封他为怀化军节度使，赐姓“李”，取名李慕华。

李慕华就生活在了中原，他终生没在再回故土，也没有再亲吻一下家乡的土地。

虽然李慕华在中原生活，但也是生不如死，没过几年消停日子。当时，李嗣源死后，先是他的干儿子李从珂造反，随后是他的女婿石敬瑭叛乱，这一家子大小齐上阵，把天下搅得这叫一个乱。

公元 936 年，认贼作父的石敬瑭大兵压境，后唐即将灭亡，在这个国破家亡的时刻，李从珂决定自焚殉国。当然了，李从珂不想一个人走，他就盛情邀请耶律倍跟自己一块儿走。

耶律倍当然不肯自焚！说咱俩什么关系？就是感情再好，也不能携手干这种事情！话说回来了，我老爹死的时候，我都没有跟随左右，我凭什么跟随你呀？

由于耶律倍死活不肯就范，李从珂就把他残忍地杀死了，耶律倍死时年仅 37 岁。随后，在城破人亡之际，李从珂就抱着那块传国玉玺自焚殉国了。

这里多说一句，这里所谓的传国玉玺，就是秦始皇用和氏璧雕刻的那块“中国第一玺”。这块玉玺是古代帝王的证明，也是无数英雄豪杰们竞相争夺的目标。

自古以来，凡登大位而无此玺者，都被称为“白版皇帝”，显得底气不足而被别人耻笑。可如今，这块秦始皇创造的传国玉玺，在折腾了 1100 多年、陪李从珂浴火自焚后，它终于消停了。从那以后，再也没有人知道它的踪迹了。

书归正传，石敬瑭灭亡后唐后，他就把耶律倍的尸骨归还给了契丹。看见大哥的遗体，辽太宗泪如雨下。对于这位皇帝而言，他们的感情亲如手足，全是老妈没事儿瞎搅和，导致大哥背井离乡，最后竟然客死异乡了。

哭完后，耶律德光把大哥的尸骨运回了首都安葬，并追谥号为“文武元皇王”。

咱们看看这个谥号，据《国语·周语下》记载：安邦定国、经天纬地者尊为“文”；征讨四方、克定祸乱者为“武”。这普天之下，就没有一个皇帝能同时得到“文武”谥号，然而耶律倍得到了，可见这对兄弟的感情之深，耶律德光的用情之重。

除此之外，太宗皇帝还加封了哥哥的儿子耶律阮，不仅封这个孩子为“永康王”，还把这个侄子带在身边，视如己出，授其兵法，赋其兵权，让耶律阮光宗耀祖、建功立业。

谁说草原的人茹毛饮血、嗜血成性，就是一群野蛮暴力的民族？看看人家的皇帝，是怎么对自己亲人的；再看看中原王朝的伟大君主（比如宋朝的这位），是怎么对待自己兄弟和侄子的——满门抄斩，一个不留！

两者对比，谁是野蛮，谁是文明，真是不说自明……

耶律德光病死“杀胡林”时，耶律阮正好也在军中，结果，辽国将领们想都没想，他们就冲到了耶律阮的营帐内，上演了一场辽国版的“黄袍加身”的大戏，让这个年轻人稀里糊涂地登基称帝了。

为什么会这样？因为，只要这些将领们一想到漠北皇廷的那个述律平，还有她的那个小儿子，这些人就会浑身颤抖。死亡的恐怖阴影，也会瞬间占据他们的心头。

如今活下来的这帮人，都是从述律平刀口下爬回来的，当年述律平的那番至理名言，他们可都是历史的见证人！这要是太后再来一句：“你想我儿子吗？”试问谁受得了？

除此之外，这个述律平的小儿子，那是“青出于蓝而胜于蓝”，堪称述律平的升级版！

根据《辽史·耶律李胡》记载：

少勇悍多力，而性残酷，小怒辄黥人面，或投水火中。

可见，这根本就是一个“桀纣”重生的大暴君，要是让这个人当上了皇帝，契丹王朝也就算是到头了！

于是，这些将领们就一致决定，绝不能让述律平继续把持朝政，也绝不能让耶律李胡登基称帝。

在大家的簇拥下，一个众望所归的皇帝，终于诞生，他就是辽国的第三代皇帝——辽世宗耶律阮。

耶律阮登基称帝后，他立刻率领大军杀了回来，这个人要替自己的父亲报仇，要让自己的奶奶血债血还，更要取回那些已经属于自己名下，却还没有添加进去的动产和不动产。

至此，一场辽国祖孙夺权的内战，终于爆发。

在这场内战中，耶律阮手下谋士如海、猛将云集，率领的又是辽国百战之师的精锐部队；反观自己奶奶这边，三叔耶律李胡是一个混混加无赖，麾下又是一群老弱病残的看门部队。因此，这样看的话，这场战役胜负已定。

然而，战斗的进程，却超出了新皇帝耶律阮的预料，战局一时间呈胶着状态，谁也搞不死谁！

铁的事实证明，述律平能够为所欲为、肆无忌惮地把持朝纲二十年，绝对有两把刷子，更有一个致命的“武器”。这个“武器”可怕而高效，威力更是无与伦比，让所有人投鼠忌器。

这个武器就是——人质。

原来，在两军开战前，耶律李胡押解着大批的男女老幼来到阵前，他要让自己的大侄子以及那些乱臣贼子们都看一个清楚明白：

这些是什么？这些是你们的至亲骨肉、宗室家眷，你们要是敢打我，我先砍了他们的脑袋！

这一下子，耶律阮的部队集体哗然，士气更是跌到了冰点，他们根本不敢再前进一步了，生怕把这个老太太逼急了翻脸。要知道，这是一个砍自己手臂都不眨眼的“妖妇”，她有什么事情干不出来！

耶律阮的部队不敢进攻，述律平这边也只能防守。因为这个老太太清楚地知道，自己如今是四面楚歌、众叛亲离了，不被耶律阮灭了就不错了，还主动出击？这就是嫌自己死得太慢。

一方投鼠忌器，一方无力反击，战争只能这样僵持下去。但是，这么一直耗着，也不是个事儿。

那么，怎么才能打破这个僵局呢？

就在此时，一个关键的人物出现了。这个人不仅挽救了这个危如累卵、岌岌可危的大辽王国，而且辅佐新帝王使辽国重现辉煌。即使在中国五千年的历史中，他也是一个有胆有识、耿直忠贞的好臣子。

这个人，就是辽国的五朝元老，契丹民族的第二位于越——耶律屋质。

为了平息这场足以灭国的战乱，耶律屋质挺身而出，他愿意充当双方的协调人，让双方和平谈判，共同解决这场内乱。

首先，耶律屋质觐见了述律平，他直言不讳地说道："李胡、永康王皆是太祖子孙，神器并未易人，为何不能商议解决，非要兵戎相见？一旦双方开战，辽国又将何去何从，迎来什么样的未来？"

一听这话，这个古稀老人立刻沉默不语了。对于这位饱经沧桑、经历过无数磨难的大辽"第一国母"而言，述律平比谁都清楚开战的后果，她也比谁都清楚这个国家的未来。

看到太后沉默不语，耶律屋质继续直言不讳地说道："如今出现了祖孙争位的情况，实乃我大辽的不幸，微臣不才，愿效犬马之劳，我愿意去和永康王谈判，化干戈为玉帛，这样才能对得起我大辽宗庙社稷，以及列祖列宗。"

听完这个骨鲠之臣的话后，述律平甚是感动：那好吧，我写一封信，你带给那个小子，说我愿意放下身段，跟那个小子当面对决。

就这样，耶律屋质拿着太后的亲笔书信，就来到了耶律阮的营帐内。

本来，耶律屋质自认为说服了太后，这件事情已经成功了一大半了，结果，根本不是这么回事儿。当他把述律平的议和信交给辽世宗后，耶律阮都没看完，就把这封信撕得粉碎，气得语无伦次，七窍冒烟。

原来，根据《辽史·耶律海思传》记载：

太后遣耶律屋质，责世宗自立。

也就是说，太后在信上痛骂耶律阮，说你小子何德何能，凭什么当皇帝？你眼里还有没有家长，要反了天不成！

这一下子，愤怒无比的耶律阮大吼道："一群乌合之众，怎能敌我？如果我现在进军，天下唾手可得，既然如此，为何要跟她和谈？”

孰料，等耶律阮说完后，耶律屋质一没有劝他，二没有哀求他，他只是平静地说了一番话，最后告诉了皇帝一个既定的事实：“陛下英明神武，手下百战之师，此战必胜无疑，但问题是，如果您打赢了，将士们的家眷怎么办呢？耶律李胡能饶恕他们吗？”

是啊，皇帝，您千万别这么干！那是我们的至亲骨肉呀，一旦开战，我们全家老小就算完了，为了他们，还请皇帝三思而后行。

前有耶律屋质恩威并重，后有各位将领软磨硬泡，耶律阮最终选择了和谈。

然而，即使在耶律屋质的努力下，这祖孙俩终于同意和谈了，但是在皇位问题上，这祖孙俩却存在着一个根本的分歧：一个是要立自己的小儿子当皇帝，一个却要保住自己现有的皇位。面对这个南辕北辙，根本无法求同存异的棘手难题，耶律屋质又将如何解决呢？

祖孙议和

根据《辽史·耶律屋质传》记载，耶律屋质无愧为“于越”之名，这是一位特别善于抓住重要矛盾、能言善辩的大臣。

在这次会面后，耶律屋质首先对太后说了一句话。这是世宗心中永远的痛，也是他最想说的一句话：“昔人皇王在，何故立嗣圣？”

这句话基本上就是揭太后的老底，开始清算当年的老账了。对于世宗而言，这也是他最不能释怀的地方——当年这个皇位，就应该是我老爸的，祖母你凭什么偏心，让我叔叔当皇帝？

今天，您要不说出个子丑寅卯来，咱们没完！

面对这番质疑，述律平不愧为官场老油条，她只是平静地说道：“太祖遗诏。”

太后的一句话，就把这所有的责任都推到了夫君耶律阿保机身上，反正人已经死了，还能爬出来对质不成？

听完太后这个无厘头的解释后，耶律屋质也没说什么，他只是话锋一转，质问耶律阮道：“大王何故擅立，不禀尊亲？”说你为啥上演“黄袍加身”的戏码，你问过自己的亲人吗？你凭啥这么干！当然了，这句话也说出了述律平的心声。

一听这话，耶律阮满腹怨言，他立刻把仇恨拉到了二十年前："我凭什么，问她呀！当年按照宗法礼教，应该是我父亲当皇帝，结果被奶奶、叔叔夺取了皇位，我父亲才远走他乡，最后还惨死在了那里……"

耶律阮话音未落，耶律屋质把脸一沉，他直接痛骂道："打住，当年你父出逃后唐，那就是在叛国，你还有什么委屈不成？今天你身为王孙，大辽皇帝尸骨未寒，你就擅自称帝，威逼祖母，发动内战。即使你胜利了，你也是一个乱臣贼子，有什么面目立于天地之间？百年之后，我看你如何去面对辽国的列祖列宗！"

耶律屋质此言一出，耶律阮直接就蒙了，说你果然不是我的人呀！而一听这话，太后则颇为得意，到底是我的老臣，说话都得向着我。

然而，谁也没有想到，耶律屋质马上又话锋一转，他对着太后痛骂道："要说今日之乱，全是太后您造的孽！当年要不是您偏心，非要废长立幼，何来今日之内战，如今您还假托太祖遗诏，推卸责任，这样还怎么和谈？"

这一下子，太后直接急眼了，说你到底向着谁？孰料，耶律屋质谁也不向，他就是要两边各打五十大板，而他自己，则开始了一段慷慨激昂的演讲。

史料记载，在翻出这些老账后，耶律屋质越说越激动，越说越气愤，最后，他对着这对祖孙大喊道："今日议和之事，无法解决，你们赶紧开战吧，也好让我等见证这一伟大的历史时刻。见证什么呢？见证我大辽骨肉相残、生灵涂炭，列祖列宗的基业，彻底毁于一旦！"

说完，耶律屋质把手中的笏板往地下一扔，退回到了臣子的行列中，对和谈之事再也不管了。

至此，所有人都傻眼了，祖孙俩互不相让，调解员甩袖不干，这个事情还怎么谈？难道只有开战了吗？那可就是一场"亲历家园变废墟，忍看朋辈成新鬼"的人间大悲剧了，让我们情何以堪？

就在这个关键的时刻，终于有一个人选择了让步，才使谈判得以继续进行。

这个让步的人，就是辽国的太后——述律平。

《辽史》记载，在这个关键的时刻，太后感慨颇深地说道："当年太祖登基前，他的弟弟们先后叛乱，这些叛乱带给国家的伤痛至今尚未抚平，这也是我亲身经历的事情，如今这种切肤之痛的旧事，怎么能够重演呢？”

说完，老太后捡起了那根笏板，潸然泪下、泪流不止。

看见奶奶流泪后，耶律阮也哭了，这个皇帝也突然大彻大悟了，说：“我父亲当年虽然失去了皇位，但毕竟没有干伤害国家的事情呀，如今我却率军攻打自己的奶奶，这怎么能对得起自己的父皇呢？”

说完，耶律阮抓住了述律平握着笏板的手，祖孙俩抱在了一起，痛哭流涕、不能自已。

一看见这对祖孙抱头痛哭，满帐的契丹权贵，不论是在哪个阵营的，全都失声痛哭。各自心里的那块大石头，也终于落地了。

和解了，终于和解了，大家再也不用同室操戈、骨肉相残了。

然而，和解归和解，这个皇位的问题，还是没有解决。

哭了一段时间后，述律平首先醒悟了过来，他对耶律屋质说道：“如今和解已定，神器归谁？”

面对太后的质疑，耶律屋质平静地说道：“太后若授永康王，顺天合人，复何疑？”

至此，耶律阮皇权的合法问题，终于解决了。

然而，一听这话，站在旁边的耶律李胡终于忍不住了，他跳起来大喊道：“有我在，这个小子不能当皇帝，因为论资排辈，我才应该当皇帝！”

耶律李胡话音未落，耶律屋质就轻蔑地对他说道：“礼有世嫡，不传诸弟，当年太宗即位就有问题，怎能一错再错，何况是你！你残暴不仁、人神共愤，难道自己还不知道吗？”

一听这话，耶律李胡还要继续嚷嚷几句，却被自己的母亲给拉了回来。见大势已去，太后只能长叹一声：“当年，你父亲说你不是个东西，我没有往心里去。如今，事情到了这步田地，全都是我溺爱的结果呀！”

失败，述律平的教育模式，真是极其失败。

景宗中兴

公元 947 年，在耶律屋质胆识过人的周旋下，述律平终于承认了耶律阮的皇位，契丹的第二次权力交接终于以和平的方式而告终。后来，新皇登基加冕后，述律平和耶律李胡就被迁到了祖州（今内蒙古巴林左旗西南），名为享福，实际上就是软禁。

六年后，即公元953年，一代太后悲愤病逝，享年75岁。述律平死后，她与耶律阿保机合葬于祖陵，谥贞烈，后来改谥为淳钦皇后。

公元960年，耶律李胡的儿子蓄意谋反，结果牵扯到耶律李胡，最终父子双双下狱。耶律李胡死于狱中，享年50岁。

至此，辽太祖耶律阿保机那一家子，全都尘归尘、土归土了，父子之间、夫妻之间的所有恩怨，都去那个世界继续算去了。

当然了，在这些人里面，还得增加一个人，虽然这个人的年龄比述律平和耶律李胡小，但是这个人死得却更早，死得也更加悲壮。

这个人，就是辽世宗耶律阮。

公元951年，仅仅登基五年，这个皇帝就被人暗杀了，死时年仅35岁。而耶律阮被人暗杀后，老臣耶律屋质临危不乱，他帮助寿安王（辽太宗耶律德光的长子）平定了这场叛乱，并拥立这个人当上了新的皇帝。

事实证明，耶律屋质一世英名，就被这个皇帝毁于一旦。

因为这个辽国新的皇帝，就是历史上大名鼎鼎的“三绝睡王”、 辽国少有的一代昏君——辽穆宗耶律璟。

关于这位皇帝的那些荒唐事情，我在前面已经详细阐述了，但我还想再多说几句：

在辽国历史上，这位皇帝昏庸无道，其滥杀无辜的性格，到了令人发指的地步。

史料记载，有一次皇帝去打猎，有一个侍从的妻子生病了，这个侍从就请假回家了。结果，这件事情让穆宗听到后，立刻找了一口大锅，把这个侍从的妻子活活蒸死了。

当然了，穆宗之所以这样做，他的借口也非常合情合理——你的妻子不是生病了吗？我在给她“治病”，这样一高温消毒，这个女人就永远不生病了，你还得感谢我不是？

您看，在中国历史上，见过暴君，可没见过这么暴的君；见过草菅人命的坏人，却没见过这么坏的人。

可见，这个皇帝就是一个禽兽。

后来，由于耶律璟杀人如麻，他终于被忍无可忍的下人刺杀了。

耶律璟死后，历史对他的评价就四个字："死其宜哉。"就是说，死得太好了，他早就该死了，如今终于死了。然而，穆宗这一死，膝下无子，导致国无储君，这个国家没有继承人，这可咋办呢？

群臣这叫一个恨呀！说你玩儿够了，如今拍屁股走人了，留下这么一个大摊子，连个接手的人都没有，国家要交到谁的手上呢？难道要全民投票选举吗？

好吧，也只能用这个办法了。

最后，在经过了一番大规模的海选后，辽国人民拥立了一个血统最为"纯正"的人登基称帝。这个被历史选中的幸运儿，他就是睡王耶律璟的侄子，辽世宗耶律阮的儿子，辽国的第五代皇帝——辽景宗耶律贤。

至此，辽国皇位在一系列的传递后，终于回到了"正统"继承人的手里。从耶律贤开始，契丹的皇位终于由长子耶律倍的子孙世袭罔替了。而且，也就是从这个皇帝开始，辽国终于复兴了，史称"景宗中兴"。

至此，一个强大的民族，终于重新屹立在了这片土地上。

当然了，不管耶律贤把这个国家治理得多么漂亮，在敌国宋朝的眼中，这个皇帝还是有一个致命的弱点——他的健康。

根据史料记载，耶律贤四岁时，他跟着父母一起去郊游，白天他们在一起玩儿，晚上他们就在一个帐篷里同睡。然而，就在那个漆黑的夜晚，辽国爆发了一场叛乱，他的父母被叛军残忍杀害了。

为了避祸，一个厨师用毛毡把小耶律贤包裹了起来，藏于柴堆里，叛军没有找到他，幼小的耶律贤躲过一劫，这才保住了这条命。

后来，辽穆宗登基后，为了巩固自己的皇位，耶律璟对皇族成员进行了一场大规模的"洗礼"，但凡能够威胁他皇权的人，都被他送到那个世界去了。然而，由于耶律贤非常小，又有忠心的大臣在其左右，所以耶律璟没有"处理"这个侄子。

虽然在这场大屠杀中，耶律贤躲过了皇帝堂叔致命的屠刀，但经过了这么多场刺激，耶律贤得了一种动不动就咳嗽不断、吐血不止的病。最严重的时候，他连饮食都难以下咽，只能以稀粥为食。

众所周知，一个人的身体情况，会影响他的情绪；而一个人的情绪波动，则能将这个人的主流意识形态彻底定性。一个天天吐血的人，不可能崇尚武力，更不可能率军出征。因此，如果按照这种逻辑去阐述的话，我们说这位耶律贤软弱可欺，貌似也合情合理。

于是，对于宋朝的皇帝赵光义而言，辽国的皇帝就是一个病夫，这个人怎么可能让自己的国家“国富民强、繁荣富庶”？一个天天吐血的主儿，还能“金戈铁马、剑舞狂沙”吗？

所以说，我现在不打你，更待何时！

这就是宋太宗坚持出兵的根本原因，毕竟，万一辽国换了一个雄才伟略的皇帝，已经被欺负了半个多世纪的汉族子民，岂不将永无出头之日？

其实，历史就是这样荒诞不经，宋太宗的顾忌，居然在日后成真了，当辽国换了一个皇帝后，宋朝确实再也无力反击了。然而，这个让辽国彻底富强的人，却是一个女子，一个直到今天，也依旧永载史册的女子！

这个女子，就是大辽王朝最著名的太后——萧燕燕。

当然了，即使这个女子勇猛无比，那都是未来的事情，咱们继续聊赵光义。

为了讨伐辽国，赵光义进行了一系列精密的计算。对于他而言，除了辽国除了皇帝软弱可欺外，赵光义还不偏不倚地计算了辽国军队的“实力”。他计算出了这么一件结果：

莫说那三千打六万了，就是之前的石岭关一战，宋军也能把契丹人打得丢盔卸甲、闻风丧胆。辽国那所谓的“雄霸天下”的武力，也不过如此。

至此，计算完了所有数据，公元 979 年的 6 月，在宋军疲劳不堪、怨声载道下，宋太宗赵光义颁布了收复燕云的军事计划，并喊出了那句最著名的誓言：“此次出征，吾等必大获全胜！”

然而，历史的发展，真的能遂赵光义的心意吗？这个雄居塞北、强大无比的契丹民族，他们真的能坐以待毙，乖乖服软吗？

我们拭目以待。

第十四章 辽宋之战

胜败有凭

太平兴国四年（979 年）六月十三日，在宋太宗头脑发热的仓促决策下，宋军开始从镇州出发，正式北伐。

史料记载，宋太宗的这个临时决定，居然造成了两个完全不同的结果。

第一个结果，宋军士气低迷，士兵普遍厌战。

对于太宗的这个临时决定，很多将士内心不满，他们用实际行动开始抗议了。

根据《续资治通鉴长编》记载，宋太宗原定的计划是，大军在六月十号集合完毕，开始北伐。结果，过了约定的时间，很多将士还迟迟未到，这些人不仅用实际行动表达了不满，也彻底惹恼了他们的这位大老板。

面对这些姗姗来迟的将士，宋太宗勃然大怒，他准备以军法处置。结果，马步军都虞候赵延溥急忙劝慰道：“现在尚未杀敌，却要自损羽翼，这样恐伤士气，等真正开战后，谁还肯为陛下尽力呢？”

一听这话，宋太宗觉得言之有理，这件事情就此作罢了。

可见，当时的宋军士气，确实低得可以，而用这么一支部队去战斗，其结果又会怎么样呢？

四个字形容：不堪一击。

第二个结果，辽国连战连败。

根据史料记载，宋太宗不按套路出牌，宋军将士们没有想到，辽国人也没有想到！所以，辽国猝不及防、连战连败，等这些辽国人反应过来后，宋军已经接连攻陷了金台（今河北保定）、易州（今河北易县）、涿州（今河北涿州）等地，兵锋更是直指幽州城。

当然了，之所以出现这样的结果，这也是辽国“咎由自取”的结果。

因为从一开始，辽国人就不相信，宋朝人真的敢打自己！

举一个例子，来说明这个问题：

你是一个富翁，你有一个穷邻居。突然有一天，一个强盗给了你很多钱，并且提出了一个条件：我要收拾掉这个穷小子，你别参与。

对于这个问题，你一琢磨，反正这个穷小子也没用，我还能得到这么多钱，这笔买卖很划算，于是你就同意了。

但是，你想过没有，如果你的邻居，从一个穷小子变成了一个强盗，你的日子还会踏实无比吗？这个强盗难道会就此打住，不想更上一层楼了吗？

铁的事实证明，从后来的情况看，这个富翁完全错了，他还是把这个强盗估计得太老实了。

现在，这个富翁、这个穷小子、这个强盗，您知道是谁了吧？

这个富翁，就是大辽；这个穷小子，就是北汉；这个强盗，就是宋朝。

当然了，谁也没有想到，百年之后，这个案例再次上演了。只不过，当时的富翁，换成了宋朝；当时的穷小子，换成了大辽；当时的那个强盗，就是异军突起的金朝。

可见，通过这个案例我们知道，我们学习历史，并且从历史中得到的唯一教训就是：我们从来没有从历史中得到过任何的经验教训！

这绝对是一句大实话。

书归正传，太平兴国四年（979 年）六月二十三日，在清理了外围所有辽军后，宋太宗终于率军来到了幽州城下。此时此刻，对于他而言，只要攻陷了幽州，其他十五州就会望风而逃、不攻自破，到时候收复长城的伟大事业，就要在自己的手中变成现实！

然而，无数的案例已经告诉我们，理想和现实，往往不是一回事。

何况，赵光义即将攻陷的这座城市，还是中国最著名的一座都城——幽州府。

古人有云：幽州之地，虎踞龙盘，形势雄伟，左环沧海，右拥太行，北枕居庸，南襟河济，形胜甲于天下，诚天府之国也。

自古以来，幽州府都是天下诸侯必争之地。

除了辽国之外，千年之内，将有四个更加强大的王朝，会选择这里作为自己的都城。这四个王朝分别是：金、元、明、清。

可见，这么一座雄伟的城，不可能会被轻易攻陷，而攻陷这座城的难度，更是太原城的数倍！

但是，就在这种困难下，太平兴国四年（979 年）六月二十五日，赵光义下令全军攻城。一时间，数万宋军把幽州城围了一个水泄不通，开始不分昼夜地攻城，而他们的皇帝也异常坚信，只要这样连续攻击一个月，这座雄伟的都城，就将并入大宋版图！

我始终不解，赵光义的这种自信到底来自哪里？

要知道，在当时的战局中，宋军处于绝对劣势，远远没有赵光义想的那样乐观。

首先，看看当时宋军的处境吧，先是连续数月围攻太原城，随后不做任何休整，就因皇帝一己私欲，全军以疲惫之躯翻越整个太行山，每天至少行军一百里，其间还要攻陷数个据点，打无数场战役……

可见，这么一支强弩之末的疲惫之师，能够千里奔袭到幽州城下，这已经是最大的奇迹了，怎么可能还有力量继续攻城略地？

其次，为了用最快的速度攻陷幽州城，宋军采取了偷袭战术，他们轻装简行，一路急行军，这才以最快的速度攻到了幽州城下。然而，轻装简行的代价也非常致命，在这场攻城战中，宋军没有任何攻城武器，他们唯一拥有的，只是自己的血肉之躯。

最后，北京不比太原，这座城池的周围根本没有汾河那样的水流体系。这就意味着，要想攻陷这座雄伟的城市，宋军没有任何可以仰仗的工具，他们唯一可以做的，就是像疯子一样去爬城墙，或者像老鼠一样去城墙下面打洞。

用这种办法去攻城，莫说攻陷这巍峨耸立的北京城了，就是想拿下太原，也压根儿没戏！

以前老说，兴亡谁人定，胜败岂无凭？

然而，有些战役的结局，实际上早已注定。

所以，在宋军围攻幽州期间，辽国的援军已经就位，北院大王耶律奚底正率领 3 万铁骑屯军清河（今北京清河镇），辽国宰相耶律沙也率领 2 万大军驻守德胜口（今天北京昌平西北）。

两路大军，层层推进，互为掎角，呼啸而来，耶律奚底更是与幽州城形成掎角之势。只要一有机会，他就会率军南下，跟幽州城的部队里应外合，彻底击垮这支攻城的宋军。

可见，宋军强弩之末、筋疲力尽；攻城战术单调，只能凭借血肉之躯；外围更是有敌军强援，始终对自己呈包围之势；战局如此被动，为什么赵光义还能如此自信？

后来，当我重新翻阅这段历史，仔细研究双方的军事对比后，我才彻底明白了，赵光义的这份自信，好像不无道理，这位皇帝确实有自信的本钱。

那么，赵光义的这份自信，到底是什么呢？

幽州之战

赵光义自信的本钱，不是他努力奋斗的结果，而是敌国的慷慨给予。

事实也正是如此。

首先，虽然围城的宋军外围有耶律奚底率领的 3 万铁骑，但是根据史料记载，这位手握重兵的北院大王连一次像样的进攻，哪怕是一次骚扰类型的减压工作都没有！

也许，在目睹了宋军石岭关一战的惊人表现后，耶律奚底实在没有攻击这支宋军的勇气；也许，耶律奚底就想在远处观望，任由幽州城自生自灭，直到改变命运的那一天到来。

不管怎样，耶律奚底的这种消极拒战的表现，就成了赵光义第一个自信的本钱。

赵光义的第二个自信的本钱就是：幽州城的守将——韩德让。

韩德让（941－1011年），祖籍蓟州玉田（今河北玉田），辽朝权臣。

史料记载，韩德让是一个世袭罔替的公子哥，虽然他的爷爷非常勇猛，就是那位辽国开国大臣、大名鼎鼎的韩知古。但是，等到这个孙子辈的时候，就差不多是“黄鼠狼下崽，一窝不如一窝”了。

《辽史》记载，韩德让虽然是将门之后，但是他是怎么发家致富，最后位极人臣的呢？四个字形容：医术高超。

对，您没有看错，我没有写错，这是辽史的原文！韩德让就是凭借这门手艺，最后深受龙恩，并委以重任了。当然了，结合辽国皇帝耶律贤那个多愁多病、天天吐血的身体，韩德让能够受到皇帝的宠信，好像也很有道理。

不管这个人如何深受皇恩吧，有一点是可以肯定的，韩德让除了“医术高超”这个优点外，其他方面一无是处，没有一点儿拿得出手的成绩。除此之外，这次幽州城的防御工作，也跟他没有一丁点儿的关系！

要知道，奉命镇守幽州城的是谁呀？是韩德让的老爹韩匡嗣，他才是真正的南京留守（辽有五个京城，幽州府是南京）。只不过，这次战役爆发前，韩匡嗣正好外出办公去了，这才让韩德让成为了最高指挥官。

想象一下吧，韩德让压根儿就不是幽州城的守将，只不过正好替父亲值会儿班，等父亲回来后，他就该走人了。结果呢？父亲没等来，却等来了大宋皇帝赵光义！

等敌军兵临城下后，韩德让四下一打量，最大的官就是自己了，那就只能硬着头皮上了。

史料记载，让这个公子哥守城，韩德让的搞笑效果，要远远超过他的实战效果。在当时，几十万围城的宋军都看见和听见了——幽州城的城楼上，有一个高级将领喊破了嗓子，他在对着耶律奚底的方向喊救命。

让这种“人才”去守城，幽州城要是能够守得住，那才叫新鲜呢！

这个根本不懂打仗的公子哥韩德让，就成为了赵光义第二个自信的本钱。

当然了，几个不敢动手的契丹将领，一个根本不会守城的纨绔子弟，这些都不是赵光义最大的自信的本钱。这位皇帝最大的自信，则来源于敌国的最高统治者——辽景宗耶律贤。

史料记载，当宋太宗踏平北汉后，这位得意忘形、趾高气扬的皇帝立刻派使者入辽，给辽国皇帝送了一封书信，用来表示自己此时此刻的心情。

由于当时赵光义的心情非常好，所以在书写信件的时候，赵光义连最起码尊敬的修饰词都省了，这封信何止是嚣张跋扈，简直是嚣张到了极点：

“辽国君主，你好，咱们不是友好邻邦吗？我哥哥死的时候，你不是派人来吊唁吗？如今我收复了北汉，这是我朝天大的喜事，你是不是应该派人来祝贺？”

看完这封书信后，耶律贤气得语无伦次，七窍冒烟。

即使被气成了这样，耶律贤也没有让这些宋朝使者“伏尸二人，流血五步”，他只是平静地对大宋使者说道：“看来，你们在国内的待遇不怎么样呀？你们是不是得罪了宋朝皇帝了？要不然的话，宋朝皇帝怎么会派你们过来故意激怒我？这就是让我杀了你们呀。这样吧，只要你们肯归顺于我，我就既往不咎，还会重用你们。”

一听这话，这些宋朝使者断然回绝，并义正词严道：“我们是来出使的，不是来投降的，宋朝皇帝怎么把您得罪，这我们管不着。我们的任务就是传达书信，如今任务完成了，这就不辱皇命，也算是有一个交代了。这之后，我们找一个豁亮儿的地方一躺，要杀要剐，您自己看着办吧！”

听完这番话后，耶律贤拍案而起，道：“好，算你们有种，滚吧，我不杀你们了。回去告诉你们家皇帝，道贺的事情容我们君臣商量商量，回头再说。”

其实呢，耶律贤的意思再明确不过了，你打北汉，我派兵支援，被你打回来了，我就不报仇了，你也见好就收吧。咱们以后继续和平共处、互不侵犯，该干嘛还干嘛。

可惜的是，耶律贤是这样想的，赵光义却彻底想歪了。

宋朝使者回国后，把出使的经历这么一说，再把辽国皇帝“软弱无能”的性格添油加醋一把，宋太宗当时就找不着北了，这也直接促成了太宗要“携灭北汉之余威，一举收复燕云十六州”想法的出炉。

说实话，您要是说这位辽国皇帝无能，这确实有点冤枉了他，但是，根据《辽史》记载，这位皇帝也确实“软弱”得可以。

太平兴国四年（979 年）六月二十八日，当宋军围困幽州城的消息传到漠北王廷时，当时的耶律贤正在兴高采烈地打猎，听到这个消息后，他立刻召开紧急会议，共同商量应对方案。

在一番激烈的讨论后，大家讨论的结果非常一致——放弃幽州，退守松亭、虎北口，保护漠北王廷。

当然了，这些大臣的借口也非常冠冕堂皇，他们害怕宋军继续北上，直接端了他们的老窝，而这一切，就像他们事后记载的那样：

> 宋乘下太原之锐，以师围燕，继遣曹彬、杨继业等分道来伐。是两役也，辽亦岌岌乎殆哉！
>
> ——《辽史》

现在，让我们看看辽国的处境吧：军队怯战、大臣惧敌、皇帝软弱、人心惶惶，大家全都是求和派和逃跑派。

好一片亡国之相。

然而，时势造英雄，每一个国家都有力挽狂澜、扶大厦于将倾的英雄，契丹也不例外。当中原王朝到了最危难的时刻，我们一定会不自觉地喊起这些人的名字：岳飞、文天祥、于谦、袁崇焕……同理，当大辽王朝到达最危难的时刻，这个国家的人民，也一定会喊起这个英雄的名字。

这个名字，将成为中原王朝300多年的梦魇；

这个名字，就是辽国的民族英雄——耶律休哥。

惊天动地、力挽狂澜的反击，就此开始！

大辽战神——耶律休哥

"启奏陛下，建议放弃幽州者，就一个字——杀！"

说这句话的人，就是在历史上第一次初露锋芒、未来势不可挡的大辽战神——耶律休哥。

当听完耶律休哥这句话后，满朝震惊。当然了，让这些大臣震惊的原因，一小部分是这句极其生猛、饱含杀气的话，而更多的原因，则是因为这个人的官职。

当时耶律休哥是什么官职？就是一个掌管皇族事务的后勤人员，跟韩德让有一拼，更跟战争没有一丁点儿的关系。

然而，文官又怎么了！当年威震三国时代、虎牢关以一敌三的吕布，他最初也是文官，就是政府的一个抄写员。

《辽史》记载，就是这么一个小小的文官，身体内却蕴含着无限的勇气，他说的话更是浩然正气、声震寰宇，让那些比他更高级别的大官全都羞愧地退了下去。

在用自己的直言震住所有人后，耶律休哥再接再厉，他开启了个人表演模式，先是痛骂了那些主张求和、逃跑的大臣，随后阐述了两个观点，用来论证幽州城的重要性。

第一个观点，幽州不能丢，城池不能弃。

耶律休哥告诉皇帝，虽然燕云十六州是石敬瑭白送的，但是为了保住这片领土，大辽列祖列宗们也浴血奋战了无数次。

如今，我们不发一兵一卒，就将这万里疆域拱手相让，必将万世受尽骂名！

这个道理非常简单，即使不能开疆拓土，也要守住现有的领地，否则，就会成为历史的罪人，生前愧对全国臣民，死后无颜去见列祖列宗。

除此之外，大辽自开国以来，只有开疆拓土之君，还无丧权失地之主。很显然，在这个问题上，辽景宗耶律贤不想当这“千古第一人”。因此，耶律休哥这番话直接说到了皇帝的心坎儿里。

第二个观点，大漠不能去，去了等于死。

重新审视一下这个燕云十六州吧，这片东西长约 600 公里、南北宽约 200 公里、面积约为 12 万平方公里的土地，不仅是中原王朝赖以生存的万里长城所在地，更是契丹王朝繁衍生息、延续血脉的圣地！

这绝非危言耸听，如果没有了这片农耕之地，即使契丹人能够继续在草原上纵横驰骋、所向披靡，这些契丹人也必须面对这样一个现实：

在这片茫茫的草原上，他们终究是一群无根之木、无源之水的流寇，一次突如其来的雪灾、瘟疫，或者是一场偶然性因素的野战胜负，都会让这个民族万劫不复，并永远消失在历史的长河里。

遥想当年，犬戎、匈奴、鲜卑、柔然、突厥，哪一个不是强悍无比的草原霸主？可是现在呢，这些民族的后裔在哪里？还不是挨个消失，被历史永久除名！

相反，如果拥有燕云十六州这片土地，莫说那草原上流行的口蹄疫了，就是遇到了什么五十年不遇、百年没有的特大灾难，哪怕是漠北草原一夜之间彻底消失，契丹人也依旧会生存下去，并在燕云十六州这片土地上继续繁衍生息。

综上所述，不管是为了辽国的列祖列宗，还是皇帝自己，以及契丹未来的所有臣民，燕云十六州都不能丢，不能弃！

所以，建议放弃幽州者，就一个字——杀！

《辽史》记载，听完耶律休哥这番慷慨激情的演讲后，辽景宗激动得都不行了。要知道，虽然这位耶律贤“软弱可欺”，但他毕竟是一个草原民族的皇帝！

于是，热血沸腾的耶律贤立刻下令：命南院大王耶律斜轸先率领10万皇家禁军南下，去解幽州之围。如果你救援失败了，朕就在后方集结百万雄军，必将御驾亲征，誓与幽州城共存亡！

与此同时，辽景宗还致信给耶律沙、耶律奚底等人，命他们马上出击，解救幽州被困之围，而且耶律贤还给他们下了一条死命令：再敢畏敌怯战、临阵脱逃，朕马上砍了你们的脑袋去祭旗！

除此之外，把皇帝忽悠成了这样，你耶律休哥要是不随军出征，貌似也没有道理。当然了，对于满朝文武而言，如今的他俨然就是一个反面教材，推荐他出征，以便让后面的书呆子们明白：乱说话，胡乱出风头，这就是在找死！

去吧，亲爱的耶律休哥，好好地出征吧，死在那边最好，就算不死，也要让你脱层皮。

可见，人心叵测，这真是一句大实话。然而，当时没有一个人能够想到，此次出征，不仅让这个文官建功立业，而且还成就了他一世的威名！

此消彼长的结果

自出兵以来，耶律休哥和耶律斜轸就开始了日夜兼程的八百里行军，他们的目标只有一个——用最快的速度赶到幽州城。

要知道，这是一场与时间赛跑的游戏，因为战局瞬息万变，万一宋军攻破了幽州城，胜利的天平就会彻底倾斜。届时，宋辽就会主客易位，换成宋军在幽州城内以逸待劳，等待着这些千里奔袭、已经变成强弩之末的契丹军。

到了那个时候，后果不堪设想，辽国也算是万事休矣了。

因此，耶律休哥和耶律斜轸必须要快，他们要用最快的速度狂奔，因为没有任何人能够保证，那位纨绔子弟、医生出身的韩德让，他能够守得住幽州城，并成功等到援军的到来。

然而，奇迹真的发生了！

太平兴国四年（979 年）七月五日，当耶律休哥率军冲到幽州城下时，幽州城完好无损，韩德让也依旧顽强地活着。

韩德让，这个毫无本事的纨绔之子、手无缚鸡之力的医生，他居然守住了这座幽州城！

说实话，对于能守住幽州城这件事，就连韩德让自己也不敢相信！

然而，正是一个细节救了他，并彻底改变了这场战役。

这个细节叫作——心态。

先说辽军的心态：

对于辽军而言，有一天，你突然发现，城门下来了几十万不速之客，并日夜不停、拼死攻城的时候，你会是一个什么样的心态？

你不害怕吗？

害怕后的结果是什么？是奋起抵抗，还是掉头就跑？

很显然，在目睹了这焕然一新的宋军后，辽军立刻达成了一个共识：逃，马上逃，否则必将死无葬身之地了。

然而，当这些辽国士兵准备逃跑的时候，他们却惊讶地发现，自己俨然变成了瓮中之鳖，再也逃不掉了。

为什么？因为宋军采取的是“四面围攻”的战术，而不是标准的“围城必缺”战术。

再不厌其烦地说一遍吧，所谓的“围城必缺”战术，是战场上最常用的心理战术之一。具体来说，在攻城战斗中，攻击方万万不能把城池全部围死，一定要让敌军看见希望，否则，如果敌军自知没有活路，他们一定会拼死反抗，到时候这些人发起狠来，后果不堪设想！

在这场攻城战中，不知道是宋太宗急攻心切，还是过于自信和偏执，他没有给辽军留下任何退路，而是采用了“四面围攻”的战术，就这样逼着对方跟自己玩儿命了。

可见，如果宋太宗采用三面围城的战术，或者是给敌军留一条出路的话，那么这个幽州城很可能早就是赵光义的囊中之物了，而中国的整个历史，也有可能被重新书写一遍了。

可惜的是，在历史这本字典里，根本没有“如果”二字。

再说宋军的心态：

对于宋军而言，本次出征，事发突然，很多将士本就心存不满，他们态度消极，出工不出力，要不是皇帝亲自督战，这些人估计早就一哄而散了。

这绝非危言耸听，任何一个细小的事情，都是军心不稳最好的证明。

根据《续资治通鉴长编》记载，曹翰部队在幽州城下打洞挖隧道时，士兵们挖出了一只螃蟹。

如果放在平常，挖出了这个东西，士兵们应该很高兴：今天晚上能打牙祭了。结果，当看见这只螃蟹后，曹翰却大惊失色，他语气深长地说道：

“不吉利呀！螃蟹这种东西，应该是生活在水里的，怎么能出现在这里呢，这是不祥的预兆。而且螃蟹多足，这是辽国大量救兵将至的象征，咱们的麻烦来了。最后再说一句，螃蟹的‘蟹’与松懈的‘懈’同音，看来这次军事行动不会有收获了，咱们还是赶紧撤兵吧。”

蟹水物而陆居，失所也。且多足，彼援将至，不可进拔之象，况蟹者解（通假字懈）也，其班师乎？

您看，这都哪跟哪呀！潮湿之地挖出螃蟹，这本来就是一件稀松平常的事情，曹翰愣是把这件事情比成“蟹老宋”，你让赵光义情何以堪？

历史上的曹翰，他绝非是杨修那种蛊惑人心的无用书生。在当时的宋军将领中，曹翰绝对是一个凶猛无比的将领，其剽悍指数，更是让猛人党进都自叹不如。

远的不说，就在之前讨伐北汉的战斗中，按照原先的部署，曹翰官职最低，所以他负责攻击太原城的北门。但是，得知这个分配结果后，曹翰直接不干了，他要求攻击西门，不给就自行走人。

此话一出，举座皆惊，就连赵光义也为之一颤。因为所有人都知道，太原城的皇宫就在西面，你曹翰居然敢喧宾夺主、越俎代庖，直接跟领导们抢饭碗，你让曹彬、潘美等人情何以堪？

然而，当看见曹翰那张怒不可遏、瞋目切齿的面容后，所有人都选择了妥协，赵光义更是和稀泥，道：“卿智勇无双，城西面非卿不能当也……”

这就是宋军的猛将曹翰，如今的他，俨然就是宋军的榜样与信念。可是现在呢，连这么一个牛人、猛男都要选择撤退，可见宋军士气萎靡不振，心态更是差到了极点。

在这两种完全不同的心态下，当辽国援军到来后，宋军也没有攻破幽州城，并且不甘心地迎来了属于自己的那一天。

那一天，是永载史册的太平兴国四年（979 年）七月六日，也是宋太宗赵光义最刻骨铭心的一天。

高梁河之战

这一天，正坐在中军帐商量战术的赵光义突然得到急报——契丹人来袭！

说实话，战争打到这个份儿上了，契丹人要是不来，这才叫没有道理。然而，大家谁也没有料到，契丹人竟然会来得这么快，并来得这样凶狠无比。

《辽史》记载，当天负责发动第一轮进攻的，就是离得最远、比谁都“懦弱无比”的辽国宰相耶律沙。当天，这位宰相仅仅用了半个时辰，就率军从北京昌平冲到了高梁河畔，并在这里与宋军展开了殊死的肉搏战。

古代的高梁河，就是今天北京西直门外的护城河，可见敌人的攻击速度之快！而且，所有宋军都明白契丹人的想法，他们这样孤军深入，死战不退，这就不是偷袭、不是骚扰，而是来者不善，誓死决战！

就这样，在耶律沙的疯狂进攻、在宋军完全没有任何心理准备的情况下，宋辽之间第一场大规模的主力兵团之间的决战，就此展开。

这一战，也彻底拉开了宋辽“百年恩怨”的大幕。

刚开始的时候，由于宋军被打了一个偷袭，所以战局极其不利。但是，随着时间的延长，以及宋太宗亲自督战，最后宋军抵挡住了辽军的进攻，他们仗着人多，开始反客为主，慢慢地将这个战局扭转了过来。

这场浴血奋战、以命相搏的战役，一直厮杀到了黄昏时分，最后耶律沙部损失惨重，他只能下令撤退。而经过这么一场厮杀后，宋军虽然击退了敌人，但士气已经跌至冰点，他们无力追击再战，只能收缩阵地，全力防守。

至此，出兵半年、粮草将尽、师老兵疲、后续乏力、士气萎靡、全军无力再战……如果是赵匡胤的话，将比谁都清楚，这些到底意味着什么！然而，这位号称更加英明的赵光义，他却浑然不知，并一错再错，最终错到了地狱里。

经过了一天的鏖战后，所有的将领都劝赵光义赶紧撤兵，有的将领甚至直言不讳道："谁说契丹人完了，连野战都不行了，事实胜于雄辩，之前的全都是扯淡！如今我军士气低落、师老兵疲，还望陛下早作打算，以免后悔莫及。"

然而，对于这么一番肺腑之言，宋太宗却不为所动，他不仅痛骂了这些将领一顿，还要治他们扰乱军心的罪。最后，在其他将领的苦苦哀求下，赵光义才赦免了这些将领，但是死罪可免，活罪难逃，明日要是不奋勇杀敌，咱们二罪归一，直接砍了去祭旗。

说完，赵光义宣布散会，他愤愤然地离开了，只留下了这些无计可施、面面相觑的文武百官。

好吧，话已至此，还能怎么办。现在，天已经黑了，这一天就算过去了，明天还有一场鏖战呢，还是赶紧睡觉吧。

然而，宋军做梦都不会想到，正当他们酣梦连连时，那些辽国人却忙得不亦乐乎。

原来，看见宋军一整天的低迷表现后，耶律斜轸就明白了一个道理：此时的宋军，看似强大无比，实际上就是一艘千疮百孔的破船，只要再狠狠地给它一下，就能将它彻底击沉！

而进攻的最佳时机，就在今夜！

来吧，成王败寇，就此一战。

太平兴国四年（979 年）七月七日丑时（凌晨 1 点至 3 点），契丹人发动了一场最凶猛的夜袭，耶律斜轸更是用尽了老本，那真是孤注一掷，不成功便成仁！

根据《辽史》记载，为了这次进攻，耶律斜轸不仅亲率 10 万皇家禁军出战，而且他还命令每个士兵手持两个火把，硬生生地组成了一支似乎是 20 万人的部队！

与此同时，耶律沙和耶律奚底部也要全军出击，从左右两边对宋军实行包围之势，务必让敌军全都死在这片汪洋的火海里！

一时间，幽州城下，火光四起，烈焰熏天，辽军的火把愣是把漆黑的夜晚，彻底变成了红色。看见这幅"地狱奇景"后，宋军不知道对方来了多少人，他们每一个人都感到了恐慌，全军也即将混乱了（宋军不测其多寡，有惧色）。

就在这个时候，宋军的后方也出现了强敌！您能想象吗？之前被死死围困了一个月，每天都在死亡线上挣扎的幽州守军，他们竟然弃城出击，全都冲了出来！

自从被围城后，这帮人就按捺心中怒火很久了。他们此次倾巢而出，那就如猛虎下山、蛟龙入海一般，全军士气到了顶点，皆“嗷嗷”地向着宋军而来。

至此，想象一下宋军的情况吧：被敌军团团包围，前后左右皆有敌军，那真是叫天天不应，叫地地不灵。

如果几十万大军都处于这种惊恐、迷茫中，这将是一种什么样的感觉？

回望历史，还记得昆阳之战、赤壁之战、淝水之战吗？大兵团全线溃败前的阶段，到底是一个什么样子？

可见，对于辽军而言，在这种连招架之力都没有、只能被人玩儿命殴打的局面下，宋军四散奔逃、全线崩溃的局面，估计马上就要上演了。

然而，当晚宋军的表现，却完全超出了辽军的意外！铁的事实证明，经过赵匡胤十多年来不断筛选、淘汰、磨炼的这支大宋皇家禁军，才是这个星球上最强部队。

从深夜丑时遭遇伏击开始，一直到太阳重新挂起为止，整整一夜，宋军建制不散、队伍不乱，他们不仅死死地守在皇帝的身边，还用实际行动对辽军证明——虽然我们处于劣势，但我们还没有败！

这就是宋朝皇家禁军的素质，闻战而进、遇险不退、殊死战斗、永不言败，真乃天下最强之兵也！

宋军的这种殊死的表现，却让辽国的一员将领抓狂不已，甚至陷入了疯癫的状态。

这个辽国的将领，就是大辽即将诞生的战神——耶律休哥。

对于耶律休哥而言，虽然现在辽军占尽优势，但战局却危如累卵，甚至命悬一线。想想吧，为了这次进攻，辽军已经用尽了所有的力量，耶律斜轸、耶律沙、耶律奚底所部，甚至是幽州城内的韩德让的部队，全都投入了进去，可谓倾尽全力、率众而来。

然而，经过了一夜的鏖战，宋军虽然处于劣势，但是他们建制不散、队伍不乱，也没有任何溃败的迹象。弹指之间，等太阳彻底照亮整个战场后，宋军就能看出辽军的虚实，到时候战场的天平就会彻底逆转！

怎么办？怎么办？怎么办？时间不等人呀！

就在此时，天空已经出现了一道红霞，太阳也在“负着重荷似地”努力上升……也许下一个瞬间，太阳就会冲破云霞，完全跳出海面，颜色也将红得非常可爱……

很显然，耶律休哥不是巴金同志，他没有功夫写一篇抒情的散文，来好好地阐述自己此时此刻的心情，他要迫切地想出一个完美的办法，来彻底击垮这支死战不退的部队。

这个完美的办法就是——擒贼先擒王，耶律休哥要率军不顾一切地冲向大宋皇帝，直接杀向赵光义的所在——那个黄罗伞盖。

根据《辽史·耶律休哥传》记载，那一天的耶律休哥，就跟当年高平之战的赵匡胤一样，耶律休哥变成了一把致命的利刃，他要狠狠地刺穿敌人的胸膛！只有这样，耶律休哥才能为自己的国家、自己的民族、自己的人民，带来生的希望。即使最终失败了，耶律休哥也要死在冲锋的道路上！

不胜利，毋宁死，敢于直面死亡的人，才配得上“英雄”二字！

至此，这个威震四海、大辽不可一世的战神——耶律休哥，终于在这九死一生的道路上，彻底凤凰涅槃，冲出了这个地平线！

史料记载，耶律休哥冲破了数万宋军的围追堵截，就这样一直前进、前进、前进进，最终劈开了大宋的中军大营，冲到了那顶显赫无比的黄罗伞盖面前。

虽然此时此刻，在经过了一番殊死搏杀后，耶律休哥身上有三处致命重伤，他的手下也都精疲力竭、无法再战，但是，附近战场的人都看见了，面对这支残兵败将的辽军，赵光义想都没想，就直接脚底抹油——逃跑了。

没有办法，对于赵光义而言，无数次他都会在梦中苦苦追寻，追寻哥哥当年在“高平一战”中骁勇善战的背影，他也无时无刻地希望将这场战役重演。然而，等历史真正重演时，赵光义却万万没有想到，自己不仅无法复制当年哥哥的伟大壮举，而且现在的他，居然变成了那个北汉的废物软蛋（刘崇）。

为什么？因为赵光义不管怎样篡改历史，他都必须要承认那个残酷的事实：从出生到现在，他就没有跟人拼过刀剑，更没有经历过一次残酷的战争洗礼。

因此，当看见敌人手中明晃晃的刀剑，以及那些对着自己的贪婪眼神后，我们绝对有理由相信：就在这一刻，这个男人终于变回了他自己，他又变回了那个生活在哥哥的背影下，永远被哥哥细心呵护的——赵光义。

可惜这一次，在这场噩梦中，却再无哥哥的伟岸身影……

至此，当耶律休哥砍断了代表皇帝至高无上的黄龙大旗后，不管是辽军，还是宋军，大家都明白了一个道理——胜负已定。

当看见首脑被“斩首”后，宋军集体哗然。一时间，数十万大军毫无组织地四散而逃。这支经过了一夜殊死战斗的部队，终于达到了极限，并迎来了属于自己的最终结局——彻底崩盘。

嘿嘿，亲爱的赵光义同志，别以为你暂时逃跑了，这事儿就算完了！

根据《辽史·耶律休哥传》记载，在砍断皇帝的龙旗后，耶律休哥就变成了一条疯狗，他一路狂追了赵光义30余里，一直把赵光义赶到了涿州，最后在“无敌将军”杨业的掩护下，耶律休哥自知难以获胜，这才不甘心地悻然而去。

至此，这场永载史册的“高梁河一战”结束，最终以辽军大胜、宋军大败告终。

当然了，在宋朝的国史、实录中，为了回避这场大溃败，以安抚皇帝那颗脆弱的玻璃心，这些史料的记录，那叫一个委婉曲直、含蓄动听。

上以幽州城逾旬不下，士卒疲顿，转输回远，复恐契丹来救，遂诏班师。车驾夕发，命诸将整军徐还。

——《续资治通鉴长编》卷二十

就是说：在攻打了十几天幽州城后，宋太宗见士兵疲惫，后勤运输非常困难，还担心契丹援军会到达，所以不得不下令撤兵。撤兵是在傍晚进行的，太宗命令诸位将领管理好各自的部队，然后乘着那最后一抹夕阳，挥一挥手，宋军就踱着四方大步，井然有序地班师回朝了。

可见，这样的记录，何止是选择性失明，简直就是恶搞了。

相反，辽国的历史就不客气，甚至是不留任何情面了，他们真实地记录了这场战役的经过与结局。

秋七月癸未，沙等及宋兵战于高梁河，少却；休哥、斜轸横击，大败之。宋主仅以身免，至涿州，窃乘驴车遁去。甲申，击宋余军，所杀甚众，获兵仗、器甲、符印、粮馈、货币不可胜计。

——《辽史·景宗·圣宗本纪》

就是说，在“高梁河一战”中，耶律休哥、耶律斜轸等人大破宋军。宋朝皇帝与他的大队人马失去了联系，只身逃离了战场，一直逃到了涿州，后来偷偷地换了一辆驴车，这才安全地逃离了战场。还有，在这场战役中，辽军杀死了大量的宋军，并缴获了数不清的武器、盔甲、辎重、粮食、货币，等等。

可见，这样的记录，才是那段真实的历史，也是宋朝人基本认可的历史。

为什么？因为在宋朝王铚的《默记》中，他就完全赞同《辽史》的记载，并加入了一番全新的注解：

太宗自燕京城下军溃，北虏追之，仅得脱，凡行在服御宝器尽为所夺，从人宫嫔尽陷没。股上中两箭，岁岁必发。其弃天下竟以箭疮发云。

这段话的意思是说：

太宗在幽州城下惨败后，在辽国的不断追杀下，最后勉强逃脱，但身边的服饰、马车、各种奢侈用品，全都被辽军抢走了，太宗的那些侍从、宫女、嫔妃等人，也都被辽军杀死了。除此之外，太宗的大腿还被辽军射中了两箭，以后每年都会旧伤复发，最后太宗就是被这个箭疮害死（其弃天下）的。

这里多说一句，这里的“股”，有大腿、屁股两种说法。我个人认为，根据铠甲覆盖身体的程度，以及赵光义受伤的情况来看，这里以大腿的说法为主。

书归正传，除了《默记》外，宋朝另外一本笔记《烬余录》中，也记录了大致相似的内容。可见，这些记录都清晰地描绘了那段历史——高梁河之败是多么惨重，太宗是多么狼狈，赵光义的内心，又是何等愤怒与不甘！

后来，在评书演义《杨家将》中，编剧们要重演这一段历史，但是大家一琢磨，宋太宗哪怕再狼狈，人家好歹也是大宋的皇帝，咱们还是给赵光义留一些面子吧。

于是，在《杨家将》故事里，这段历史就进行了一番重新的演绎：

话说太宗兵败后，他就在前面一路狂跑，辽军在后面一路狂追，那真是一路风声鹤唳、草木皆兵，赵光义吓得连魂都没了，结果一不小心，他直接纵马跳进了泥潭里。

就在宋太宗深陷困境、濒临绝望的时候，当时负责押运粮草的杨业正好赶到，他立刻下马参拜，说微臣救驾来迟，还望皇帝赎罪，等等。

您想呀，都到了这个份儿上了，皇帝还能怪罪谁呀。赵光义着急地说道："爱卿何罪之有？别扯那些有的没的，赶紧的，快来救我！"

一听这话，杨业马上蹚水而去，把皇帝从马上抱了下来，并成功救上了岸。后来，杨业一看皇帝的御马，满地流血，满身是箭，再也动弹不得，这匹马就算完了。于是，杨业对着身边一员小将大喊道："你下来，把你的马给皇帝骑。"

一听这话，皇帝感动得哇哇的，说这个小将军是谁呀？

杨业道："回陛下，此乃犬子杨延昭。"

皇帝说："这不行呀！大将军怎么能没有马骑呢？到时候敌军来了，他如何奋勇杀敌呢？因此，我不能骑他的马，这么着吧，你给我找一辆押运粮草的车，朕就这么凑合吧。"

一听这话，杨氏父子感动得热泪盈眶，说大将无马不能杀敌，皇帝真为我们考虑，真乃爱民如子的明君也。于是，大家赶紧给皇帝找了一辆驴车，皇帝就坐着这辆押运粮草的驴车逃跑了。

实际上呢，皇帝腿上有两处致命的箭伤，他恨、他痛、他疼，所以赵光义没法骑马，他只能躺在驴车上逃命，结果杨氏父子不知真相，真的以为皇帝爱民如子、体贴将领。

后来，在这辆驴车后面，散乱溃败的宋军开始恢复了建制，他们慢慢地聚拢到了皇帝的身边。而辽军深知"穷寇莫追"的道理，何况他们今日只是险胜，因此在追击了一段后，辽国也就撤兵了。

这就是当年事情的真相。高粱河一战，宋军虽然得到了一场大溃败，他们损失惨重，但并没有伤及元气。那些随行的王公贵族们，更是连一个伤亡的都没有！

如果有的话，那么宋朝真正的损失是躺在那辆驴车里的男人，他不仅挨了两处致命的箭伤，而且在他的心里，更是留下了一个难以愈合的伤口！

这个伤口，才更加致命。

只不过，是要别人的命……

第十五章 帝国的未来

皇子之死

对于宋太宗而言，大宋历史上的太平兴国四年（979 年），绝对是他最刻骨铭心、最难以释怀的一年。

这一年的上半年，赵光义攻陷了太原，成功收复了五代十国中最后一个割据政权——北汉。至此，这片从唐末黄巢时期就开始分裂的中华大地，终于在这个皇帝的手中被重新统一了起来。

这是赵光义一生不朽的政绩。

然而，这一年的下半年，赵光义却栽了一个大跟头，且伤筋动骨、不能释怀，直到咽气的那一天，赵光义都没能走出来。

这也是赵光义一生最大的耻辱。

就在赵光义这种羞愧难当、愤怒无比的背景下，一个“小心翼翼、好言相劝”的皇子，却被赵光义狠狠地骂了一顿，随后就离奇地自杀了。

这个故事的缘由，还得从赵光义兵败幽州城、拖着自己的伤腿回到开封城时说起：

战后盘点一下吧，抛开个人感情因素不说，幽州这里吃了一场败仗，这个无话可说。但是宋军却攻陷了北汉，也打了一场大胜仗，这个怎么算？

按照惯例，平定太原、收复北汉，这是一件可喜可贺的大事，自然要论功行赏一番，这也是所有将领意料之中的事情。然而，对于这个问题，赵光义就跟得了失忆症一样，一字不提。

自古以来，当兵打仗，打仗要赏，这是千古不变的道理。这些士兵冒着枪林弹雨，刀口舔血地去干活，你皇帝不发奖金也就算了，如今连抚恤金也不给，这让他们情何以堪？

那么，赵光义为什么不开表彰会议，对这些将领们论功行赏呢？

对于这个问题，三个“恼怒”足矣。

第一个恼怒的原因，赵光义恨这些将士们消极怠工、出工不出力。

咱们都知道，在此次讨伐幽州的战役中，几乎所有的将领们都消极怠工，且任何一个细小的事情（比如螃蟹），都能让这些士兵的斗志一落千丈。

虽然在与辽国的战斗中，宋军表现出了顽强的战斗力，并差点儿拖垮敌军，但是赵光义还是恼怒他们四散奔逃、军纪混乱，这才让耶律休哥有机可乘，还差点儿俘虏了自己。

虽然在这场战役中，宋军混乱是因为皇帝率先开溜了，才导致了群龙无首，士兵只能四散奔逃。结果皇帝却一口咬定士兵出工不出力，是他们遇敌怯战，这才导致自己逃跑！

当然了，碰到这种情况，大家也只能“哑巴吃黄连”了，毕竟你没法找皇帝说理。何况，还是一个刚刚受伤，一肚子怒火无处发泄的皇帝。

第二个恼怒的原因，赵光义恨这些将领们毫发无损，凭什么受伤的只有我自己！

原来，在宋军全线溃败时，虽然士兵死伤无数，但是所有的文臣武将，比如曹彬、潘美、薛居正、沈伦、卢多逊、赵廷美等人，甭管是能倒拔垂杨柳的，还是手无缚鸡之力的，全都毫发无伤，连个受伤致残的都没有。

在这些完好无损的文臣武将中，不得不说一个人，那就是马上就要六十高寿的赵普。

在这次军队溃败时，这个老爷子真不是一般的厉害，在这刀光剑影、血肉横飞中，无数年轻力壮的士兵都挂了，这个“耳顺”的老头竟然毫发无损地逃了回来，这身子板，你不服都不行。

这么一对比，就能明白这位皇帝此时此刻的心情了。

在这次逃跑中，谁是第一个逃跑的人？谁是逃跑最快的人？谁又是跑得最远的人？全都是他——赵光义。

然而，其他人却啥事没有，唯独赵光义大腿中了两箭，还差点儿被生擒活捉，这让他情何以堪，心中怎能释怀！

第三个恼怒的原因，赵光义恨自己威望尽失，将领们竟然敢“改朝换代、谋朝篡位”。

原来，就在赵光义躺在驴车里，不甘心地命令都虞候崔翰去召集溃兵，让他们到自己这里集合报道时，由于当时的信息极其混乱，很多将领们找不到这位“带头大哥”，他们全都慌了。

皇帝不见了，无非就两种可能：一，死了。二，跑了。很多人只看见了耶律休哥追着皇帝跑，却不知道他们跑到了哪里，因此，这些将领们一致认为：咱们的皇帝悬了，赵光义在战争中八成遇难了。

这一下子，大家更加慌了，说国不可一日无君，而且现在数十万大军群龙无首，总得找一个下命令、背黑锅的人吧。

于是，在亲王赵廷美、前宰相赵普、现任宰相薛居正、赵光义最信任的参知政事卢多逊的提议下，大家一致拥立赵匡胤的次子、武功郡王赵德昭为皇帝，并准备对他三跪九叩，实行加冕仪式。

当然了，对于这种“黄袍加身”的事情，赵德昭是死活不干，他也没法干，甚至不敢干。

在一番互相扯皮后，赵德昭告诉大家：“现在兵荒马乱的，谁知道我二叔已经逝世了，他要万一还活着呢，你们不是害我吗？这也不是害你们自己吗？”

一听这话，大家觉得也是，就说先等等吧。结果一天后，大家就得到了赵光义还活着的消息，于是这些将领们赶紧点齐兵马，重新去向皇帝报道了。

后来，当得知诸位将领准备拥立赵德昭为帝的事情后，赵光义当时没表态，这件事情就算是过去了。

但是，从此之后，这位皇帝心里的这个大疙瘩，就算是再也解不开了。

您看，这里面的任何一件事情，都能让赵光义心中窝火，久久不能释怀，何况这还是“三管齐下”，这让赵光义如何开心地论功行赏，表彰各位将领的伟大功绩？

就你们这种工作态度、这种“谋朝篡位”的表现，还想要赏赐，下辈子吧！

于是，当这个念头冒出来后，赵光义算是王八吃秤砣，彻底铁了心了。赵光义不仅一个铜板也不出，他还给出了一个非常冠冕堂皇的理由：北征不利。

这一下子，全军哗然。

要知道，北征不利，这仅仅对了一半。征讨幽州是不利，但那是你仓促决定的，跟我们有什么关系？而且征讨太原时，不是非常顺利吗？既然打了一场胜仗，你就应该给赏钱，凭什么一个子儿也不给呢？

于是，宋军怨气冲天，大家都认为皇帝这样做很不厚道，这不是明君所为。当然，对于这个问题，大家也只敢私下讨论一下，谁也不敢搬到台面上来讲。毕竟刚刚打了一场败仗，皇帝还受了重伤，在这个节骨眼上，谁敢去管皇帝要钱，不怕死的，大可以去试试。

就在诸将备受煎熬，眼看赏赐金就要灰飞烟灭时，有一个不怕死的人站了出来，他决定替这些苦大仇深的士兵做主，去讨要他们应得的赏钱了。

这个人是谁呢？

这个人，就是那个政治幼稚的武功郡王，太祖赵匡胤的次子——赵德昭。

赵德昭死亡之谜

北宋太平兴国四年（979年）八月，为了给将士们请赏，维护他们的合法权益，武功郡王赵德昭挺身而出，他要替这些将士们说句话，替他们讨要平定太原时候的赏赐了。

那么，赵德昭为什么要主动请缨呢？

三点足矣。

首先，赵德昭认为必须颁赐。

按照惯例，只要打了胜仗，就应该犒赏三军，即使打了一个败仗，也要发些抚恤金啥的，要是国家一分钱都不掏，以后谁还为国家打仗呢？当然了，虽然讨伐幽州失败了，但这不能跟平定太原混为一谈，所以国家还是要论功行赏的，这样才能安抚军心。

其次，赵德昭认为应该对赵家天下负责。

对于赵德昭而言，赏罚不公，势必会导致军心动摇，如果不及时处理，将会影响以后的战争，甚至会影响赵家天下的稳固。因此，作为皇子、作为赵家的一分子，赵德昭都觉得自己有义务、有责任，去好好地提醒一下这位皇帝二叔。

最后，赵德昭认为自己的话应该好使。

自古以来，作为外姓员工，如果想让老板掏钱，势必要难如登天；相反，如果让本家亲戚去劝说，结果却比较容易。毕竟血浓于水，不看僧面看佛面；不看活人，还得看看死人（赵匡胤）。

对于赵德昭而言，他是太宗的侄子，太宗即位后，他仍然是皇子，更是太宗最宠爱的人。所以，赵德昭觉得自己的话应该好使，自己的这个叔叔也应该接受这些建议。

综上所述，因为赵德昭有替民做主的意愿，他也是赵家天下的一员，更认为自己的话好使，所以他毅然决然地入宫面圣，去阐述自己的想法，并走上了这条直言进谏的不归路。

当然了，对于赵德昭这种“明知山有虎，偏向虎山行”的精神，是值得肯定的，也是值得表扬的。

但是，他根本不知道，在这个世界上，很多事情是要靠具体问题具体分析的，光靠勇气和斗志，不一定就能够做成事，可能还会适得其反，甚至会让自己陷入万劫不复的深渊里。

单靠勇气行动的人，只能靠气势获胜，这叫作“鲁莽”；脑袋一团糨糊，盲人瞎马似地玩儿命冲，最后只能掉下悬崖，这叫作“失足”；这种鲁莽加失足的人，虽然勇气可嘉，但最多称为“匹夫”，绝不能称为“英雄”。

这个道理很简单，拥有勇气，虽然会让别人羡慕不已，但却未必能成功，甚至会白白送死，这就叫作“无谓的牺牲”。真正的英雄，是要爱惜自己生命的，因为他们要留着自己的性命，去成就更大的辉煌，这才叫真正的英雄。

不知死而死，是为无知；知死而死，是为无惧；知死而不死，才是无敌。

只有这种“无敌”的人，才能成就一番真正的事业，成为一名真正的英雄。

那么，这位挺身而出，主动请缨，为士兵讨要赏钱的赵德昭，他是不是一个英雄呢？

要知道，在给这些士兵请赏前，赵德昭如果掂量过自己的分量，再看看自己之前的所作所为，他就会清楚地知道，自己请赏这件事情，是多么的无知和搞笑了。

因为之前“黄袍加身未遂”这件事情，已经让这位皇子上了赵光义的黑名单，更成为这位皇帝的一个心腹大患！

自古以来，在那个君君臣臣、父父子子的封建时代里，皇帝最害怕的是什么？就是怕别人按捺不住自己的心情，也来一次黄袍加身、改朝换代。因此，只要你敢谋反，不管罪证是否属实，你都算是完蛋了，等着被株连九族吧，就连皇帝自己的亲儿子，也绝不例外。

一句话，赵德昭死定了。

所以，当赵德昭夸夸其谈，替北征的将士们请功讨赏、陈述功过是非时，赵德昭无论如何也想不到，突然之间，他的二叔拍案而起、血灌瞳仁地勃然大怒，道：“等你当了皇帝后，再赏赐他们不迟！”

待汝自为之，赏未晚也。

——《续资治通鉴长编》卷二十

莫要小看这短短九个字，宋太宗的这句话，不仅分量十足，更是包含了四层意思。

第一，老子是皇帝，赏罚是我自己的事情，你算什么东西，赶紧滚蛋！

第二，北征时大家曾拥立过你当皇帝，别以为我不说，就等于忘了这件事！

第三，你想当皇帝，不管有没有这个心，老子都清楚无比！

第四，你想犒赏这些拥立过你的将领，等你当了皇帝后再说！

可见，宋太宗的这短短九个字里面，包含了他的羞辱、恼怒、忌恨、怀疑、质问，甚至是恐吓！而这位天真无邪的武功郡王赵德昭，他压根儿就没有想过这些问题，也没有想过二叔竟然会翻脸，而且比翻书还要快！

所以，本来想替官兵请赏，一门心思想稳定大宋天下的赵德昭，他却得到了这么一番误解，换来了这么一番羞辱、恼怒、忌恨、怀疑……您让他情何以堪？

根据《续资治通鉴长编》记载，被赵光义骂了一顿后，赵德昭的反应就两个字“惶恐”。经过了这件事情后，赵德昭既害怕又委屈，他的身心也受到了极大的打击，最后情绪激动、气愤难平，结果当天晚上，赵德昭就离奇逝世了！

那么，赵德昭是怎么死的？他是畏罪自杀，还是有人故意谋杀的呢？

根据权威史料《宋史》记载，当时官方公布的死亡原因是：赵德昭，喜吃肉，而且是肥肉。那天被赵光义痛骂一顿后，赵德昭心中这叫一个憋屈，他就回家玩儿命吃肉，最后吃着吃着，就把自己噎死了。

本传云德昭好啖肥肉，因而遇疾不起。

实际上，由于这段史料说得太荒诞不经了，跟评书儿戏似的，就连当时的北宋人也不相信。这些人更加相信司马光的《涑水记闻》，认为这本书记载的东西，才是真正的历史。

根据司马光《涑水记闻》记载：当天，被二叔痛骂一顿后，赵德昭回到自己府邸，他越想越憋屈，就问左右随从道："你们谁有刀？"

一听这话，大家怕出意外，都不敢给他刀，他们只能搪塞道："按照规定，我们不能随身携带利器，所以身上没有刀。"

听完这番解释后，赵德昭还是非常生气，他就把自己关在了茶酒阁里，随后拿起了放在桌上的水果刀，就这样自刎而死了。

赵德昭就这样死了，用一把水果刀结束了自己的生命，死得这样糊里糊涂，死得这样莫名其妙。而他自杀的原因，也就是因为史书上的那两个字——惶恐。

一个 23 岁风华正茂的大小伙子，就因为这两个字而想不开，最后愤然自杀了，这可能吗？

可能。

翻开赵德昭一生的履历，细细品味一下他的悲惨人生，您就会知道这个答案了。

首先，虽然赵德昭是皇次子，也是嫡出的皇子，但这并不意味着，他就能集万千宠爱于一身，深受父母的喜爱。相反，从劝告二叔发赏这件事情就能看出来，赵德昭行事一根筋，且政治幼稚、毫无心机，因此，赵匡胤未必喜欢这个傻儿子，他的继母宋太后也不待见这个皇子。

要知道，在赵匡胤死的那个夜里，宋太后第一个想到的继承人，是赵匡胤的四子赵德芳，无论如何也不是次子赵德昭。

其次，对于赵德昭而言，当看见二叔痛骂自己时，他的第一反应，绝对不是自己多么委屈，而是目睹了一个让他彻底绝望的事实：

这一刻，世界上的所有人都抛弃了他，而且眼睁睁地看着他往火坑里跳！

因为，所有人都知道赵德昭的目的，所有人也知道赵德昭要去为将士们请赏，但是，没有一个人去提醒他，这是一个十死无生的鲁莽行为，也是一条通往阴曹地府的不归路。

因此，对于赵德昭的死，当时宋朝的所有文武百官，都是凶手！

这绝非危言耸听，就在不久前，在出征北汉的前夕，有一个姓吕的大胖子，他苦苦劝谏赵廷美道："皇上出征，您千万不要留在京城，一定要随军出征，倘若留下来执掌内廷财务，您就等着大祸临头吧！"

后来，在那个拥立新君的夜晚，也是这个吕大胖子的进言，最后让赵廷美全身而退，结果把赵德昭扔了进去，差点儿让这位皇子成为一个谋朝篡位、改朝换代的乱臣贼子！

可见，人心叵测、世态炎凉，二叔早就图穷匕见，就等着自己肥猪拱门了，结果这些人还狠狠地补了一脚。啥也别说了，赵德昭算是想明白了，与其被这些人折磨致死，还不如自杀了断，这样一了百了，大家也全都痛快。

以上，就是赵德昭自杀的真正原因，很简单，一点也不复杂。就是一个年轻人哀莫大于心死，用偏激的行为报复社会的结果。

当然了，一家之言，如果您讨厌我的想法，全当我写了一堆废话。其实，关于赵德昭的死，一直是一个千古之谜。

因为，没有任何资料能够证明，赵德昭在临死前到底干了什么。那把切水果的刀，又是如何要了这位皇子的命。假设这位皇子是割脉自尽的，那么在他血流尽前，为什么没有一个人发现异常，进而大声喊救命？

这位皇子在自杀前，他可是管随从要过刀的，而他的这个反常行为，却没有一个人起疑心，也没有一个人防止他干傻事。

这个问题，不得不让人起疑心！

也许，当时把自己关起来的赵德昭，他根本没打算干傻事，只是想一个人静一静；也许，就在这个时候，一个人从窗口闯了进来，他以迅雷不及掩耳之势，直接要了这位皇子的命；也许，当得知侄子被杀后，赵光义下令掩盖事实，并彻底篡改了这段历史。

反正，在那个赵德昭"自杀"的现场，没有人证，没有物证，只有一把切水果的刀……

好吧，不管真相如何，我们唯一知道的是：当看见侄子尸体后，赵光义的心却彻底踏实了。因为，他终于等到了那个想要的结果——赵德昭如期而死。

根据史料记载，得知赵德昭自杀了，太宗赵光义第一反应是“惊悔”，他急忙跑到了赵德昭的府邸，并抱着这个侄子的尸体大哭道：“傻孩子，为什么这么想不开，为什么要走绝路呀！”

> 痴儿，何至此耶！
>
> ——《续资治通鉴长编》卷二十

当然了，赵光义的这种行为，到底是真心悔改，还是为了掩盖自己的罪行而进行的一次逢场作戏呢？

公道自在人心。

《续资治通鉴长编》记载，赵德昭自杀后，仅仅过了几天，意气风发的赵光义就举行了一场大规模的庆功仪式，他不仅高度表彰了那些收复河西的文臣武将们，还对所有参与者进行了不同程度的犒赏。

苍天可鉴，赵德昭在天之灵，不知作何感想？

就在几天前，这位还后悔不已、痛哭流涕的二叔，居然大张旗鼓、高高兴兴地举办了庆功宴。看这个架势，真是除去了一块心头肉，彻底解开了一个大疙瘩，心里这叫一个痛快！

古往今来，君主都是为自己着想的动物，他们是标准的人面兽心，为了达到自己的目的，他们不惜把任何生命和感情当作棋子。因此，在这个世界上，相信什么，也别相信这些冷血皇帝的话。

这就是赵德昭用自己的生命，留给我们的最后启示。

辽军来袭

哭声、号声、欢呼声，声声入耳；

家事、国事、天下事，事事烦心。

这不，赵德昭的尸体还没有凉透，报仇的人就上门了。只不过，这些报仇雪恨的人，不是宋朝的皇室成员，而是契丹人。

自幽州之战后，逃过一劫、差点儿退守大漠的辽景宗耶律贤甚是恼火，他万万没有想到，那个天天叫着“亲兄弟、好朋友”的宋朝，居然会如此的下作，这个国家根本不会为朋友两肋插刀，反而会不宣而战，狠狠地插一刀！

从此以后，愤怒无比的耶律贤宣布与宋朝绝交，他断绝了两国贸易，轰走了所有的宋朝使者，并开始频繁攻击宋朝边境城市，把这些地方折腾个天翻地覆，致使当地民不聊生，百姓苦不堪言。

至此，宋辽之间的外交关系，终于从缓和重新走向了敌对，并且愈演愈烈，一发不可收拾了。一时间，双方的大军不断在边境聚集，一场国与国之间的大战，看来是迫在眉睫，不可避免了。

于是，在这种背景下，该来的，终究还是来了。

辽乾亨元年，也就是宋太平兴国四年（979 年）十月，在幽州战役结束约三个月后，辽景宗拜燕王韩匡嗣（韩德让的爹）为将，命他统帅 10 万大军南下，报幽州被困之仇。

根据史料记载，这次辽国对宋朝的报复性军事行动，一共是分东、西两路进行的。

西路大军，由辽国大同军节度使耶律善补统帅。全军进攻山西，围困雁门关，目的不是攻城略地，而是分散宋军的注意力，还有伏击、袭扰宋军的任务。

说白了，这就是一支佯攻部队。而辽军真正的主力，是他们的东路大军。

东路大军，由燕王韩匡嗣为总指挥，统帅监军南府宰相耶律沙、一战封神的耶律休哥、南院大王耶律斜轸、权奚王抹等人。此战中，辽国可谓倾尽精英，全力而来，而这路大军攻击的目标，就是宋朝的边境重镇——镇州（今河北正定）。

辽国两路大军一上一下，一南一北，让宋军首尾不能相连，任你赵光义有通天的本领，也将无计可施。

然而，辽国的将领们彻底失望了，对于辽国的这次大举入侵，赵光义不仅提前做好了准备，他还作出了一份相应的预案。

原来，当高梁河惨败、赵光义躺在驴车里的时候，他就预料到辽国一定会兴兵报复，所以在回京后，他立刻颁布圣旨：命殿前都虞候崔翰、定武节度使孟玄喆镇守定州；云州观察使赵延进、彰德节度使李汉琼屯兵镇州；洛阳节度使崔彦进驻军屯关。

除此之外，赵光义还告诫上述将领道："尔等要互为掎角，一旦契丹人入侵，三处驻军要联合、设伏、夹击敌人，定能大获全胜。"

因此，当辽军入侵的时候，宋军立刻做出了回应，崔翰首先率军北上，他抢先屯兵于徐河，在这里布阵御敌。随后，等孟玄喆、刘延进、李汉琼陆续带兵到达后，这里聚集了8万宋军，并修筑了一条无比坚固的防御线。

8万凭借天险、保家卫国的宋军对阵10万初来乍到、志在报仇的辽军，这场战斗难分伯仲，到底鹿死谁手，还真不好说。

然而，就在双方互相对峙、各出奇谋之际，宋军的阵营里却笼罩了一层死亡的阴影，这些平常谁也不服谁的将领们，他们竟然达成了一个空前一致的共识：这回，哥们儿死定了！

原来，就在此时此刻，这些将领们的手中多了一样东西——军事阵图。

所谓军事阵图，就是按照地图上标志的地点，去那里排兵布阵、防御杀敌。当然了，军事阵图并非出自北宋，若追根溯源，早在春秋战国时期，孙子就发明了各种打仗御敌的阵图。

三国时期，由于四川缺少战马，为了对付驰骋中原的曹魏铁骑，当时的蜀国宰相诸葛亮就挖空心思，发明了赫赫有名的八阵图，并且收到了奇效。

唐朝时期，开国元勋李靖在八阵图的基础上，发明了更加变化多端、实用高效的六花阵，并用这个阵图打遍天下无敌手，最终获得了"大唐战神"这一伟大的称号。

当然了，对比这些名臣将相们，宋朝人发明的这些阵图，压根儿就是皇帝纸上谈兵、不切实际的结果。

这些阵图除了那些华丽动听的名字，如一字长蛇阵、二龙出水阵、天地三才阵、四门斗九阵、五虎驱羊阵、六金六甲阵、七星北斗阵、八门金锁阵、九死连环阵、十面埋伏阵等，这些阵图全部一无是处，更没有一丁点儿的军事效果！

这里多说一句，如今咱们说宋朝的阵图，总是痛骂赵光义怎么能这样愚蠢、这样不切实际等。实际上呢，在这个问题上，赵光义绝对是一个冤大头。

在宋朝的历史上，第一个给将士们军事阵图并让他们"图阵形、规庙胜、尽授纪律、遥制便宜、主帅遵行、贵臣督视"的人，是这位皇帝的哥哥，大宋的开国皇帝——赵匡胤。

遥想当年，第一个实践这套理论的人，就是收复四川时期奉命攻击蜀国“马奇诺防线”的宋朝东路大军统帅刘光义。而第一个奉命“贵臣督视”的人，就是此前名不见经传，后来却威震天下的“大宋第一良将”——曹彬。

当然了，赵匡胤这种英明神武的人，他的锦囊妙计肯定也英明无比。

只见在大宋的第一份军事阵图中，赵匡胤不仅标示了敌我的位置，还布置了排兵布阵的位置，以及攻击的方向等，总之一应俱全，堪比“战争大百科全集”。

赵匡胤之所以敢书写这种军事阵图，是因为他是大宋的皇帝，是那个时代最强的战士，所以他绝对有资格、也有能力这样做！

然而，赵匡胤那个不成材的弟弟，以及那些从小就生于深宫之中、长于妇人之手、让所有女子爱不释手、被各级宦官蒙得团团转，根本不知战争为何物的大宋皇子皇孙们，他们有没有资格这样做，那就是另外一回事儿了。

很显然，在书写军事阵图方面，赵光义压根儿就没有一丁点儿的天赋，他书写的那些玩意儿，更是一堆让人欲哭无泪的闹剧！

为什么？您看看赵光义书写的“平戎万全阵”阵图，就会知道这个答案了。

天下无双——平戎万全阵

公元 1080 年，此时是北宋神宗元丰三年，受这位皇帝旨意，当时的北宋文臣曾公亮和丁度，他们用了整整五年时间，从当时 340 多部中国古代兵书中细心挑选、删减、校定，最后编写了一本专门的军事著作《武经总要》，作为宋朝的武学经典教材。

因为是中国第一部规模宏大的官修综合性军事著作，所以对于每一个历史爱好者来说，研究这本《武经总要》，不仅可以了解宋朝的军事思想、宋朝的军队结构，更能研究当时最先进的武器，比如攻城车、强弩、火药等。

总之一句话，您要是没有读过这本书，都不好意思说自己是一个宋朝军事爱好者。

殊不知，在这本官方授权的军事著作中，除了大篇幅地介绍选将用兵、部队编成、行军宿营、武器装备外，更多介绍的则是宋朝人津津乐道、至死方休的阵图！

在这些阵法之中，就有最让赵光义心醉神迷、津津乐道的阵图，即那个宋朝无敌的方阵——平戎万全阵。

那么，这个所谓的“平戎万全阵”，它到底是一个什么东西呢？

经过对《武经总要》的仔细研究后，史学家们得到这么一个结论，这是一个前无古人，后无来者的巨型方阵，它不仅是人类历史上的“第一方阵”，更是人类历史上最大的一场闹剧！

为什么这么说，且听我细细道来：

根据《武经总要》记载，平戎万全阵由三个方阵组成，各由一名大将统领。每阵各五里，周长二十里，计七千两百步。三阵之间皆相隔一里，阵面总共宽达十七里。

在这三个方阵中，总共配步兵十一万零四十人，骑兵三万六百五十人，战车一千四百四十乘，瞭望兵（望子）二百四十人，全阵总共用兵十四万九百三十人。

为了保护这三大主力方阵，宋军还在这三大主力方阵外侧，即前、后、东、西四个方向，设立了四个骑兵方阵。

其中，左、右翼军配置相同，各有两列骑兵，前列一百二十五队，每队五十骑，共六千二百五十骑；后列也是一百二十五队，每队三十骑，共三千七百五十骑。左、右两翼每阵一万骑，两阵共计两万骑，另有探马六百五十骑。

前阵和后阵配置相同，也各有两列骑兵，前列六十二队，每队五十骑，共三千一百骑。后列也是六十二队，每队三十骑，共一千八百六十骑，另有探马四十骑。前后两阵各五千骑，共计一万骑。

武器方面，骑兵配备骑枪、马刀、狼牙棒、骨朵（类似于锤子的武器）等；步兵则配备砍刀、长枪、床子弩（大型连发弩机）、弓箭、盾牌等。

可见，在这个平戎万全阵中，不管是人员配备，还是武器搭配，赵光义都精益求精，甚至达到了极致。总之一句话，只要敌人敢来，这个方阵一定让你有来无回！

那么，真的是这样吗？

一个词形容：扯淡！

不可否认的是，宋太宗的这个平戎万全阵图，其核心战法就一个——以步制骑，就是借助战车的保护，用步兵的长枪、弓弩去抵挡敌人骑兵的攻击，再配上外围的骑兵，就能达到“坚不可摧，无所不能”的效果了。但是，若仔仔细细研究一下这个阵图，你就会得出一个结论：纸上谈兵。

为什么这么说呢？三点足矣。

第一，平戎万全阵的摆放问题。

要知道，不算平戎万全阵的四个小方阵，只算中军十七里宽度、十四万人左右的大方阵，就得找一个足够宽敞的地方吧？那么，在这个中华大地上，山区没戏、水田没戏、河边没戏，只有那屈指可数的地方，或者是沃野万里的华北平原，才能够摆放这种巨型大阵。

费了千辛万苦，终于找到合适的地方了，我摆好阵了，就等着辽国军队了。但问题是，人家是四条腿的骑兵！你在千里平原上跟人家摆阵，人家不跟你打，骑马绕过你，你又能有什么办法呢？

说实话，对于宋军而言：我们真没辙，人家骑马，我们跑路，敌军就是绕着走，我们能咋办，只能是跟，或者是不跟？

跟，怎么跟？用步兵去跟，两条腿的去追四条腿的，这不是扯淡吗？用骑兵去跟，正中辽军的下怀！当心孤军深入，先被辽国骑兵吃掉！

好吧，既然不能跟，那我就不跟了，这总行了吧。

不跟，当心我们去开封城，直接找你们的顶头上司去要钱！

可见，不管是跟，还是不跟，都是让宋军头大的问题。

第二，平戎万全阵的人员调度问题。

现在，我们再回顾一下这个令人生畏、望而骇然的平戎万全阵，在十七里宽度的土地上，一共要投入十四万人的部队，而这十四万人要一个萝卜一个坑地站好，按照规定听口令，一切行动听指挥，不能有一丝一毫的错误和马虎……

这样的结果，就好比什么？

这就是一场最大规模的奥运会开幕式！参与阵图的士兵，要比奥运会参与人员多了整整十倍，甚至是十五倍！发自内心的赞叹一句吧，这个方阵的各位指挥官们，你们得需要一颗多么强大而高效的头脑呀，你们确定指挥得过来，能够万无一失吗？

可见，这样的结果，就是把那个“老子带兵，多多益善”的韩信找来，也会无计可施。

第三，平戎万全阵的胜负问题。

对于宋军而言，用这种既无法移动，也无法指挥的阵形去打仗，如果还想获胜的话，那么只有一个办法可以奏效了——辽国人你不许跑，也不许骑马，咱俩就这么立定脚跟，来一场殊死肉搏的步战，然后我仗着人多，最后大获全胜……

可见，拥有这种脑子的人，也只配去撞墙了！

所以，拜这种阵图所赐，即使是最彻底的外行，也能看出这个阵图的愚蠢程度，这也是宋朝自太祖赵匡胤之后，宋军很少能打漂亮胜仗的一个重要原因。

这里多说一句，拜现在《杨家将》所赐，我们现在熟知的那段历史，总是辽国人喜欢摆阵，还让咱们去破阵，比如“穆桂英大破天门阵”等。实际上呢，契丹是骁勇善战的游牧民族，他们是清一色纵横驰骋、睥睨天下的骑兵，人家犯得着自废武功，跟你摆什么阵法吗？

一句话形容，历史是历史，演义是演义，绝不能混为一谈，只有那军事实力全线落后，以步兵为主的宋朝，才是那种摆阵的“高手”。当然了，这也是当时国情决定的，谁让咱们没有马呢！

然而，纵观宋朝的军事历史，宋朝军队真的如历史上所记载的那样懦弱无能、任人宰割吗？

答案就三个字：不可能！

虽然在北宋亡国之时，百万皇家禁军被区区十万金军打得落花流水、一败涂地，最后任由金军掠走皇帝，攻陷首都。然而，铁的事实证明，不到 10 年的时间，这些士兵就在另一位杰出将领的指挥下，横扫数百万金军，还留下了一句“撼山易，撼岳家军难”的千古美谈。

这说明什么？

我们是能战的！只是有一个前提：不要给我们戴上枷锁！

在宋朝的那个时代里，这个枷锁，就是当时遗臭万年的军事阵图。

大获全胜

如果宋太宗的阵图只是落实在纸面上，这倒也没什么大碍，因为这就是一个大概的策划方案，至于怎么临阵执行，还得各位将领说了算，毕竟有句古话说得好："将在外，君命有所不受！"

然而，在宋朝这里，这句话压根儿就没有市场，这个时代只信奉这句话："将在外，你不受也得受！"

为了更好地贯彻自己的阵图，每次打仗时，皇帝都要派亲信来这里当监军，始终监视着这些将领们的一举一动，看看他们是不是敢乱改阵图、不听指挥、自作主张！

如果不按照皇帝阵地图去打仗，即使打了胜仗，你也没功，反而有罪，因为你违抗了圣旨；相反，如果按照皇帝的阵图去打仗……你也不可能会打胜仗！

可见，这个阵图就是这样害人不浅，玩儿死你没商量！

这不，现在在镇州防御的崔翰、孟玄喆、赵延进、李汉琼等人，他们就被这个阵图彻底玩儿死了。

原来，这份阵图上写得清清楚楚，赵光义下令把士兵分为八阵，每阵一万人，间隔百步远，共同御敌。

辽人扰边，命延进与崔翰、李继隆将兵八万御之，赐阵图，分为八阵，俾以从事。

——《续资治通鉴长编》卷二十

要知道，如果按照这个阵图去布阵，只有一种结果——死！

在古代，一步大概为五尺，百步大概为五百尺。也就是说，如果按照这个阵图去排兵布阵，宋军阵与阵之间，至少相隔了一公里。这样的结果就导致阵与阵之间距离太远，各阵之间根本无法互相救援，只能被辽军各个击破。

除此之外，对比辽国"东西亘野，不见其尾"的10万大军，宋军人数本来就不占优势，如今还要把可怜的兵马分成八阵，每阵一万人，用这一万人去抵挡敌军10万人的进攻，这不是白白送死，难道还有第二种选择吗？

至此，宋军士兵们也就只剩下等死的份儿了，大家唯一的目的，就是赶紧多写几封家书，多交代一些去世遗言了。

当然了，士兵们心态如此，将士们也好不到哪儿去。

对于这些将领而言，虽然他们早就有为国捐躯、马革裹尸的觉悟，但是这样憋屈地战死，他们却无论如何也咽不下这口气！

就在此时，老将赵延进拍案而起，他直接说出来大家都明白，但是却没有一个人敢去说的话：

主上委吾等以边事，盖期于克敌尔。今敌众若此，而我师星布，其势悬绝，彼若持我，将何以济！不如合而击之，可以决胜。违令而获利，不犹愈于辱国乎？

——《续资治通鉴长编》卷二十

这段话的意思是说："皇上派我们来，不就是要把敌人打回去吗？如今敌人数量众多，而我军却如天上的星星一样到处分散，若敌军一齐压上，我们就只有等死了。按照阵图上的指示打，非败不可，我们只有集中兵力，联合御敌，这样才能胜利。虽然有不照阵图打仗的罪名，但是这个罪名，比兵败辱国还要大吗？"

虽然赵延进的这番道理，直接说到了大家的心坎儿里，但崔翰还是心存顾忌，他只能弱弱地问了一句："万一不能取胜，到时候咋办（万一不捷，则若之何）？"

一听这话，赵延进当时就急眼了，他血灌瞳仁地说道："倘有丧败，则延进独当其责。"

赵延进话音未落，监军李继隆也热血沸腾了一把，他也拍案而起道："兵贵适变，安可以预料为定！违诏之罪，继隆请独当之！"

好，等的就是这句话！既然连皇帝的亲信都反水了，背黑锅的人选也出现了，哥儿几个还等什么，兵贵神速，赶紧变阵！

根据《续资治通鉴长编》卷二十记载，这个变阵后的效果，也立刻凸显了出来：

翰等意始决，于是分为二阵，前后相副，士众皆喜。三战，大破之。敌众崩溃，悉走西山，投坑谷中死者不可胜计。追奔至遂城，斩首万余级，获马千余匹，生擒酋长三人，俘老幼三万口及兵器、车帐、羊畜甚多。

至此，宋辽的这场镇州大战，就以宋军的完胜，辽军的完败而告终。

然而，这段文字的背后，还隐含着一个未解之谜。

从这段文字的记载中，我们能够得到一个结论：

在这场战役中，宋军不费吹灰之力，就把辽军砍瓜切菜了。然而，从当时的军事对比、军事力量来看，宋军没有任何优势，且辽军一向以骁勇善战而著称，此番让我们翻开辽国的历史，从中找出这个历史的答案吧。

辽军志在报仇雪恨，怎么会出现这么一面倒的局面呢？

根据《辽史·韩匡嗣传》和《辽史·耶律休哥传》记载，此次辽国大败而归，完全是统帅韩匡嗣自以为是、放松警惕、全军松懈，中了宋军诡计的结果，这才被打了一个偷袭，最后酿成了这么一场大悲剧。

原来，为了把八个方阵聚拢为前后两个阵营，宋军需要争取变阵的时间，因此，他们决定用缓兵之计，方法依旧是那个千古不变的老办法——投降。当然了，是假投降。

耶律休哥多贼呀，当听说宋军要"投降"后，这位战神压根儿就不信，他反而苦口婆心、谆谆告诫统帅韩匡嗣道："如今宋军严阵以待、士气如虹，这是要投降的架势吗？这分明是在诱骗我们，让我们掉以轻心，还望大帅整顿兵马、严阵以待，小心防御宋军的进攻。"

可惜的是，听完耶律休哥这番肺腑之言后，这位之前在幽州城没有出过彩，现在就一门心思想建功立业的韩匡嗣，哪里听得进去这番话，韩匡嗣只是斩钉截铁地说道："莫要多言，我的地盘我做主，这里老子说了算！就这么定了，准降！"

至此，宋军万万没有想到，这个为了争取时间、且万不得已的诈降办法，竟然轻易地骗过了对方。

后来，就在韩匡嗣精心准备、礼数周到的招降仪式上，说好"投降"的宋军却集体反了水、翻了眼，他们以迅雷不及掩耳之势杀奔了过来，卷起的尘沙甚至比辽军的还要大，还要猛烈无比（尘起涨天）。

面对这个场景，辽军猝不及防，韩匡嗣也完全傻了眼，他只能在护卫的保护下狼狈而逃，最后留下了一万具辽军尸体、一千匹马，还有三个辽国的将军……

虽然韩匡嗣损失惨重，但耶律休哥却毫发无损。由于早有准备，耶律休哥的部队建制不散、队伍不乱，全军互相掩护着后退，宋军居然拿他无可奈何，只能眼睁睁地看着这只鸭子飞走了。

至此，对于宋朝而言，轻而易举地获得了这么一场大胜，终于把之前幽州城的霉头都吐了出来，也算是扬眉吐气、耀武扬威了一把！

当然，经过这么一场惨败后，韩匡嗣丢掉了一切官职，他被押解回京，革职拿问去了。而接替他的人，正是辽国的战神——耶律休哥。从此之后，宋朝人的日子就不那么好过了。

第十六章 百年恩怨

雁门关之战

面对这个让人欲哭无泪的结果，辽景宗岂能善罢甘休？于是，第二年（980年）的三月，辽景宗拜西京节度使萧咄李为将，命他统率10万大军沿西线进攻，兵锋直指雁门关！

那么，这里有两个问题。

第一，辽国为什么放弃了“在哪里跌倒，就在哪里爬起来”这一基本原则，不去讨回在东面战场丢失的尊严，反而要开辟一个新的战场呢？

第二，契丹人为什么要攻击雁门关呢？这座雄伟的关隘，又承载着什么样的故事呢？

先说第一个问题：

第一，经历了镇州一战后，宋太宗怕辽国以牙还牙，会发生大规模的军事报复行动。于是，战争刚一结束，赵光义就给定州、镇州、关南等地增派了援军，加强了这些地区的防御力量。虽然其投入的兵力数目不详，但也绝对不是一个小数目。

由于主力部队都集中在东面，所以宋朝驻守在西线的部队兵力就比较少了，也就不到 5 万人。

可见，一边是 15 万大军，另一边是 5 万大军，如果你是辽国的皇帝，你也应该知道找谁下手最合适。

第二，在刚刚结束的镇州大战中，宋军斩杀了辽国一万士兵，并擒获了三名将军，因此现在的宋军气势如虹、杀气震天，所以对于辽军而言，他们虽然不甘心，但也要秉持战争第一基本原则：绝不能跟杀红了眼、已经进入状态的人争一时之痛快。只有这样，辽军才能获得最终的胜利。

因为东线的宋军数量众多，且士气高涨，所以辽军只能避其锋芒，击其侧翼，沿西线进攻，去找其他宋军发泄了。

那么，辽军选择从西线进攻，沿山西进军，是不是因为西线宋军较少，对他们就更加有利呢？

事实并非如此。

第一，山西是一个多山脉的地区，这种地形对辽军大大不利。

咱们都知道，骑兵最大的战斗力，就是在千里平原上纵横驰骋、反复冲杀。一旦骑兵没有了速度，他们的作战能力也就大打折扣，甚至变成了弓箭手的活靶子。因此，山西连绵不绝的山脉、高低不平的地形决定了：这片区域，不适合骑兵作战，尤其是靠大规模骑兵攻击的辽军。

第二，山西关隘数量众多，个个易守难攻。

为了防御敌人，山西自古就有很多易于防守、坚固无比的关隘，这些关隘既可以凭借天险防守，也可以设伏狙击敌人。

其中，这些关隘中最雄伟、最坚固无比的，就是素有“一夫当关，万夫莫开”的山西门户——雁门关。

雁门关，位于山西省忻州市代县，在城西北的雁门山中，是长城上的重要关隘，更是塞北高原通向华北平原的一条重要通道，它与宁武关、偏关合称为“外三关”。

根据史料记载，雁门关得名最通行的一种说法是，因为雁门山东西陡峭，且高耸入云，连南北往来的大雁都飞不过去，只能从这里狭窄的关隘飞过，所以起名为“雁门关”。

代山高峻，鸟飞不越，中有一缺，其形如门，鸿雁往来，因以名焉。

——《永乐大典·太原府志·兵防》

在中国历史上，雁门关一直是中原王朝抵御北方游牧民族南下的一道重要关隘，历来都是兵家必争之地。从战国时期“胡服骑射”的赵武灵王开始，中原王朝就开始经营、修建，更是派遣了当时最强的猛将来镇守这里。

战国时期，负责镇守这里的是“战国四大名将”之一的李牧。公元前246年春，李牧在雁门关击杀了匈奴10万大军，吓得后者闻风丧胆，在此后的十年里，匈奴人都不敢接近赵国边境一步。

秦始皇统一中国后，为了对付匈奴，他派遣“中华第一勇士”蒙恬从雁门出塞，率领30万大军北击匈奴，一举收复了河套地区（今鄂尔多斯草原），并在这里修筑了万里长城；

西汉时期，镇守雁门关的将领，就是那位“但使龙城飞将在，不教胡马渡阴山”的飞将军李广；

三国时期，奉命镇守这里的，就是曹操的第一猛将“独眼将军”夏侯惇；

唐朝时期，胡汉相争，战火连连，当时的名将薛仁贵奉命镇守这里，并留下了一段“白袍将军”的千古佳话。

等到了唐末时期，沙陀族人李克用攻陷了雁门关，并以此奠定了后唐的基业。到后晋时期，为了获得契丹人的支持，石敬瑭毅然决然地割让了燕云十六州，从此之后，雁门关就成了契丹与中原王朝的“分水岭”，更是成为了双方对峙的最前沿。

除了真实的历史外，在文学作品中，看过金庸小说、影视剧《天龙八部》的人都知道，这部作品的历史背景是宋哲宗时期，故事以主人公乔峰（或萧峰）的父母在雁门关被中原人士误杀开始，一直到乔峰在雁门关自尽为止。

可见，不管是历史典故，还是文学演义，这座宋辽边境的雁门关，都将在这些文人侠客的手中，继续上演着那一幅幅波澜壮阔的史诗画卷！

如今，这座伟大的雁门关，又将迎来一场永载史册的大战，并见证了一个“无敌”将军的诞生。

这个无敌的将军，就是刚刚投降宋朝、时刻准备报效皇恩的杨业。

“无敌将军”诞生记

史料记载，当时奉命攻打雁门关的人，是西京节度使、辽国的驸马萧咄李。据说，当时这位驸马一身金甲，骑一匹高头大马，他在左右士兵的簇拥下，大摇大摆地走在辽军的最前面。

当然了，这位驸马之所以嚣张跋扈、目中无人，那也是有本钱的。根据探马来报，由于宋军还没有集结完毕，此时驻守雁门关的宋军，只有区区3000人，而萧咄李的麾下，有整整10万大军。

不管是谁，在拥有10万大军的时候，都不会重视这区区3000名士兵，更不会把这些宋军放在眼里。即使这些宋军的统帅是一代猛将潘美和“无敌将军”杨业，萧咄李也不例外。

于是，就跟之前的赵光义一样，因为这种盲目自信的心理，萧咄李也喝下了这杯轻敌的苦酒。

当天，就在萧咄李率军玩儿命攻关、准备把雁门关付之一炬的时候，他万万没有想到，一支数百人的宋军已经迂回到了他的身后，并狠狠地捅了他一刀。

咱们都知道，不管是打架，还是打仗，后背挨刀都是极其致命的事情，何况这个下重手的人，还是那个“无敌将军”杨业。

据《续资治通鉴长编》记载，杨业那天如鬼神附体一般，他率几百骑兵冲到了辽军的大本营，一时间如入无人之境，数万辽军对其无可奈何，只能任其左冲右杀。

辽军猝不及防，一时间士气低落，阵形全乱，眼看就要作鸟兽散了。在这危难时刻，萧咄李不愧为辽军的最高统帅，在很短的时间内，这个驸马爷就看出了宋军的虚实，他立刻组织部队进行抵抗，准备把这几百名偷袭的宋军尽数歼灭。

可惜的是，萧咄李的反应不可谓不快，头脑也相当冷静，但是他的那身嚣张的行头，却彻底出卖了自己。

由于身着一身金甲，在很短的时间内，杨业就发现了他，并照着他脑袋就是一刀。可怜萧咄李都不知道是怎么回事儿，就身首异处，被杨业斩首了。

伴随着主帅萧咄李的战死，辽军立刻群龙无首，变成了一盘散沙，开始四散奔逃。而在雁门关上，守将潘美居高临下，对下面的一切看得真真切切，他立刻下令打开关门，宋军要里应外合、两面夹击，彻底击垮这支来犯的辽军。

战争打到这个份儿上，这就不是一场以寡敌众的决斗，而是一场单方面的屠杀。

此战过后，辽军几乎被全歼，主帅萧咄李战死，都指挥使李重诲被活捉，另有数万辽军被俘，宋军缴获的马匹、武器更是无数。而在那雁门关外，辽军更是尸横遍野、血流成河……

十万打三千，溃不成军，一场真真正正的大溃败。

三千打十万，一战封神，杨业创造了一个军事史上的奇迹。

盖棺定论一下吧，这场战役之所以胜利，全是杨业的功劳，理应首功。要知道，如果不是杨业率百余骑兵深入敌后、迂回偷袭，并一举诛杀了敌军的主将，宋军不可能轻易获胜，更不可能击退这 10 万大军。

当然了，杨业之所以有这种大胆的举动，敢以一敌千（几百打十万），这也是他深思熟虑的结果，他也很喜欢这种作战模式。遥想当年，面对太原城下几十万的宋军，杨业不是也玩儿了这么一把，还差点要了宋太祖的命。

可见，世之名将，皆都智勇双全；天下英雄，必有过人之处。

何为英雄？智慧超人者，为英；勇气过人者，为雄；两者兼具者，方为英雄。

杨业的这场战役，就是对“英雄”二字最好的诠释。

然而，让人奇怪的是，这么一场赫赫有名的雁门关大捷，记载却寥寥可数，唯一记录下来的图书和材料，内容更是南辕北辙，甚至歪曲了事实。

根据《宋史·潘美传》记载：

美尝巡抚至代州，既秣马蓐食，俄而辽兵万骑来寇，近塞，美誓众衔枚奋击，大破之。

这里的“美”，指的就是“潘美”。通过这段文字我们知道，在这场战役中，负责偷袭的人，不是杨业，而是这个潘美。换句话说，潘美才是这场战役最大的功臣。

除此之外，《宋史·太宗本纪》更是毫不避讳地写道：

癸巳，代州言宣徽南院使潘美败契丹之师于雁门，杀其驸马侍中萧咄李，获都指挥使李重诲。

看见没有，在这场雁门关大捷中，率军偷袭的人、击杀辽国驸马的人，都是潘美，根本不是杨业。

那么，对于这些完全相反、甚至背道而驰的历史文献，我们应该相信谁呢？

公道自在人心。

客观来讲，这场战役的最高指挥官，应该是潘美，不可能是降将杨业。因此，这个问题也就迎刃而解了。

这个原因很简单，如果潘美是主将的话，他就不可能放弃雁门关的防守任务，而率军偷袭到敌人的身后，甚至去攻打敌人的大营。大家要清楚地知道，几百对几万，这可不是玩游戏，这是一场九死一生的赌博，万一身陷重围，基本上就必死无疑了。因此，即使潘美想干这种“大无畏”牺牲的活儿，莫说其他将领了，就是赵光义也不干。

这么危险的活儿，潘美不能去，也只能轮到那个半路归顺的北汉降将去干了，这也符合当时宋军将领们的心理——打死敌人平外患，打死杨业平……

要知道，这绝非危言耸听。根据史料记载，自雁门关大捷后，上书弹劾、私下匿名诬告杨业者，比比皆是，奏折都能堆满赵光义的办公桌，这些人的中心思想就一个：杨业是太原降将，万万不可委以重任。

实际上，之所以出现这样的结果，也不能全怪这些宋朝的将领们，您要是知道了敌国的所作所为，您也会这样干，直接告杨业没商量。

据《续资治通鉴长编》卷二一记载：业自雁门之捷，契丹畏之，每望见业旗即引去。

也就是说，在雁门关战役吃了大亏的辽军，从此产生了“恐杨”心理，但凡看见杨业的旗子，全都不战而逃。

除此之外，辽军还送给了杨业一个“无敌将军”的称号，史称“杨无敌”。

从辽国的种种表现来看，杨业才是雁门关的浴血奋战的部队首领，他也是诛杀敌军主帅的人。否则，辽军害怕一个无名小卒干啥？还称他为“无敌将军”？这根本就不合情合理！

因此，不管史料记载如何，真相只有一个：在这场雁门之战中，杨业才是主力部队，这也是一场只属于他的以少胜多的伟大战役，在这场战役中，潘美最多是一个参与者，根本不可能记头功。

试想一下吧，身为一个降将，却在战役中大出风头，还一举成名，最后天下皆知，这让那些老牌宋将们情何以堪，他们心中又怎能释怀！

于是，在这种背景下，一个人燃烧起了熊熊怒火。这火，是羡慕之火；这火，是妒忌之火；这火，是仇恨之火；这火，不是把杨业烧死，就是让自己玩火自焚。

最后，这把火到底烧死了谁，不说自明。

据说，这个玩火自焚的人，正是那个独享战功、排除异己、阴险刻薄、妒忌贤能的潘美。

或者是说，这个玩火自焚的人，是那个文人笔下的潘仁美，与潘美没有任何关系。

要知道，在未来那场家喻户晓、改变杨业以及宋朝命运的战争中，您所熟悉无比的故事，其实根本没有；您所坚定不移的事实，其实也根本不对。

最后再说一句，虽然在雁门关一战中，杨业获得了“无敌”二字，但盛名之下，其实难副。

铁的事实证明，“无敌将军”就跟中国武林第一高手一样，注定了不得好死。在六年后的那场战役中，这块沉甸甸的金字招牌，真的就把杨业活活压死了……

举国来袭

边关稳定，经济繁荣，对于赵光义而言，真是双喜临门，可喜可贺。殊不知，还有让赵光义更加高兴的事情。

太平兴国五年（980 年），宋朝迎来了一次盛典，太宗朝的第三次科举开始了。自两宋三百年，这一榜涌现出来的人才数量之多，质量之高，对国家贡献之大，堪称独一无二，举世无双。

按照当时中榜的张咏自己的话讲：

吾榜中得人最多，慎重有雅望，无如李文靖；深沉有德，镇服天下，无如王公；面折廷争，素有风采，无如寇公；当方面寄，则咏不敢辞。

——《张乖崖集·出东都事略》卷四十五

李沆、王旦、张咏……这些都是宋朝超一流的人才，他们将在未来的30多年时间里，占据着中国最好的舞台，成为所有霓虹灯的焦点，并拥有无数的粉丝，最终建功立业，名垂青史。

然而，这些人根本不知道，有的时候，历史就是这样荒诞不经。这些不管在任何时代都能呼风唤雨、永载史册的人物，却一生都活在那个“素有风采”之人的阴影下，并最终被历史的黄沙掩没，被人彻底遗忘。唯独这个人，将永远被历史铭记，并在所有的历史教科书中留下了自己不朽的名字。

这个人，就是两宋三百年来最著名的宰相，扶大厦于将倾、力挽狂澜的宋朝英雄——寇准。

当然了，不管寇准未来将取得多么大的成就，如今的他，依旧是一个小角色。寇准只能规规矩矩地去地方上班，老老实实地收税办公。

没事儿，青山不倒、绿水长流，哥们儿我慢慢熬。何况，当时的那个时代，是一个文臣没用，全靠武将死扛的时代！

在当时，整个东亚大地上的现状就两个字——战争。没有办法，对于宋辽而言，战争是什么？不是侵略、征服、暴力、流血、复仇、恩怨，更不是什么对“现有秩序”的破坏与维护，崩溃与重建。

战争是什么？战争就是一把标尺，用来标定交战双方的基本关系，以及他们的从属地位。

比如说，在这场“宋辽战争”中，这哥儿俩到底谁是爷？谁是孙？到底谁能弄死谁？或者是说，双方半斤八两，谁也弄不死谁，最后只能称兄道弟、把酒言欢……那也要先打一个清楚明白！

在辽宋没有明白关系之前，他们只能一直这样打下去，打到明白为止！而在这个过程中，整个文官集团们只能苦苦等待，等待着武将们打赢了战争，好由他们去管理；或者是说，等待着某一方彻底失败，好由他们去谈判。

很显然，在这个问题上，辽国君臣不愿意选择后者，他们也不同意跟宋朝人谈判，特别是他们的皇帝耶律贤，更是不达目的誓不罢休，除了开战，一切免谈！

当然了，咱们也要理解这位皇帝此时此刻的心情，毕竟连续两次讨伐宋朝均以失败告终，这让他情何以堪？

所以，太平兴国五年（980年）十月，辽景宗耶律贤毅然下令：御驾亲征，报仇雪恨，兵锋直指瓦桥关！

史料记载，当辽景宗颁布了御驾亲征令后，辽国这部强大而高效的战争机器，立刻开始了全速运转。一时间，辽国战将精锐尽出，以耶律休哥为首的诸将皆主动请缨、誓死跟随。

士兵方面，辽景宗下令集结上京临潢府（辽国真正的首都，今内蒙古巴林左旗林东镇南郊波罗城）、中京大定府（今内蒙古宁城西大明城）、东京辽阳府（今辽宁辽阳市）、西京大同府（今山西大同市）的全部精锐部队，全军在南京幽都府（今北京市）会合，总兵力更是翻了一番，直接达到了20万！

辽主亲征、兵力翻番，这一切都说明了耶律贤的决心，他不仅要一雪前三战之耻，更是要收复属于自己的故土，为此不达目的绝不归还！

那么，这里有一个问题，这个属于大宋的瓦桥关，怎么就成为了辽国的故土了呢？

原来，这一切都拜石敬瑭所赐。后晋天福三年（938年），在递交了燕云十六州的地契后，瓦桥关就顺理成章地变成了辽国的领地，并一直持续到了后周显德六年（959年）。

这一年，周世宗柴荣发动了一场收复燕云十六州”的战争，虽然因为各种原因，这场战争最终失败了，但是柴荣还是收复了益津关、瓦桥关、淤口关这三关，以及燕云十六州中的瀛州（河间）和莫州（任丘）。

由此可见，当宋朝人嚷嚷着要收复“燕云十六州”的时候，实际上已经变成了“燕云十四州”，有两个州早就进宋朝的肚子。然而，对于流失了这两个州，辽国人也没有说啥，他们大有一种“以土地换和平”的态度，只要你宋朝别太过分，咱们一切都好说。

然而，在宋太宗步步紧逼的情况下，辽国终于喝下了这杯养虎为患的苦酒。

当幽州之战结束后，辽景宗一琢磨，你赵光义太不厚道了，跟你这种表面上称兄道弟、背地里下刀子的人，咱们没得聊！你不是要收复故土吗？这么着吧，你也别收复幽州城了，老子先把我的故土抢回来！

所以，辽主以收复故土为由，这才选择了瓦桥关，并与雄州为军事突破口。

对于这场辽国的倾国来袭，宋朝又是如何应对的呢？赵光义又做了哪些准备工作呢？

根据《续资治通鉴长编》记载，对于辽国的这次倾国来袭，宋军似乎早就有所察觉，所以，在辽国部队还没有集结到幽州前，赵光义就开始调兵遣将，并做了以下三个方面的工作。

第一，赵光义令莱州刺史杨重进、沂州刺史毛继美、亳州刺史蔡玉、济州刺史陈廷山、单州刺史卢汉赟向雄州一带集合，直接调动了五州兵力参与防守，抵挡这支契丹大军。

第二，招募当地百姓修复道路、运输军粮，并用最短的时间加固工事，修复一切军用设施。

第三，唯恐有失，赵光义又第一时间派遣京城禁军前往定州，共同御敌。

总之一句话，虽然还有很多不足，但是赵光义能在这么短的时间内，就将所有的事情布置得井然有序、有条有理，也算是不错了。

可惜的是，不错，还是不够的。

铁的事实证明，赵光义还是低估了辽景宗的决心，辽军是在太平兴国五年（980年）十月十一日出发的，他们仅仅用了半个月的时间，就以摧古拉朽之势，接连攻陷了雄州和莫州，至本月二十七日，辽军的前锋部队更是开始攻击瓦桥关了。

此时，如果宋朝用“危在旦夕”四个字来形容，貌似也不为过，对于赵光义而言，局面更是烂到了极点！

这个原因很简单，如果辽军收复了瓦桥关，他们完全可以沿着当年柴荣北上的道路，一路南下，这就能直接跑到开封城了！而这一路上的沿途各镇、大小城市的防御能力，您还是忘了它们吧。

没有办法，这就是宋朝“强干弱枝、更戍调兵”的弊端，一旦敌军突破了宋朝的边境线，他们就能攻到宋朝的都城，直接咬到这个“桃核”了，沿途州县，均无抵抗能力，只能望风而逃，因为这些城市根本没有力量反抗！

面对这个岌岌可危、已经烂得不能再烂的局面，赵光义也只剩下那唯一的解决办法了——御驾亲征，亲自讨贼，孤注一掷，不胜不归！

史料记载，当赵光义御驾亲征的消息传到前线后，宋军将士士气高涨，个个奋勇争先。而辽军听说赵光义御驾亲征后，这些契丹人二话不说，就直接班师回朝了。

太宗下诏亲征，行次大名，戎主闻上至，亟遁归，未尝交锋，车驾即凯旋。

——《石林燕语·诗话》

得知敌人逃跑后，赵光义这个高兴呀。欣喜之余，这个爱好文艺的皇帝诗兴大发，他随即赋了几首诗，用来阐述自己此时此刻的心情。

其中有一句诗，是这样写的：

一箭未施戎马遁，六军空恨阵云高。

我们连一支箭都没有射，敌军就屁滚尿流地逃跑了，太郁闷了。宋朝大军只能对着天上的云彩叹气了，英雄无用武之地呀！

当然了，根据《宋史》记载，赵光义似乎跟辽军打了一架，而且还相当惨烈。

丹关南言大破契丹万余众，斩首三千余级。

这里的“言”，指的是小规模遭遇战，小败辽兵的意思。

然而，问题来了，大破一万多辽军，还斩杀了三千敌人，这么一件丰功伟绩的事情，为什么不大书特书一番，反而要这样遮遮掩掩、委婉曲直地写出来呢？

难道说，这里面有什么不可告人的猫腻，不能昭告于天下？

对于这个问题，您翻看一下当时的时间表，就能清楚这个原因了。

当时，太平兴国五年（980年）十月二十七日，辽军开始围攻瓦桥关，形势已经岌岌可危了。结果，直到十一月初七，太宗才下令御驾亲征。

赵光义的这种对敌态度，是不是太优哉了点儿。这还不算，军队集结完毕后，又过了三天，直到十一月初十，赵光义这才率军出征。后来，就这样慢悠悠地走了四天，至本月十四日，赵光义得到了辽军逃跑的消息，他就高唱着凯歌凯旋了。

现在，看出端倪了吧。

如果没有看出来的话，我给您一个提示：从太平兴国五年（980年）十月二十七日辽军围攻瓦桥关开始，一直到十一月初十赵光义御驾亲征为止，这整整十三天的时间里，到底发生了什么事情？

换句话说，宋辽之间，难道整整和平了十三天吗？

答案不说自明。

四大战役

根据《辽史》记载，在这短短的十三天内，宋辽之间已经打了四场大仗了。对这四场战役结果的记载，“辽史”则永载史册，“宋史”则只字未提。

宋辽第一次大战，发生在十一月初一。

这一天夜里，宋军趁辽军立足未稳之际，准备打他们一记闷棍，就是来一次大规模的夜袭。

要说夜袭这个战术，真是屡试不爽的好东西。纵观中国五千年的历史，只要随便翻开一本历史书，或者是一本经典的武侠小说，都能看见夜袭场面。

据史料记载，由于辽军早有提防，宋军刚刚走到敌人大营口，就被巡逻的辽军发现了，随后，在一顿“小棍打肉、大刀切菜”下，宋军丢下了几百具尸体，就惨败而逃了。

至此，宋辽第一次大战结果，宋军败，辽军胜。

宋辽第二次大战，发生在十一月初三。

当天，宋军瓦桥关守军张师率军出城，在城外列阵迎敌。要知道，张师的意图非常明确，他要跟城外的宋军协同作战，准备里应外合、内外夹击这支围城的辽军。

虽然张师的意图是正确的，胆量也是充足的，兵力也是雄厚的，但是他还是忘记了一点敌军攻城的主帅。

这位攻城的辽军主帅，就是大辽的战神、北院大王耶律休哥。

这就完了！

事实证明，耶律休哥最害怕的，就是宋军当乌龟，跟自己打持久战、打攻城战。如今你们竟然敢出来，那就好办了！管你什么阵势不阵势，耶律休哥立刻下令：全军给我冲。

据《辽史·耶律休哥传》记载，在耶律休哥强大的攻击下，这根本就不叫战斗，而是一场单方面的屠杀。此战过后，宋军战死、被俘者多达数万人，张师本人战死沙场，还被耶律休哥砍了脑袋。

至此，宋辽第二次大战结果：宋军大败，辽军大胜。

宋辽第三次大战，发生在十一月初九。

这一天，宋军的援军到达瓦桥关外，他们在易水南岸排兵布阵，直接跟驻守在北岸的辽军开战了。

据《辽史·耶律休哥传》记载：开战之前，辽景宗见耶律休哥一身乌油戗金甲，骑一匹黄色乌骓马，手持一柄龙胆亮银枪，这叫一个威风凛凛、风流潇洒！

一看见这身行头，耶律贤大吃一惊，于是，他委婉地告诫耶律休哥道：“将军这身行头，太容易让敌军认出来了，君不见我那可怜的驸马（萧咄李）吗？因此，安全第一，这样不好。”

辽景宗话音未落，耶律休哥就哈哈大笑道：“吾皇不用担心，臣去去就回，您就看好吧。”

当天，战场之上的所有人都看见了，一个疯子率领自己的数千精锐铁骑，他们强行渡河攻击宋军。最后，耶律休哥以摧枯拉朽之势，一举击垮了数万宋军，并把他们一直赶到了莫州，这才罢休。

这说明什么？

低调，是属于弱者的专利；战场上的强者，根本不需要任何掩饰。

此战过后，宋军又损失了数万兵马，史称“横尸满街”，耶律休哥还一举擒获了数名宋军将领。事后，辽景宗发自内心地赞叹道：“若人人都像爱卿一样，朕还有什么可担心的？”

若人人如卿，何忧不克？

——《辽史·耶律休哥传》

至此，宋辽第三次大战结果：宋军惨败而归，辽军大获全胜。

宋辽第四次大战，发生在十一月初十。

据《辽史》记载，退守莫州后，这些宋军不甘心就此失败，他们去而复返，再次于易水南岸排兵布阵，准备与辽军决一死战。

正是这个决定，让宋军从一场惨败，最终变成一场大溃败。

在《辽史》的记载中，当天战斗的过程，连一向不惜墨的契丹史官们都懒得写了。如果真要写的话，用四个字足矣：“击之殆尽。”

至此，宋辽第四次大战结果：宋军惨不忍睹，辽军士气如虹。

可见，从太平兴国五年（980 年）十一月初一至初十，十天之内，宋辽四次交战，辽军四战全胜，士气无比高涨；宋军四战全败，结果惨不忍睹。当你看见这份成绩单后，如果你是赵光义，你会怎么办？除了御驾亲征外，赵光义还有第二种选择吗？

说实话，这个选择，赵光义是打死也不想选呀！

要知道，自从上次腿上中了两箭，且差点成为辽国的俘虏后，这位皇帝的身心就受到了巨大的伤害，他甚至对刀光剑影的战场产生了一种恐惧心理。

从此之后，只要能找人代去前线，这位皇帝就绝不亲临。御驾亲征这种事情，更是能推就推、能躲就躲，反正就是不去。

赵光义的这种“怯敌避战”的心理，不仅贯穿了他的后半生，而且还遗传到了他的儿子那里！

未来，在那场改变中国历史的战役中，宋朝也是危如累卵，江山社稷眼看就不行了，皇帝只能御驾亲征了。然而，赵光义的儿子，也就是宋真宗赵恒，他却跟他老爹一个德行，也是能推就推、能躲就躲，反正就是不去。后来，若不是寇准的当头棒喝，中国的历史不定会演变成什么样子了呢！

好吧，未来的事情，还是未来再说吧，咱们书归正传，接着聊这场宋辽之战。

对于赵光义而言，前线四战皆败，大宋江山危如累卵、岌岌可危，眼看局面就不行了，他只能硬着头皮上了，这才出现了“御驾亲征”这一幕。当然了，都这样了，宋太宗还是拖延了三天，才率军出征。

可见，宋太宗的内心里，到底是多么惧怕战争，不想重回战场呀！

看见宋朝倾国来袭、轰轰北上的皇家禁军，辽景宗一琢磨，反正抢够了，也杀够本了，气也消得差不多了，犯不着再跟你死磕，还是赶紧回家分赃吧。

于是，这才有了“得知赵光义御驾亲征后，辽国人害怕不已，他们都被吓跑了”这一说法。对于这种自欺欺人的说法，赵光义本人挺高兴，这就齐活了。

至于“大破契丹万余众，斩首三千余级”这件事情，又如何解释呢？

这有什么好解释的！还原一下当时的背景吧，契丹人四战捷胜、气势如虹，守城的宋军不敢应战，只能避其锋芒，结结实实当了一回缩头乌龟。只能眼睁睁地看着这些契丹人乘兴而来，满意而去。

太窝囊了，真是太窝囊了！

最后，等这些辽国人抢够了，在他们凯旋的时候，宋军才敢出城击敌，他们打了一场偷袭，解决掉了一些没有准备的契丹人，这才获得了一场胜利。

这就是宋军明明打了一场大胜仗，却只能“言”，也就是遮遮掩掩、委婉曲直地写出来，不能大张旗鼓、大书特书的根本原因。

尾声

不管真相如何，太平兴国五年（980年）十一月十四日，宋辽瓦桥关战役结束，赵光义终于能够喘口气，至少不用再御驾亲征了，他可以暂时回家了。

至此，北疆战局稳定，辽宋暂无战事，天下终于太平。

一切真的都结束了吗？

非也！更多精彩的内容，这才刚刚开始！

正所谓“屋漏偏逢连夜雨，船迟又遇打头风”，只要一想到这两句话，赵光义就能头大如麻，浑身颤抖不已。

原来，就在这场宋辽战役之前，大宋的南方正在进行着一场战争，而辽国也正是趁着宋军南下之际才发兵来犯的。

与北方战场辽国主动进攻、宋朝被动防守不同，这场帝国南面的战争，完全是宋朝主动挑起来的，或者是说，这是一个人为了达成自己的目的，主动忽悠赵光义发动的。

那么，这是一场什么样的战役呢？这个忽悠当今圣上的人，又会是谁呢？

另外，没有一个人能够想到，这场远在千里之外的战争，却能让大宋政坛重新洗牌，进而让一位泰山北斗级的人物东山再起！

与此同时，在这场辽宋之战后，宋朝的皇室也爆发了一场大规模的动乱。

继太祖赵匡胤的长子赵德昭离奇逝世后，又有一位皇子死于非命了，一样死得不明不白，不清不楚。

那么，这个死于非命的皇子，他是谁呢？他到底是怎么死的呢？他的死，又会给赵光义带来什么样的危害呢？

可见，发生了这么多的事情，您要是赵光义，您也会头痛不已。

至此，在这内忧外患之际，这位新一代的船长赵光义皇帝，他能够带领宋朝这艘伤痕累累、遍体鳞伤的战舰，驶出这暗礁密布的激流浅滩，到达安全的彼岸吗？

这位雄才伟略却被战争打出阴影的皇帝，他还能否继续一展宏图，成就自己的一番霸业吗？

我们拭目以待……